自由と公共性

介入的自由主義とその思想的起点

小野塚知二……編著

日本経済評論社

目次

序　章　介入的自由主義の時代
――自由と公共性の共存・相克をめぐって

小野塚　知二

1　はじめに――自由、公共性、秩序

公共性についてはこれまで多くの場合、その内包に即して、公的性格、共同的（利害共有の）性格、および開放的性格が論じられてきた。しかし、公共性の意味が、自由な市民諸個人の間に成り立つ何かであれ、あるいは、より濃厚な秩序のもとへ編成された状態であれ、それは関係性や組織性の概念であって、自由との緊張や調和という問題は公共性の裏に、あるいは外側に、常に存在してきた。殊に近現代のヨーロッパでは、個人の私的領域を国家や団体の制約から解放するという原則が確認され、個人の意思自治や行為の自由、あるいは自己決定・自己責任という規範が、実態を完全に規定していたとはいえないとしても、少なくとも法や諸制度の基盤には定着していたから、公共性と自由との緊張・調和という問題は、少なくともある時期にはとりわけ明晰に露呈していた。近代（一九世紀的な公序）から現代（二〇世紀的な公序）への変化、あるいは古典的自由主義から介

入的自由主義への転換の時期がそれに当たる。

以下、第2節では現代という時代の重要な特徴の一つが介入・誘導・保護にあると考えられてきたことを、第3節では介入的自由主義とはいかなる言説・思想であるかを、それぞれ概観して、第4節で、本書全体に通ずる問いを提起することにしよう。それは、この転換の際に、いかなる秩序を創り出すために、介入・誘導・統制がどのようにして正当化されたのかという問いである。言い換えるならば二〇世紀的な公序の形成を自由に注目して思想史的に解明しようというのが本書の狙いである。

なお、介入の正当化論についてはこれまでにも相当の研究の蓄積はある。法哲学の領域では、近代法から現代法への変容と修正を理解するための要点としてパターナリズムの問題が論じられ、介入が許容される／必要とされる条件を原理的に整理してきたし[1]、医療・看護や介護を扱う福祉研究の領域では、実践的な関心にも支えられて、同種の問題が論じられてきた。前者では個人の自由や尊厳の制約はいかなる場合に容認されうるかに議論の力点が置かれ、後者では実現すべき個人（ケア・介護の受け手）の状態とケア・介護を行う者の行為の妥当性との関係が主たる関心事であった[2]。いずれの領域でも、パターナリズムは自己決定を損なうがゆえにできる限り回避したいが、必要性もあるので完全には排除できないという消極的な意味で論じられる。これに対して歴史研究の領域、殊に近現代のヨーロッパ社会経済史ではパターナリズムは、産業社会に新たに発生した事態に対応しようとした開明的経営者やカトリック運動家などの「進歩」の面を表す積極的な意味で論じられることもあった。

法哲学や福祉研究におけるパターナリズムと響きあう部分が本書にあることは明瞭だが、本書はこの語を中心的な概念としては用いない。その第一の理由は、「パターナリズム」の背後には予断を許さぬほど多様で多彩な意味が作用しており、それらを整序しなければ議論は混乱するのだが、現在の学の世界に流通している諸概念を抽象的に整理することはこの小さな書物の中では到底不可能であるというところにある。第二の理由は、本書が関心をもつ自由の問題とは当人の利益のために当人の自由が制約されること（パターナリズム）だけに限定されているのでなく、公共の利益のための自由の制約も関心の対象に含まれるからである。しかも両者は別個の独立した事象ではなく、本書の各章で具体的に論じられているように、実現すべき社会のあり方との関係で個人の幸福の何たるかが判断されてきたのであって、パターナリズムのみを切り離して論ずるのは過去の全体的様相を知ろうとする歴史研究にとっては得策ではない。したがって、本書は、個人の自由や尊厳の制約と、実現すべき社会の状態（経済や社会のパフォーマンス、公共性、公序）とがいかなる組み合わせで過去に実際に論じられてきたかという点に関心をもつ。

2　現代という時代

(1)　「現代」を論ずることの意味

現代がいかなる時代であり、どこに始まるかは緊急に答えられるべき問いである。現代は終わりたがっているが、終わることができずにいる。現代を円満に終わらせてやるためには、それがどこに始まった何であるかを知らなければならないからである。むろん、現代のあとを積極的に構想するのは容易ではない。したがって、現代のあとも「これまで」と似たような時代を続けざるをえないかもしれないが、それはすでに積極的な価値を付与された現代ではなく、似ているが「ユートピア」を描けない時代である。

現代の始期については、第二次大戦後説、戦間期説、第一次大戦説、世紀転換期説の四説があるが、いずれの説も共通しているのは、国家の介入的な面に注目して現代をとらえようとしている点である。このほかに複数の説が注目してきた現代の特徴として、大量生産・大量消費・大企業体制、意図的な国際協調・調整、そして大衆の役割の増大と大衆操作技術の高度化[3]がある。

四説のうち、第二次大戦後説、戦間期説、第一次大戦説の三つはいずれも、現代への変容が第一次大戦に始まったとみる点で一致しており、相違は、そうした変容の始まり（第一次大戦）をもって現代の始期ととらえるか、そうした変化が趨勢として確定した時期（大恐慌期あるいは戦後復興期）をもって始期と考えるのかの、いわばニュアンスの相違でしかない。これら三説に対して、世紀転換期始期説は、現代への変容がそれ以前に始まっていたと主張する。具体的には、社会保険といった政策領域／政策手段の出現であり、自由と組織化の緊張関係という問題の発生が、現代の始期を論ずる際の看過すべからざる点として挙げられているのである。つまり、福祉国家、戦時体制、介入国家、あるいは国家独占資本主義・組織資本主義という体制や制度の生成・確立ではなく、その基底に作用した、組織化・介入・誘導・規制・保護を正当化する政策思想の発生と、新たな政策領域／手段の登場との相互関係が、現代への変容の始まりを告げるものと、この説は主張しているのである。

以下では、こうした政策思想に着目して介入的自由主義の歴史を検討することにしよう。

(2)　世紀転換期の変化

藤瀬［一九九九］は「二〇世紀資本主義」の語を用いるが、それは明らかに、「いま」に連なるひとつながりの時代を表現しており、上で検討してきた「現代」と同質の意味を与えられていると理解しうる。「二〇世紀資本主義は一九世紀に見られた資本主義と異なった組織や性格を持っている。このタイプの資本主義は一九世紀末、一八九五年頃から始まる展開期に姿を現し、さまざまな曲折を経て、現在に至るまで持続している。その特徴は、技術体系、企業組織、制度・政策、世界経済の編成など、経済構造のすべての面で見られる(4)」。ただし、その第一段階（一八九五〜一九五〇年）は、大企業体の成立、大量生産・大量消費、マーケティングや労務管理など企業政策の展開等で特徴づけられており、これまで検討してきたほとんどの論者に共通して見られた国家による経済・社会の組織化については、二〇世紀資本主義の第二段階（一九五〇年～現在）の福祉国家ないし経済成長国家の特徴として比較的軽く扱われている[5]。

宇野弘蔵の段階論的な歴史の理解では、第一次世界大戦前までが段階論の対象で、第一次大戦以降は現状分析に追い込まれていたのだが、近年、こうした段階論的な発想を受け継ぐ研究者の間でも、そうした研究対象の「時期区分」のあり方への反省が現れている[6]。それは第一次大戦で歴史認識を切断することの不適切さを表しているのだが、加藤榮一は、宇野の『経済政策論』の帝国主義段階を一個の独立した段階ととらえる（＝第一次大戦以降は帝国主義段階の後の別個の時期と考える）よりは、一八九〇年代中葉以降を中期資本主義（＝二〇世紀）の萌芽期と考えるべきであるとの見解を示している。これは本節の関心から解釈するなら、世紀転換期を現代の始点ととらえようとする説である。その理由は以下のように述べられている。「カルテルを主体にした独占形成による経済の硬直性あるいは停滞性は、多分に外生的な市場に依拠した第一次大戦以前の石炭・鉄鋼業の蓄積基盤の狭隘性によってもたらされたものであって、この時期の事実をもって資本主義的重工業の典型的な発展を代表させるのは著しくミスリーディングである。事実、第二次大戦後の重化学工業は、石油と鉄鋼を基礎に自動車や電機など耐久消費財諸産業を基軸にした多軸的な産業連関を形成することによって、内生的に拡大する市場を獲得し、停滞どころか資本主義発達史上未曾有の高度成長を実現する原動力になったのである」。また、「同様のことは国家の経済的、社会的介入に関してもいえる。例えば、ビスマルクが導入した社会保険やイギリス自由党の社会改革（Liberal Reform）の内容は、今日の社会保障の水準から見ればまことに貧弱なものであって、その生活保障機能はきわめて小さく、またこれが国家財政膨張の主要な原因になることもなかった」が、「しかしだからといって、ビスマルクの社会保険立法やイギリスのリベラル・リフォームの意義が小さかったというのではない。イギリスの失業保険にしろドイツの公的年金にしろ、発足当時の機能はごく限られたものであったにせよ、現代福祉国家システムの中枢をなす制度の濫觴としての歴史的意義は決して無視されてはならないだろう。だが、もしこれらの社会改革を第一次大戦以降の社会保障の発展と切り離して、いわゆる帝国主義段階の社会政策として孤立的に考察されるならば、その歴史的意義が看過されるか、あるいは逆にその経済的・社会的機能や財政的比重が事実に反して過大に評価されることにならざるをえないだろう。宇野段階論に沿って資本主義財政発展史を構成しようとした試みが、これまですべて破綻した主な原因はここにあったといってよい[7]」。これまでに見てきた多くの論者と共通に、ここでも現代という時代は、大量生産・大量消費型経済と、国家の経済・社会への介入に注目して論じられるのである。

　権上康男は、二〇世紀資本主義の歴史的形成過程に、「自由」と「組織化」という視角から接近しようとする共同研究の序文で、以下のような認識を示した。「第二次大戦後の資本主義は十九世紀末以降における資本主義の歴史的進化とのかかわりで評価がなされるべきだと考える。戦後資本主義については、近年、一九七〇年代初頭までのそのダイナミズムとそれ以後における限界の双方に関心が集まっている。こうした状況のもとで、戦後資本主義の歴史的起源を第二次大戦の戦時経済や戦時動員体制と直結させて、あるいはまたそれらの継承として理解しようとする見解が持論を形成しつつあるかにみえる。しかし、少なくとも西ヨーロッパ史の側からみるかぎり、戦時経済・戦時動員体制のなかで実現した経済社会の仕組みは十九世紀末以来の資本主義の歴史的進化の所産であるとの印象が強い。戦時の例外的な諸条件は戦後資本主義の誕生のための必要条件であったにしても、十分条件であるというには無理があるように思われる」(8)。こうして、この共同研究は自由と組織化に注目して現代の形成という主題に迫るのだが、ここで、組織化とは、「市場経済をになう諸個人および諸企業間の関係――すなわち、個人間、企業間、個人・企業間の関係――を市場の法則以外の力で秩序づけるという意味で」あり、それゆえ、組織化は「個人や企業レヴェルの『自由』の対極に位置している。が、しかし、それは『自由』を単純に排除するものではない。むしろそれは、『自由』とのあいだにときに鋭い緊張をはらみながらも、それと併存するのが一般的である。そのことは、団体への加入の自由や団体結成の自由の存続、カルテル内部での加盟企業間の競争、混合経済における国有部門と民営部門の競争、あるいは社会的サーヴィス事業にみられる政府および民間非営利部門と民間営利部門の関係、などの事例が示しているとおりである。いいかえれば、『組織化』とは『自由』を前提にしてはじめて実質をもちうる概念なのである」(9)。

3　介入的な自由主義

本節の問いは、諸論者が共通して現代の特徴と考えてきた、国家・団体・社会の介入的な面がどのようにして正当化されたのかということである。この問いの意味は、以下のように単純である。自由とは一般的には外的強制の欠如、あるいは拘束からの解放といった意味であるが、古典的自由主義において、強制や拘束の原因は、何よりも国家と、国家に特権を付与された団体に由来すると考えられていた。すなわち、そこで自由とは、個人が国家や団体の強制・拘束から解放されていることを意味した。現代の特徴が介入にあるとするなら、しかも介入はアド・ホックな部分的なものにとどまらず、制度やシステムを成して人の生に普遍的に関与しているとするなら、近代から現代への変容に際しては、どこかで、そうした介入・組織化・誘導を正当化する言説や思想が登場して、普及していなければならないであろう。殊に、国家の政策的な介入が現代の最も端的な特徴であるとするなら、そうした政策の策定・施行に先立って、またそうした政策が成立した後も随時、議会や世論などさまざまな場で、介入的政策の必要性を多くの者に納得させ、批判を回避・封殺する論理があったはずである。本節は、どのような言説・思想・論理が介入を正当化する役割を果たしたのかを問う。

(1) 介入的な自由主義

本節があつかう「介入的な自由主義」とは何か、予め確定できることを述べておこう。[10] それは、第2節で概観した組織化・介入・誘導・規制・保護を正当化し、またその事例に表現された思想である。それは介入を積極的かつ普遍的に導入しようとする点で古典的自由主義と異なり、個人の自由、市場の機能、私有財産性を是とする点で社会主義と異なる。

思想史上のより具体的な論点に関連付けるなら以下のようになるであろう。思想史上、「新自由主義」と呼ばれる潮流には二つある。[11] 一つは世紀転換期イギリスで、唱えられた新自由主義（new liberalism）であり、通説的にはT・H・グリーン、あるいはホブスンやホブハウスがその代表的な論者とされる。もう一つは、戦間期に登場し、一九七〇年代以降広く注目されるようになり、一九八〇年代にはイギリス、アメリカ合衆国、日本などでマネタリズムへの転換、福祉国家や労使関係政策、さまざまな規制・誘導策の見直し等々の一連の政治転換を正当化する際にしばしば言及されたハイエクやフリードマンの新自由主義（neo liberalism）である。

前者の新自由主義が二〇世紀初頭イギリスの自由党社会改革（Liberal Socilal Reform）[12] の理論的・思想的な背景であったことはよく知られており、以下で論ずる介入的な自由主義の代表的なものと考えてもよいだろう。実際に、この改革は保守派や旧自由主義者には「革命」と受け止められたほどの大変動であっただけでなく、その後のイギリス社会保障制度の出発点といってもよいが、新自由主義はこうした自由党社会改革に道を開く役割を果たした。世紀転換期イギリスの新自由主義については、これまでにさまざまに紹介され、論じられてきた[13]。ここでは、H・ラスキと岡田与好にしたがって、その特徴を示しておこう。すなわち、古典的自由主義の消極的な自由に対して、新自由主義は積極的自由の実現を求め、原子論的な社会観に対して有機体論的な傾向を帯びた社会観を主張し、個人の本質を国家への敵対に見出す古典的自由主義に対して、新自由主義は個人の本質を国家により与えられる文脈の中に見出す[14]。あるいは河合栄治郎によれば、古典的自由主義が国家干渉からの自由を求めたのに対し、新自由主義は「資本主義的強制からの自由」を求める[15]。

しかし、介入的な自由主義と呼びうるものは、一八八〇年代から二〇世紀初頭のイギリスで、賛否両方の立場から盛んに論じられた新自由主義だけにとどまるものではない。社会保障制度の導入という点に注目するなら、ほぼ同じ時期に、フランスにおいても人間と社会の関係について重要な思想的な転換があった。

フランスでは、一八九三年医療扶助法、一八九八年労災補償責任法、一九〇四年児童扶助法、一九〇五年老齢傷害扶助法、そして一九一〇年には強制加入原則を含む退職年金法が、相次いで制定された。しかし、「個人主義的意思自治の原則と国家の非介入を本質とする『リベラリスム』にとっては、これに代わる国家的なあるいは強制的な生活保障の制度を受け入れることはきわめて困難なことであった。〔中略〕したがって、社会保険制度が形成されるためには、イデオロギー的次元において、かかるリベラリスムを克服する論理が提出されなければならなかった[16]」のである。フランスにおいてその役割を果たしたのは「社会連帯（solidarité sociale）」の名で呼ばれた思想であった。社会連帯は具体的には上述の諸法にみられるとおり、扶助（assistance）と保険（assurance）という二つの姿をとった。社会連帯の思想において、保険の目的は「すべての国民に対して、自己の個人的収入による老齢、障害年金を獲得する手段を設定すること」であり、扶助については「老人または障害者が何らかの理由によって収入を奪われたすべての場合に、彼らを扶助するために介入することは国民の厳格な義務である」とされた。そこでは、老後あるいは障害を負った際のために、蓄えも用意もせず、現在処分可能な財産は現在使い切ってしまう自由は否定されている。「社会連帯の負担に対してすべての国民が拠出する義務は、これらの諸前提の必然的な帰結である」〔傍点引用者〕。(17)

殊に、加入と払い込みを強制とされる社会保険においては、旧自由主義との闘争は熾烈であり、かつ長期におよんだ。田端［一九八五］に依拠して、両者の対立点を概観しておこう。旧自由主義の側からは、「(i)加入強制は労働者の自己の所得の処分の自由、貯蓄の方法についての選択の自由を害し、労働者の『自由』と『尊厳』を害する、(ii)国家が権威的性格を有し、国民が馴致されているドイツにおいて採用されえた強制保険をフランスに適用することはできない。(iii)共済組合に代表される任意的生活保障のシステムが最も望ましい」などの批判がなされた。他方、法案提出者側は、「(i)強制は労働者の自由とイニシアティヴを害するものではなく、むしろ老後保障はその条件でさえあり、強制原則を採用しない限り、労働者にとって老後保障は現実性をもちえない、(ii)『強制』は適法である。それは教育、租税、兵役の義務づけが適法であるのと同様であり、『社会の利益と個人の利益によって課される強制』にほかならない、(iii)『連帯的結合（liens solidaire）』の観点からは、人は無保障（imprévoyance）でいる権利と自由とを有しない」〔傍点原文〕[18]。などの理由から、強制原則を正当化しようとした。まさに「自由」の名によって介入が正当化されているのである。

フランス、イギリスより若干早く、社会保険を導入し、他国へ先行例[19]を示したドイツにおいて、介入はいかに正当化されたのであろうか。従来、それらは、伸張しつつある社会主義勢力への「鞭」（＝一八七八年社会主義者鎮圧法）に対して、労働者を社会主義に向かわせないための「飴」ととらえられるか、ビスマルクの政治理念や同時代の政治勢力の配置状況などから論じられることが多く、古典的な自由主義との緊張関係については充分な眼が向けられていないように思われる[20]。ドイツでも一八六〇～七〇年代にはマンチェスター派と呼ばれる古典的自由主義が産官学のさまざまな場で大きな影響力を有していたと考えられているから、それに対して介入を正当化する言説は必要であったはずなのだが、マンチェスター派も国民自由党も一八七〇年代後半から八〇年代にかけて急激に勢力を後退させたため、それらとの緊張関係は表面化しなかったのかもしれない。

ドイツにおいて何が介入を正当化する思想であったかについて、本稿は明瞭な答を提示できるわけではないが、ドイツ社会政策学会（Verein für Sozialpolitik）や新歴史学派が、その有力な候補たりうるのではないかと考えている[21]。社会政策学会の設立が決議されたアイゼナハの社会問題討議会においてシュモラーの行った開会演説において、彼が提示しようとするのは以下のような問いである。「〔マンチェスター派の〕国民経済会議において表明された、毎日の市場で無条件に支配する国民経済学の学説がこれからも支配し続けるのかどうか、営業の自由の導入、つまり古くなった中世的な営業立法全体の撤廃によって、そうした学説の熱狂的心酔者が予言する完成された経済状態が現実に出現するのかどうか、という疑問です。〔中略〕われわれは、既存の社会関係に不満を持つものであり、改良の必要性を確信するものでありますが、だからといって学問の後退と既存の諸関係の転覆とを説教しようとするのではなく、すべての社会主義的実験に抗議するものであります。〔中略〕われわれは、営業の自由の撤廃も労使関係の廃止も望んでいません。しかしわれわれは、空理空論を尊重するあまり、ひどい弊害を甘受し、それをはびこるままにしておこうとは思いません。〔中略〕われわれが要求しているのは、国家が誤った実験のために下層階級にお金を与えることではなく、国家が従来とは全く異なる立場から、彼らの教化と教育に取り組むこと、国家が労働者層の地位を必然的にいっそう圧迫している居住条件や労働条件に関心を持つことなのです」[22]。自由を尊重しはするが、古典的自由主義の「空理空論」には留保を付して、国家介入の必要性を提起している点、介入の大義名分は労働者の生存条件の向上にある点、社会主義との対抗・区別が意識されている点で[23]、イギリスの新自由主義やフランスの「社会連帯」と通ずるところがあるのは明らかであろう。

介入的な自由主義とは、このように世紀転換期の社会保障制度の背後に作用した政策思想だけでなく、福祉国家やウェルフェア・キャピタリズムを支えた思想や、ケインズ主義、ニューディールなども包含する概念と考えることにしよう[24]。

(2) 介入の目的

介入であれ、組織化であれ、自由と容易に調和する概念ではない。しかし、介入的自由主義の目的は自由の制限だというのはかなり難しい。「介入的」の限定が付されるにせよ、自由の制限を目的とする自由主義はありえないからである。したがって、介入的自由主義の目的は自由の積極的な実現あるいは自由の担い手の育成にあると考えられるであろう。

自由主義が単に個人的な信条にとどまらず、社会思想・政策思想として意味をもちうるためには、自由が無秩序に帰結するのではなく、自由でも何らかの調和が達成され（つまり、人々が自由に振舞うことを前提にして社会が成立し）なければならない。自由主義は、神の見えざる手であれ、市場の自動調節作用であれ、自生的秩序であれ、社会を成り立たせるための何らかのブラックボックスを必要とするのである。

古典的自由主義には、個人の意思自治・自己選択を尊重する側面と、こうしたブラックボックスの機能や作用を人知・人為を超えたものとして尊重する側面とがあるが、介入的自由主義も、このブラックボックス（市場メカニズムや市場秩序）の作用を阻み、損なう行為や状態を矯正しなければならないという点までは古典的な自由主義と一致する。

古典的な自由主義にあっては、ブラックボックスの作用を阻むのは国家であり、特権を主張する団体であり、さらに社会（仲間内）の専制であった。つまり、阻害要因は個々の主体にとって外的な制約にあった。ここでは、個人の意思自治が制約されることが悪なのか、自由の制約によって市場メカニズムが十全に機能しないことが悪なのかを区別する必要はなかった。ところが、一九世紀末以降の自由主義が直面しなければならなかった状況は、それだけではなかった。主体への外的制約がない（=消極的自由が担保されている）にもかかわらず、貧困、災厄、社会不安等から解放された望ましい状態が実現しえない状況のあることが知られるようになったのである。

競争的で自由な市場である以上、個別的な失敗や敗北は不可避的に存在する（全員が成功し勝利する競争はありえない）。それどころか、恐慌のような経済状態にあっては、非常に多くの個人が市場で失敗する（=市場取引のみでは自己の生を維持できない）。その結果、市場メカニズムは（縮小均衡的にしか）作用しなくなる。したがって、介入は競争的で自由な市場を単に統制・規制することではなく、市場で自由を行使する人々を維持することを目的としてなされる。

古典的自由主義においてなら人は自力で困窮や予期せざる災厄に備えなくてはならない。将来のリスクに対する蓄えであり、私保険である。さらに、共済・互助組織や労働組合の共済機能は、こうした個人的自助の集団版として、あるいは仲間内（society）の私保険として容認され、また奨励されもした[25]。こうした自助で、人々が生を全うし、欲求を充足し、幸福を追求できるのであれば、介入は「自由主義」の枠内においては、正当化されないに違いない。介入的自由主義が登場するためには、個人的であれ集団的であれ自助が不可能な者が多数存在することが発見されなければならなかった。

イギリスにおいて、自助の不可能性は、最初、社会主義者によって「発見」された。エンゲルスの『イングランドにおける労働者階級の状態』がその古典的なものであるとするなら、四〇年後の「社会主義の復活」期にF・D・ハインドマンによってなされた「再発見」が、C・ブースやB・S・ラウントリーの貧困調査を促し、新自由主義の定立に拍車を掛けた。むろんそこでは、自助の不可能性の原因は「貧困」と考えられたから、新自由主義は「貧困との闘い」に向かうことになった。本稿は、こうした「貧困との闘い」という言説の背後で静かに、しかし着実に進行したであろう人間観の変化に注目する。

(3) 介入的自由主義の人間観——二〇世紀的人間観

それは端的にいうなら、「弱く、劣っていて、失敗する個人」の発見である。自由や権利が与えられていても、それに基づいて自己の欲求を満たし、自己の幸福を実現することが十全にまた安定的にはできない個人が、例外的にではなく多数存在することが知られるようになったのである。これは、古典的自由主義が想定してきた経済人（homo œconomicus）あるいは近代的人間類型とはまったく異なる人間像である。

自己の欲求や幸不幸を的確に判断しているのだが、単に手段や能力の不足ゆえに「弱く、劣っていて、失敗する」なら、手段や能力を与え、養えば良い。古典的自由主義の時代に集団的自助（共済組合や労働組合など）は、個人的自助の手段として承認されただけでなく、克己、倹約、勤勉等の生活態度を涵養し、また生産協同組合を通じて企業家精神やパートナーシップを経験させる教育の場・機会としても期待された[26]。

古典的自由主義の人間・社会観においては、能力を育成し、手段を付与し、道理と悟性をわきまえた人間に育てるなら、自己の欲求を満たし、自己の幸福を実現するのに失敗し続けることはない。多少の失敗はあっても、それを教訓にしてさらに成長し、必ずいつかは成功するはずである。S・スマイルズによれば、「失敗は真の働き者にとって最良の修業である。〔中略〕失敗は、堅忍不抜の精神で克服されるなら、興味尽きぬものであり、教訓に富む[27]」のである。こうした個人の営みの集計が社会の価値であり、人々が失敗を教訓に徳目を完成させてゆく過程に国家が介入するなら、それがいかに良い目的でなされようと、専制政治となってしまう[28]。

これに対して、介入的自由主義の人間観の特徴は、以下の点にある。すなわち、多くの人は自己の真の欲求や真の幸不幸の何であるかを十全に判断できないという人間観である。これはホッブズが『リヴァイアサン』の冒頭で想定した動物よりも劣る存在だが、欲求や幸不幸の基準が単純に自己の内発的な要因のみで決定されるという人間観から、欲求や幸不幸の基準の社会的要因を考慮するようになった人間観への変化であり、それゆえに安定的な幸福は社会的に維持しうると考えられるようになったことを反映している。そこでは、「個人の／目先の利益」とは区別された「共同の／迂回的な利益」が各人の幸不幸や快苦のあり方に影響していると考えられるようになったのである。

こうした人間観はレーニン以降のマルクス主義における労働貴族論、ヘゲモニー論（A. Gramsci）

や階級意識論（G. Lukács）が、「虚偽の意識」に惑わされた労働者は、「真の意識」に目覚めない限り、その本来の歴史的責務を果たしえないと論じたのと似ているが、この同型性は二〇世紀の生み出したさまざまなものの背後に貫通している。社会連帯／福祉国家だけでなく、フォード・システムも、諸種の国民運動、全体主義や二〇世紀社会主義体制も例外なく、人の主体性の出発点を外側から設定しようとする。それらは、いずれも可知論・社会構築主義・設計主義の特徴を有する。

　そこでは、「朝、歯を磨いて真面目に出勤し、効率的に働き、高賃金を得ること」は誰にとってもまともで幸福な生活だし、社会保険に入るのは誰にとっても有益なことだから、加入は権利であると同時に義務でもあることになる（強制加入原則の根拠）。つまり、当人は充分には認識していなくても、別の誰か知識人《インテリゲンツィア》、指導者《フューラー》、統領《ドゥーチェ》、エリート等々がこうした愚昧なる大衆の真の幸福の何たるかを知っているのである。リバタリアニズムの伝道者を自任する蔵研也《くらけんや》は、たばこ総合研究センターの雑誌に寄せた一文で、「福祉国家的パターナリズムの暴走」を批判する文脈で以下のように述べている。「わたしが左翼的な言説で気になるのが、この『本当はあなたはそう考えていない』とか言って、相手の望みを否定しようとする態度である。パチンコが好きなのにそれを否定し、タバコが好きなのに『本当のあなたはそれを嫌っている』という様は、一種の宗教であり、他人の存在に対する冒瀆というものだ。／全体主義、社会主義では、当局がすべての個人にとって『本当に』必要なもの、『本当に』望ましいものを決める。パターナリズムは押し付け教育と相まって、個人の思想的抑圧につながりがちだ。行き過ぎたパターナリズムこそがエリート主義的なのであり、全体主義だったのである」[29]。

こうした大いにお節介な発想がなぜ可能なのか。人々の真の欲求や幸不幸のあり方はそれほど多様ではないと考えているからか、それとも幸不幸の条件・原因はだいたい共通していると考えているからか。前者は、おそらく、どちらかといえば二〇世紀の社会主義体制の特徴であって、人の生を統制的で画一的な枠にはめ込もうとする。後者は、どちらかといえば福祉国家の特徴で、「窮乏（災害・失業・老齢・死亡）、病気、無知、不潔、無為・怠惰」という五悪と闘うことを福祉国家の目的としたベヴァリッジの発想において、不幸・貧困の原因を除去した上で、その先の幸福の構想は各個人に任されていたであろう。

こうした人間観は、しかし、近代社会のたてまえからすれば決して美しくないし、古典的自由主義と闘いながら自らの地歩を築く際には、決して有利でもなかったから、それがあからさまに語れることはなかった。しかし、介入が制度化された第二次大戦後になると、露骨な言説を発見するのは難しくない。たとえば、一九五八年にイギリス保守党系の法律家たちの研究組織は、労働法の問題点を改めて、強すぎる労働組合に規制を加える必要性を訴えるパンフレットを刊行した。これは、戦後初めて労働法改正が提起された際の文書である。それは介入的自由主義の労使関係政策への批判ではあったが、そこにおいても保守党系法律家たちは、介入的自由主義の人間観を固持していた。「生計ぎりぎりの賃金だけで暮らす労働者が蓄えもなく、生得の能力も後天的に獲得された全般的な知識も、使用者のほとんどと比べたなら無きに等しいのだから、自由かつ同等な条件の下では使用者と約定できないのは、二〇世紀のわれわれにとってはあまりにも明白なことである。実際のところ、これらの〔市場での個人間の自由取引に国家も団体も介入すべきではないという古典派経済学者や自由放任論者の〕誤謬に満ちた想定が、どうして、一九世紀にはあれほどたやすく受け入れられたのか、後智恵をもってしてもわれわれには理解しがたいのである」(30)。これは、いうまでもなく、戦後の保守党・労働党を問わずイギリスで成り立っていた介入的で福祉国家的な合意の中の言説であって、一九七〇年代末以降のサッチャー改革は、こうした人間観を否定しなければなしえなかったのである(31)。

(4) 近代（古典的自由主義）と現代（介入的自由主義）の連続性と断絶性

こうした人間観は、実は近代にもあったし、それに対応して近代にも介入・統制・保護・誘導は社会の不可欠の要素として組み込まれていた。では現代のそれとどこが異なるのだろうか。近代においてこうした人間観の適用対象は女性と子ども、および労働能力のない者であって、成人男性は自由な判断・行為主体（free agent,「強く、雄々しく、逞しく、聡明で、自立できる個人」）と見なされた。近代の教育論は、能力の涵養や手段の付与だけでなく、道理と悟性をわきまえた「一人前の大人に育てる」（＝作り上げる）ことも目的としていたが、そこでは未成年者は自己の欲求や幸不幸の何たるかをわからない存在とされており、こうした未成年者観は現在まで大筋では維持されている。もちろん、幼い頃から適切な教育を施せば、自己の真の欲求や幸不幸をわきまえ、しかも必要な手段・能力も養われると考えられたから、殊に教育機会を得がたい貧民子弟に対する教育は、アダム・スミスにおいても国家の責務として重視されていた。ただし、この教育による「一人前」化には、男女の間に差があると考えられた。つまり、女はいくら教え導いても一人前にはなりがたいから、生涯を通じて後見・保護・統制が必要であるとされ、女が真に自由な主体になることは予定されていなかった。民法であれ、工場法であれ、成人男女を別様に扱う根拠はここにあったし、女子教育には男子教育とは異なる目的や方法があると考えられた背景にも、こうした人間観が作用していた。[32]

こうして女性と子どもは家庭や工場などのミクロな場では成人男性の保護・監督・後見の下に置かれていた。これに対して、近代の成人男性が無条件に誰かの保護・監督・後見下に入ることは予定されていない。成人男性が自由な主体でなくなるのは、彼らが怠惰な貧民や罪人として救貧院・監獄で矯正され（懲罰を与えられ）る場合である。彼らは自由な主体ではないから、妻子を保護・監督・後見することはできず、妻子は彼らから切り離され、誰か（どこか）別の保護・監督・後見の下に置かれる。しかし、被救恤民や罪人でも真人間に復すれば、成人男性は再び自由な主体となり、自己選択・自己責任の世界で生きなければならない。

現代は、この「弱く、劣った、失敗する人間」を成人男性の間にも常態として発見した。近代の未成年者人間観と教育観がそのまま成人男性にも拡張適用されるなら、成人教育論となる。成人であっても、生涯、「成長」の可能性が開かれているのだから、教育によって、道理、悟性、能力はさらに磨かれるはずである。

しかし、頭の硬く、さまざまに誤った思考方法や生活習慣に染まってしまった大人を合理的に行動する人に作り変えることよりも、直接的にその者の行為や状態に介入し、それを統制し、誘導する側面も、成人教育論と同じように、もう一つの現代の重要な特徴である。現代が大衆の時代であり、大衆操作の時代であるということの意味はここにある。

さらに、近代の労働運動や民衆運動は貧しい者でも自由で一人前の人であると主張し、認めさせることを共通に目指してきたし、近代社会ではこうした者たちの集団的自助が期待されていたから、現代に転換する際に、成人男性を誰かの、たとえば富者あるいは国家の保護や後見の下に置くことは選択しがたかった。こうして現代の成人男性は「自由な主体」のまま、弱く劣った存在と見なされるようになったし、二〇世紀前半に急展開した男女同権化において成人女性は弱く劣った存在のまま「自由な主体」となったのである。

こうして、大人ではあっても「強く、逞しく、聡明な」存在とは見なさない点で、現代は、それゆえ介入的自由主義や社会主義は、近代の古典的自由主義と断絶する。余暇こそは時間ぎめの奴隷である労働者にとって、もっとも明瞭な自由のあり方だが、現代の大人は、新たに長期休暇を与えられて、ますます自由な時間が増大しても、余暇の過ごし方を教えられ、組織化されなければ、その自由を行使できない存在なのである。トマス・クックを先駆例として、一九二〇年代イタリアのドーポ・ラヴォーロ、人民戦線期フランスの余暇政策はいずれも、自由の行使の仕方を自由な者に与えようとするお節介である。あるいは、製造物責任法は通説的には製品に体化した技術の高度化が背景であるが、タバコの吸いすぎ、こんにゃくゼリーの丸呑み、シャンプー後の猫を電子レンジに入れるのが危険であると明記することは、近代の人間観を前提としたらありえないお節介であろう。

(5) もう一つの新自由主義

上述の介入的な自由主義は、一九世紀末ないし二〇世紀初頭に登場したときには、革命的な思想であり、物議を醸したが、公認・正統の教養となれば、もはや「新自由主義」ではなくなる。二度の戦時と一九三〇年代はいずれも非常時であって、介入的自由主義が本当に公認・正統の教養となったか否かは不分明だが、第二次大戦後の福祉国家体制は明瞭に、この思想の上に構築されている(33)。

それゆえ、ハイエクらのもう一つの「新自由主義」が戦間期に始まったのは、社会主義のみならず、ケインズ主義、ニューディール、その他もろもろの改良主義・介入主義の系譜に対して、古典的自由主義が危機感を抱いたからだし、ハイエクやミーゼスの思想が一九七〇〜八〇年代以降、あたかも新しいものかのように扱われたのは、介入的な自由主義が戦後体制の中に組み込まれた公認・正統の教養と化していたからである。

逆に言うなら、ハイエクらが「新自由主義」でありえたのは、公認の教養となった介入的な新自由主義に対する批判者としてであって、その唱える「自由」の意味は古典的自由主義と本質的には異ならない[34]。すなわち、時代状況がハイエクらを新自由主義にしたのである。

ただし、オーストリア学派の「もう一つの新自由主義」は、戦間期から有力な異論ではあり続けたが、長く支配的な政策思想にはなりえなかった。その時代の政策や運動に表現された思想、同時代人に共有された、しばしば暗黙の思想という意味では、戦間期、そして戦後の高度成長期に、ハイエクは大きな影響力を持ち得なかった。

政策思想・社会思想は現実の人間を念頭に置いて形成・立案される。そうでなければ、その思想は荒野の叫び声に過ぎない。しかし、思想家の思想は相対的に同時代の人間観や社会観の制約から自由に、場合によっては理想的人間像を前提にして展開されうる。オーストリア学派の自由主義は、介入的自由主義・福祉国家・社会主義・ファシズム（可知論・設計主義）に対してもう一つの「新自由主義」（不可知論 Hayek, E. Mach, K. Popper・自生的秩序・分散的知）でありえたが、現実的な人間観に基礎付けられて（＝制約されて）いないために、長い間、支配的な政策思想・社会思想にはならなかった。

(6)　もう一つの新自由主義の共鳴板

では、なぜそうした新自由主義は一九八〇年代頃から政策思想としても支配的になったのだろうか。国家の肥大化、財政危機、資本の要求、資本の多国籍化・無国籍化等に関連させて解釈することは可能ではある。たとえば、憲法学者の金子勝は新自由主義を以下のように説明する。「『ネオ・

リベラリズム』の内容は、『多国籍企業』の活動の自由を阻害するものは、すべて『悪』であり、各国は、自国に存在する『多国籍企業』の活動の自由を阻害している『国家規制』を緩和・撤廃し、或いは、『公共圏』を限りなく縮小し、自由競争によってすべての富の配分を決定しようとする『市場原理主義』が貫けるような体制を確立すべきであるとする考え方である」[35]。しかし、これだけでは、一九八〇年代以降、政策思想として広く支持されるようになったことを説明できない。

一九三〇年代以降およそ半世紀近くの間、人々の社会的な選択肢は、可知論・社会構築主義・設計主義を当然の前提とする、いくつかの介入主義にほぼ限定されていた。市場を前提にした福祉国家＋産業福祉か、統制的・計画的な社会主義か、社会民主主義も戦後政治の中の保守派も前者のサブ・タイプに過ぎない。ところが、社会主義の失敗は、冷戦・福祉国家の肥大化とともに、可知論・社会構築主義・設計主義をあらためて疑問視させるきっかけとなった。

繰り返しになるが、それだけでは、もう一つの新自由主義への広範な支持を説明できない。そこには、可知論・社会構築主義・設計主義に共通した人間観の忌避が作用していた[36]。「個別的で個性的な存在の尊厳」、「自律する個（新カント主義の復興）」、「自己の欲求や幸福を選択する主体性の回復」、「システム社会への怨嗟」等々。これらを政策的に、もう一つの新自由主義に束ねるスローガンが「自己選択・自己責任」であった。こうして、もう一つの新自由主義（neo liberalism）は、介入的自由主義に対抗する資本の武器という面と、お節介な人間観を拒否する諸個人（殊に介入的な制度の中で自己が正当に評価されていないと不満を持つ者たち）の対抗思想という面と、二重の性格を帯びている。

介入的自由主義の介入的な性格――自己の幸不幸や快苦を他者が決めようとするお節介への忌避――がもう一つの新自由主義の共鳴板を形成したのだ。しかし、ここで暗黙に前提されている人間観（「強く、雄々しく、逞しく、聡明で、自立できる個人」）は、かなり危うい。いったん、二〇世紀の人間観で否定された以上、人々はどこかで映画のヒーローのようにはなれないことを知っている。しかし、欲望や幸福まで強制されるのは嫌である。

そもそも、ブラックボックス（市場、自生的秩序）を尊重するハイエクらの立場と、個人の意思自治（自己選択）を尊重する共鳴板とは本質的にすれ違っている。ブラックボックスの尊重は、国家や団体の強制を資本主義的強制に代えたに過ぎないという、百年前に介入的な新自由主義者が古典的自由主義に投げ掛けた批判は、いまでも有効ではある。意思自治や自己選択のゆえにもう一つの新自由主義（neo liberalism）に身を寄せても、新たな、冷酷な強制が待ち構えているだけとするなら、それは決して安定的な支持は固められないであろう。

あるべき社会状態を市場というブラックボックスに等置する（あるいは、あるべき社会状態の実現をブラックボックスの機能に委ねてしまう）なら、問題はあたかも個人の自由・尊厳と能力の問題であるかのように現出する。しかし、百年前の世紀転換期に発見されたように個人の自助・自律が完全には達成できないのだとするなら（本書第一～三章参照）、問題は一九世紀末の思想転換に戻らざるをえないし、市場というブラックボックスにできる限り多くを委ねても必ずしも望ましい状態が実現できないのであるなら、あるべき社会状態は積極的に語られなくてはならず、したがって、個人の自由・尊厳との調和は初発からは保証されないことになる。

優勝劣敗が新たな階層形成に導き、「自己選択しても自己責任をとれない人」や「自己選択すらまともにできない人」が再び発見される、つまり、二〇世紀的人間観が復活する可能性はどのくらいあるのだろうか。人を、あるべき秩序にもう一度取り込み直そうとする社会的包摂の課題はここに関わっている。しかし、もう一つの新自由主義は現実的な人間観察に制約されていないために、どのような政治思想・宗教とも結合しうる。「自己選択」への支持を論拠とした市場のブラックボックス化（自生的「秩序」の絶対化）は、その他の領域での権威主義・保守主義・反個人主義・人種主義・諸種の原理主義等々の「新しい右」と容易に両立するから、すれ違った共鳴板を盤石の基礎として、支配し続けるのであろうか。

本書が直接の対象として論じようとしているのは本質的に過去の思想であるが、その関心の一部はいまに、すなわち、もう一つの新自由主義（neo liberalism）の支持基盤と、現在の政策課題としての社会的包摂とに向けられている。近代の市場社会が市場のみによって万全に調整されたわけでなく、地域社会、家、企業や職業世界に成立するさまざまな共同性によって支えられ担保されてきたことはよく知られている。介入的自由主義はこうした隠し資産の機能が市場社会に発生するさまざまな失敗を担保するには不充分な機能しか果たし得ていないことが判明した一九世紀末以降に登場するとともに、地域、家、企業などを介入的・保護的な秩序のなかに再編した。しかし、いまや、現代の福祉国家のような介入・保護の制度もこれらの隠し資産も衰退を露わにしている。この衰退がネオ・リベラリズムの伸張との関係で理解されていることに表されているように、二〇世紀末以降の現在は自由と公共性の緊張・調和の問題が再び露呈している時期である。

ネオ・リベラリズムの伸張はグローバリズムと組み合わせて議論されることが多いが、それは決してグローバルな資本の都合だけで力を得たのではなく、介入的自由主義への広範な忌避感と自己選択の渇望こそがネオ・リベラリズムの基盤を形成しているのではないだろうか（第3節(6)参照）。二〇世紀末以降の公序（public order）あるいは社会秩序（social order）の変化はその大衆的な共鳴板とともにとらえられなければならないのである。現代（＝二〇世紀）的な公共性が素朴な「自由」（「自己選択・自己責任」）の名において浸食されているのだとするなら、社会的再包摂の試みは素朴な「自由」を静かに浸食する危険性を免れていない。こうした状況を自由主義と現代的公共性との対立的性格という相のみでとらえるのではなく、介入的自由主義のありえた可能性と限界とに注目しつつ理解してみようというのが、本書の今日的な狙いである。

4　本書の成り立ち

本書は、政治経済学・経済史学会の二〇〇八年の春季総合研究会（六月二八日、東京大学）の成果を一書にまとめたものである。同学会では二〇〇六年六月の春季総合研究会から二〇〇八年一〇月の秋季学術大会共通論題まで、公共性の可能性と困難性をめぐる一連の問題を取り上げてきた[37]。この研究会では、介入的自由主義の思想と、それが反映した政策、制度、運動がいかなる社会的文脈において登場し、いかに正当化され、定着し、現在にいたっているのかという共通の問いを設定し、報告者、コメンテータ、および参加者とともに討議した。

まず、三つの報告は一九世紀末~二〇世紀初頭の世紀転換期に登場したお節介な自由主義をあつかう。本章第3節では、介入の正当化論として人間観の変化という実証しがたい試論を提示したが、三報告はヨーロッパの思想的および社会的文脈に具体的に即して、自由と公共性との関係を論じた。第1報告「社会的連帯（solidarité sociale）と自由」（廣田明）と第2報告「ニュー・リベラリズムにおける『社会的なるもの』」（高田実）は、自由とその制約が問われた西欧の社会政策・福祉国家の形成過程に作用し、そこに表現された思想を、世紀転換期のフランスとイギリスの文脈と状況に即して跡付ける。第3報告「社会的包摂の系譜と自由観念の転換」（田中拓道《たくじ》）も世紀転換期のお節介な自由主義を扱うが、それをより長い時間軸の中に位置付けて、現在ヨーロッパで模索されている「社会的包摂」がその長い問題史の中のどこにあるのか考察する。いずれの報告においても、介入の思想の背後にいかなる秩序観が作用しているのかが、「自由と公共性」問題を考える際の隠れた論点となっている。

これに対して三つのコメントはいわば副報告として、自由と公共性の関連について領域と時期をやや拡張して検討する。第1のコメント「農業分野での介入・保護とその性質変化」（古内博行）

は、社会政策・福祉国家と並んで現代の介入・保護の巨大な領域である農業政策における介入の正当化論を跡付ける。第2コメント「自由と公共性に関する日本的メンタリティ」（名和田是彦《よしひこ》）は、自由主義の中に介入・保護をうまく組み込めなかったように見える日本の社会的文脈における自由と公共性の関係を論ずる。第3コメント「企業・市民の自由と『スーパーキャピタリズム』」（秋元英一）は、一九七〇～八〇年代以降のアメリカの変化を、民主主義的資本主義からスーパーキャピタリズムへの転換ととらえるライシュの議論に着想を得て、後者における公共性の萎縮状況に注目する。いずれのコメントも、「自由と公共性」問題の現在にまで論及する。

以上、三つの報告と三つのコメントが本書の第1章から第6章に当たる。第7章と第8章は、当日の討論に参加してくださった多くの方々のうち、特に島崎美代子氏と深貝保則氏に寄稿をお願いした。島崎氏には近い将来の公共性の可能なあり方を展望していただき、深貝氏には「いま」の変動や転換と向き合ううえで、百年前の世紀転換期イギリスにおける思想状況を再構成することの意味がどこにあるのかを論じていただいた。

また、二時間におよぶ討論の記録は稲庭暢・四谷英理子の両氏にまとめていただいた。刺激的で、豊かで、今後に発展可能な議論の成果がそこには示されている。最後ではあるが、報告者の田中拓道氏とコメンテータの名和田是彦氏は非会員であるにも関わらず、今回の春季総合研究会の主旨に関心を示されて協力してくださっただけでなく、本書への寄稿も快く引き受けていただいた。記して、心よりの謝意を表したい。

注

(1) 基礎法学でのパターナリズム論については以下を参照した。Feinberg [1971], Dworkin [1971], Howie [1983], 澤登［一九九七］、服部［二〇〇〇］、瀬戸山［一九九七］、瀬戸山［二〇〇一］、瀬戸山［二〇〇三］、中村直美［二〇〇七］。

(2) 福祉研究の領域でのパターナリズムの再検討については以下を参照した。中山・高橋［二〇〇一］、樋澤［二〇〇三］、樋澤［二〇〇五］、中村義哉［二〇〇八］。

(3) 歴史家の斉藤孝によるなら、現代には「大衆に対する操作の技術もまた著しく高度化する」のだが、それは理性的な説得ではなく、「人間の非合理的・情緒的側面に訴えて、〔中略〕情動的煽動によって大衆を把握しようとするものであった」。斎藤［一九七〇］一一〜一五頁。

(4) 藤瀬［一九九九］一一二頁。

(5) 藤瀬［一九九九］二〇六頁。

(6) たとえば、馬場［一九八九］、馬場［一九九五］を参照されたい。

(7) 加藤［一九九五］二〇五〜二〇八頁。

(8) 権上・廣田・大森［一九九六］v頁。

(9) 権上・廣田・大森［一九九六］i〜ii頁。

(10) 雨宮［二〇〇九］および雨宮／シュトレープ［二〇〇九］も、本書と同様に、「介入的自由主義」をキーワードとする共同研究の成果であり、「経済的自由主義の今日的姿態を歴史的パースペクティブの中で考察しようとの意図」（雨宮／シュトレープ［二〇〇九］iii頁）も本書と共通しているが、実現すべき経済状態・経済秩序（介入の目的）に関心が集中しており、個人の自由・尊厳（介入によって損なわれる恐れのある何かへの配慮）は主たる論点として明瞭には現れていないように思われる。

(11) これ以外にも、たとえば、一九世紀中葉イギリスの労働組合の世界で、団体的なルールと行動様式の正当性・必要性を世論に認めさせようとする主張のなかで、自らの思想を「新自由主義（new liberalism）」と称するなど、「自由」が圧倒的な重さを持つようになった社会において、新しい何事かを「自由」とは敵対しない形で主張する際に、「新自由主義」の語が用いられはした。これは、後の時代に「新自由主義」として受け継がれはしなかったものの、新自由主義が世紀転換期に突如始まったのではなく、それ以前に古典的自由主義を修正しようとする発想が存在していたことを示す事実である。後述のドイツ社会政策学会（一八七二年結成）や、一八六五年以降を「団体主義」の時代としたA・V・ダイシーの慧眼も、新自由主義以前の新自由主義的傾向の存在を示唆していると解釈できるだろう。

(12)　一九〇六年学校給食法、一九〇八年老齢年金法、一九〇九年職業紹介所法、一九〇九年賃金委員会法、一九一一年国民保険法など一連の社会政策立法で知られる。

(13)　世紀転換期イギリスの新自由主義については岡田［一九八四］、大塚［一九九七］、姫野［一九九九］を参照した。

(14)　Laski [1940].

(15)　河合［一九三七］二〇頁。

(16)　田端［一九八五］一三六～一三七頁。

(17)　田端［一九八五］一三七頁。なお、ここに引用したのは一九〇二年フランス下院の社会保険委員会の決議の一部であり、ほぼ田端の訳に拠った。

(18)　田端［一九八五］一三九頁。退職年金法案の提出から制定まで九年を要していることだけでなく、制定直後の一九一一年、一二年に相次いで出された破毀院判決によって強制原則には重大な適用除外が設定されたことにも、介入をめぐる旧自由主義者と「社会連帯」論者の間の闘争が長くかつ激しかったことが表されている。

(19)　一八七八年営業条例改正による工場監督官制度の強制化、少年労働・女性労働保護の強化、一八八三年疾病保険法、一八八四年災害保険法、一八八九年廃疾・養老保険法など。殊に保険諸法は英仏のみならず、ベルギー、ノルウェー、デンマークなどの諸国にも影響を与えた。
(20) ビスマルク保険の成立に関しては、藤瀬［一九八二］および高橋［二〇〇〇］を参照した。
(21) ドイツ社会政策学会や新歴史学派の成立過程についてはBrentano［1931］（訳書）、田村・原田［二〇〇九］を参照した。
(22) Riha［1985］p. 94（訳書一五二～一五三頁）。
(23) 古典的自由主義と社会主義への両面批判という点で、ドイツ社会政策学会は「第三の道」の最も古い制度化形態ではあるが、古典的自由主義との緊張感は必ずしも明瞭ではないように思われる。この点については参加者からのご教示をまちたい。
(24) かかる意味での新自由主義（new liberalism）と社会民主主義との親近的な関係については、稲葉［一九九九］第四章第六節、および第五章が示唆に富む。
(25) 個人的自助と、その集団的手段としての「集団的自助」との関係については小野塚［一九八九］を参照されたい。
(26) Smiles［1861］p. 159.
(27) Smiles［1859］p. 2.
(28) Smiles［1859］p. 3.
(29) 蔵［二〇〇八］七頁。なお、蔵は、パターナリズムそれ自体を否定するのではなく、「相手の幸せについて親身になって考えること自体は、すばらしい利他性の発露だと思う。ただ、それは本人の知的、内的な納得に至るような説得をすべきであ」ると述べて、容認されるパターナリズムと暴走したパターナリズムとの峻別を主張するのだが、自己の幸不幸も満足に判断できない「弱く、劣っていて、失敗する個人」を前提にするなら、そもそもこの峻別は困難であろう。こうした人間に対しては、必ずしも知的・内的納得を要さないというのなら古典的自由主義における女・子どもに対する（あるいは、強制的不妊・断種手術のような「優生学」的処置における）保護・規制・介入と同じ地平にまで後退しうるし、たとえ納得は不可欠と考える場合でも、特攻志願、安楽死への事前同意、あるいは石原［一九九六］の描くスウェーデン社会で禁酒運動に「自発的に」参加して「立派な人」になろうとする例のように、隠微で暗黙の介入・強制・矯正によって「自由意思」や「自己選択」が誘導されれば、充分にお節介は成立するのである。

(30) The Inns of Court Conservative and Unionist Society [1958] p. 9.

(31) おとなを子ども扱いするこうした人間観を転換して、サッチャーが労働者個人に「一人前の大人」であることを強要した点については、小野塚［一九九九］三八七〜三八九頁、および梅川［二〇〇一］五三七〜五四〇頁を参照されたい。法哲学のパターナリズム論における「子ども扱い」の問題についてはFeinberg [1971] を参照。

(32) 中等、高等教育のレヴェルではわざわざ断らなくても、教育と言えば男子教育を意味していた。

(33) いつ、どのようにして、介入的な自由主義が正統・公認の教養になったのだろうか。介入的自由主義は第一次大戦前に起源があり、その公認・正統化と制度的定着は第二次大戦後であるとすると、戦時の意味が改めて問い直されなければなるまい。戦時は、「幸不幸（の条件）」を共有する「自分たち」＝「同胞」を、むろん対面的な関係においてではなく擬似的にだが、実感させたことにある。つまり、システム社会であれ介入的自由主義であれ、その心理的な基礎は戦時の経験をまって形成されたといえよう。

(34) ハイエクの自由の内容が、古典的自由主義の再版である点については、以下の文献を参照されたい。岡田［一九八四］四六頁、および、稲葉［一九九九］一七六〜一七七頁。

(35) 金子［二〇〇五］三一頁。

(36) 一九六八〜六九年に世界各地で同時多発的に起きた学生・労働者による異議申し立ては、システム社会のお節介な人間観への忌避感と結び付いていたが、異議の論拠となった諸種の左翼言説もまた介入主義的であったため、お節介な人間観に内包する自由の問題は充分には解かれなかった。そのことが一九八〇年代以降のネオ・リベラリズムの共鳴板形成につながっているように思われる。

(37) それぞれの論題だけ挙げるなら以下のとおりである。二〇〇六年春季総合研究会「『共同体の基礎理論』を読み直す——共同性と公共性の意味をめぐって」(この成果は小野塚・沼尻[二〇〇七]にまとめられた)、二〇〇六年秋季学術大会共通論題「格差拡大社会——史的接近と現状分析」、二〇〇七年春季総合研究会「WTO体制下における先進国農業の構造変化」、二〇〇七年秋季学術大会共通論題「地域再編過程における協同と公共性」、二〇〇八年春季総合研究会「自由と公共性——介入的自由主義の時代とその思想的起点」、二〇〇八年秋季学術大会共通論題「現代化過程における日本の雇用——企業と『公共性』」。

参考文献

雨宮昭彦[二〇〇九]『介入的自由主義と管理型経済の生成に関する国際比較研究——戦間期から戦後へ』平成一七~平成一九年度科学研究費補助金(基盤研究(A))研究成果報告書(研究代表者・雨宮昭彦、首都大学東京大学院社会科学研究科)。

雨宮昭彦/J・シュトレープ編著[二〇〇九]『管理された市場経済の生成——介入的自由主義の比較経済史』日本経済評論社。

石原俊時[一九九六]『市民社会と労働者文化——スウェーデン福祉国家の社会的起源』木鐸社。

稲葉振一郎[一九九九]『リベラリズムの存在証明』紀伊國屋書店。

梅川正美[二〇〇一]『サッチャーと英国政治4 戦後体制の崩壊』成文堂。

大塚桂[一九九七]『ラスキとホッブハウス——イギリス自由主義の一断面』勁草書房
大屋雄裕・北田暁大・堀内進之介[二〇〇九]「[鼎談]幸福とパターナリズム——自由、責任、アーキテクチャ」『談』(特集パターナリズムと公共性)第八三号。

岡田与好［一九八四］「『福祉国家』理念の形成」東京大学社会科学研究所編『福祉国家1　福祉国家の形成』東京大学出版会。

小野塚知二［一九八九］「『集団的自助』の論理――一九世紀イギリス労働者上層の文化」『歴史評論』第四六五号。

小野塚知二［一九九九］「労使関係政策――ヴォランタリズムとその変容」毛利健三編著『現代イギリス社会政策史　一九四五―一九九〇』ミネルヴァ書房。

小野塚知二・沼尻晃伸編著［二〇〇七］『大塚久雄『共同体の基礎理論』を読み直す』日本経済評論社。

加藤榮一［一九九五］「福祉国家と資本主義」工藤章編『二〇世紀資本主義II　覇権の変容と福祉国家』東京大学出版会（加藤［二〇〇六］『現代資本主義と福祉国家』ミネルヴァ書房に所収）。

金子勝［二〇〇五］「今日の改憲問題はなぜ生じたのか」『日本の科学者』40-2。

河合栄治郎［一九三七］『時局と自由主義』日本評論社（全集第12巻、社会思想社、一九六八年）。

蔵研也［二〇〇八］「リバタリアン、パターナリズムを大いに批判する」『TASC Monthly』第三九〇号。

小林好宏［二〇〇五］『パターナリズムと経済学』現代図書／星雲社。

権上康男・廣田明・大森弘喜編［一九九六］『二〇世紀資本主義の生成――自由と組織化』東京大学出版会。

権上康男編著［二〇〇六］『新自由主義と戦後資本主義――欧米における歴史的経験』日本経済評論社。

斉藤孝［一九七〇］「総説」、『岩波講座　世界歴史』第24巻（現代1）、岩波書店。

澤登俊雄編著［一九九七］『現代社会とパターナリズム』ゆみる出版。

瀬戸山晃一［一九九七］「現代法におけるパターナリズムの概念――その現代的変遷と法理論的含意」『阪大法学』47-2。

瀬戸山晃一［二〇〇一］「法的パターナリズムと人間の合理性――行動心理学的『法と経済学』の反-反パターナリズム論」(1)・(2)完『阪大法学』51-3、51-4。

瀬戸山晃一［二〇〇三］「自己決定の合理性と人間の選好―― Behavioral Law & Economics の知的洞察と法的

パターナリズム」日本法哲学会編『宗教と法』有斐閣。

高橋弦［二〇〇〇］『ドイツ社会保障成立史論』梓出版社。

田端博邦［一九八五］「フランスにおける社会保障制度の成立過程」東京大学社会科学研究所編『福祉国家2 福祉国家の展開[1]』東京大学出版会。

田村信一・原田哲史編著［二〇〇九］『ドイツ経済思想史』八千代出版。

中村直美［二〇〇七］『パターナリズムの研究』成文堂。

中村義哉［二〇〇八］「『よいケア』とは何か――来るべき『ふつうのケア』の実現のために」上野千鶴子・大熊由紀子・大沢真理・神野直彦・副田義也編『ケアすること』（ケア その思想と実践 第二巻）岩波書店。

中山将・高橋隆雄編［二〇〇一］『ケア論の射程』九州大学出版会。

服部高宏［二〇〇〇］「『自律』概念とパターナリズム――ジェラルド・ドゥオーキンの見解を手がかりに」『岡山大学法学会雑誌』49-3・4。

馬場宏二［一九八九］「経済政策論と現代資本主義論」東京大学『社会科学研究』41-2。

馬場宏二［一九九五］「世界体制論と段階論」工藤章編『二〇世紀資本主義II 覇権の変容と福祉国家』東京大学出版会、一九九五年。

樋澤吉彦［二〇〇三］「『自己決定』を支える『パターナリズム』についての一考察――『倫理綱領』改訂論議に対する違和感から」『精神保健福祉』34-1。

樋澤吉彦［二〇〇五］「〈同意〉は介入の根拠たり得るか？ ――パターナリズム正当化原理の検討を通して」『新潟青陵大学紀要』五。

姫野順一［一九九九］「新自由主義とフェビアニズムの政治経済学――市民的社会改良vs国民的効率」服部正治・西沢保編著『イギリス一〇〇年の政治経済学』ミネルヴァ書房。

藤瀬浩司［一九八二］「ドイツにおける社会国家の成立」岡田与好編『現代国家の歴史的源流』東京大学出版会。

藤瀬浩司［一九九九］『新訂 欧米経済史――資本主義と世界経済の発展』放送大学教育振興会。

Brentano, Lujo [1931] *Mein Leben im Kampf um die soziale Entwicklung Deutschlands*, E. Diederichs, Jena（ルーヨ・ブレンターノ／石坂昭雄・加来祥男・大田和宏訳『わが生涯とドイツの社会改革――一八四四―一九三一』ミネルヴァ書房、二〇〇七年）.

Dworkin, Gerald [1971], "Paternalism", Richard A. Wasserstrom (ed.), *Morality and the Law*, Belmont, Calif., Wadsworth.

Feinberg, Joel [1971] "Legal Paternalism", Canadian Journal of Philosophy 1-1.

Howie, John [1983] *Ethical principles for social policy*, Carbondale: Southern Illinois University Press.

The Inns of Court Conservative and Unionist Society [1958] *A Giant Strength: Some thoughts on the constitutional and legal position of Trade Unions in England*, Christopher Johnson.

Laski, Harold [1940] *Hobhouse Memorial Lectures*, No. 10, The decline of liberalism, Oxford University Press.

Riha, Tomas J. F. [1985] *German Political Economy: The History of an Alternative Economics* (*International Journal of Social Economics*, Vol. 12 No. 3/4/5), MCB University Ltd（トマス・リハ／原田哲史・田村信一・内田博訳『ドイツ政治経済学――もうひとつの経済学の歴史』ミネルヴァ書房、一九九二年）.

Smiles, Samuel [1859] *Self-Help*, J. Murray, London.

Smiles, Samuel [1861] *Workmen's Earnings, Strikes and Savings*, J. Murray, London.

第1章　社会的連帯と自由
――フランスにおける福祉国家原理の成立

廣田　明

1　はじめに

社会的な排除/包摂の問題に集約される「新しい社会問題[1]」の登場により、われわれの社会的な絆 lien social についてもう一度真摯に問いたださなければならなくなった時代。ソ連・東欧型社会主義の崩壊によって新自由主義がその覇権と正統性を確立したかのようにみえたのも束の間、今度はアメリカ発の金融危機によって市場の暴走が誰の目にも明らかになり、それを阻止するために、新たに国際的な政策協調や介入の枠組みを構築しなければならなくなった時代。この不安定な状況のなかで、個人が己の責任で自らの境遇を統御することが困難になり、人々の生活の安全・安心の保障と社会的な格差の是正が、再び政治の喫緊の課題として浮上してきた時代。こうした社会的リスクと不確実性にみちた時代には、一世紀前に当時の識者が「社会問題」として意識していた問題――すなわち①「個人と社会との関係」をどう理解し、この関係がどうあるべきかについて実際的な解答を用意するという問題[2]、あるいは②政治的には主権者として自由になり重きを置かれながら、市民の大半が経済的・社会的には準従属状態 quasi-assujetissement を余儀なくされたままであるという状況のなかで、人々が社会を営み、共通のルールに従うようにするにはどうすればよいかという問題[3]——を再考もしくは再確認することは、迂遠であるとはいえ無意味な試みとは言えないであろう。

本章では、一世紀以上前にこの難問に理論的であると同時に実践的な解答を与えようとした画期的業績として、フランスの政治家レオン・ブルジョワ[4] Léon Bourgeois（1851-1925）の作品『連帯』（*Solidarité*, Paris, Almand Colin, 1896）をとりあげ、その所説に即して、連帯と自由、連帯と正義の関係について考察する。本書の各章は一八九五年に雑誌『ラ・ヌーヴェル・ルビュ』*La Nouvelle Revue* に「社会運動に関する手紙」（副題は「連帯の教説」La doctrine de la solidarité）と題して発表され、翌一八九六年にアルマン・コラン書店から一書として上梓された。レオン・ブルジョワが急進党初の単独内閣の組閣に成功したのは一八九五年一一月。この内閣は財政改革のための累進所得税法案が下院で可決されたものの上院で審議拒否されたために六カ月の短命に終わったが、『連帯』の公刊に続く約三〇年の間、レオン・ブルジョワが提唱した連帯主義 Solidarisme は第三共和政公認の社会哲学[5]としてフランスの国民統合と国際連盟の形成に主導的な役割を演じた。

『連帯』は、約一世紀の前史を有する連帯思想の諸潮流[6]を自然的連帯 solodarité naturelle[7]（事実としての連帯[8] soridalité-fait）から社会的連帯[9] solidarité sociale（義務としての連帯[10] solidarité-devoir）

への移行という観点から整理・統合し、独創的な《社会的債務》dette sociale と《準社会契約》quasi-contrat social の理論を展開することにより、一九世紀の自由主義国家から二〇世紀の福祉国家[11]（もしくは社会国家[12]）への移行に不可欠な視座の転換を促した記念碑的作品であり、同時代の政治思想あるいは社会思想のなかでもひときわ光彩を放つ存在である。本書は発売直後から社会問題の平和的解決や時代の閉塞状況の打開を求める市民や識者の反響を呼び、各種の大会や研究会、講演会[13]などでの講演と質疑応答をふまえて、一九一二年の第七版まで増補が繰り返された（初版と第七版を比較すると分量がほぼ四倍になっている）。したがって内容的には第七版を最終版とみなすべきであり、本章で『連帯』というときには、初版だけでなく第七版までに収録された作品をすべて含めるものとする。

連帯主義は、一九世紀の二大思潮である自由主義と社会主義のいずれか一方に荷担するのではなく、著者の言に従うなら、両者を「総合」synthèse することによって、国家介入を容認しながら同時に個人の自由をも否定しない《社会進歩》の道を明示し、それを法律的に保障することができる新思想として同時代の改革立法と政策思想に多大の影響を及ぼした。一八九二年にローマ教皇レオ一三世が提唱したフランス・カトリックの第三共和国への《結集》が遅々として進行せず[14]、一八九四年に始まるドレフュス事件がフランス社会を分断し、産業発展が貧富の格差を拡大し階級対立を助長するという時代状況のなかで、国民連帯（福祉国家による国民統合）の可能性を理論的かつ実践的に解き明かした連帯主義は、とりわけ第三共和国の安定と発展を願う中間層にフランスの未来に対する新たな希望の灯をともすことができたのである。

2　連帯主義的総合（syntèse solidariste）をめざして

(1)　社会問題の解決

レオン・ブルジョワが解決に努める問題は新しい問題ではない。しかしこの問題はかれの時代には共和国の帰趨を決する大問題であった。それは、前述のように、普通選挙の実施により「政治的には主権者として自由になり重きを置かれながら、市民の大半が経済的・社会的には準従属状態を余儀なくされたままであるという状況のなかで、人々が社会生活を営み、共通のルールに従うようにするにはどうしたらよいか」という問題であった。二月革命期にはこの問題が労働権 droit au travail の保障という形で初めて真正面から提起された[15]。しかし生まれたばかりの第二共和国では、社会権のうちでも最もラディカルなこの権利の是非をめぐって自由主義者と社会主義者が真っ向から対立し、それを憲法に明記することができないまま、第二共和国は迷走を続け、ルイ・ナポレオンのクーデタによってあっけなくその幕を閉じたのである。

(2)　科学と道徳の協働

政治的・思想的にはルイ・ブランの系譜に属するといわれる[16]レオン・ブルジョワは、この問題に対し、自由主義と社会主義を総合することによって、新たな理論的でしかも実践可能な解答をもたらすことを欲した。この課題に答えるために、ブルジョワは科学と同時に道徳に訴える。

「人間は単に科学によって自然を説明する知性であるだけではない。かれは同時に良心でもある。／理性的存在であるかれは真実を求める。良心的存在であるかれは善を求める。かれはこの善を実現する義務を負うと感じている。しかもかれ自身のなかで――これが個人道徳である――また、かれと同じような理性と良心をもつ他の存在との間で――これが社会道徳である――善を実現しようとする。／かれは社会のドラマを前にして無関心のままでいることはできない。かれはそこではたんに観客であるのでは決してなく、当事者 acteur なのである。もしドラマが涙のうちに、暴力のうちに、また憎しみのうちに終わるなら、かれは共犯者か犠牲者になる。もしそれが平和のうちに、正義のうちに、また愛のうちに決着するなら、かれはヒーローになる。かれの種とかれの存在の法則そのものである内心の力がいつもかれに警告し、かれを行為に引き入れるのである[17]」。（斜線は段落の切れ目を示す、以下も同様）。

理性的存在である人間は真理を求める。真理は科学によらなければ得られない。他方で、良心を有する道徳的存在である人間は善を欲する。しかし科学的真理がつねに道徳的善と一致するとは限らない。レオン・ブルジョワの連帯主義が最も腐心した点は、この科学の要請（真理の探究）と道徳の要請（善の実現）をどう両立させるか（科学的認識をふまえながら道徳的要請をどう満足させるか）にあったのである。

(3) 『連帯』第七版の構成

『連帯』第七版は以下のような構成をとっている（数字は出版年ないしは開催年を示す）

I 連帯、一八九六年

一 政治思想・社会思想の進化

二 自然的連帯の科学理論

三 社会的連帯の実践理論

四 人間の社会に対する債務——準社会契約

II 連帯—正義—自由、一九〇〇年

一 連帯と自由（国際社会教育大会での報告、一九〇〇年）

二 連帯と正義（社会教育大会での閉会講演、一九〇〇年）

III 連帯思想とその社会的帰結、一九〇一〜〇三年

一 社会的正義、一九〇一年（高等社会研究院での第一回講演と質疑応答）

二 社会的債務と準社会契約、一九〇一年（同、第二回講演と質疑応答）

三 社会的リスクと社会保険、一九〇一年（同、第三回講演と質疑応答）

四 連帯の社会的適用、一九〇二〜〇三年（高等社会研究院の連続講演会での開幕講演）

IV 連帯の社会的限界、一九〇九年（国際社会学インスティチュート第七回大会に提出された報告

書）

この構成を念頭におきながら、連帯主義的総合がいかになされたか、ブルジョワの論理を追ってみよう。[18]

3　社会的債務と準社会契約の理論

(1)　自然的連帯から社会的連帯へ

レオン・ブルジョワによれば、一九世紀における科学の発達が人間観を一八〇度旋回させた。科学は、今や、疑問の余地のない仕方で、人間にも妥当する普遍的な連帯[19]（相互依存）の法則の存在を証明したのである。すべての生物は、個々の現実においても他者との関係においても、自然的連帯の法則に服している。科学は「もはや、その知性と意志が完全に発達した状態で一挙に地上に出現した、抽象的な人間を知らない。人間はもはや世界システムの目標 but でも目的 fin でもない。かれもまた、かれを同胞に、かれを生んだ人種に、他の動物に、地球と宇宙の環境に結びつける相互依存関係に従うのである」[20]。この自然的連帯の法則は、同じく科学が明らかにした、個人の自由な発展というもう一つの法則と矛盾しない。なぜならこれら二つの法則は整合しているからである。諸個人の発展は、かれらが形成している全体の発展に貢献する。なぜならかれらは《アソシエ（共生者)》associé であり、連帯しているからである。

しかし科学がその存在を証明した「自然的連帯」は不平等であり、社会正義には無関心である。「個々の人間はかれの努力により日々ある生産物を創り、他のすべての人間は、連帯の自然法則により、これを利用する。その代わり、各人は、他のすべての人々の現在およびそれ以前に蓄積された労働によって産みだされた成果の全体を享受する。しかしこの享受は二重に不平等である」。この享受は、第一に「人間の間に健康、身体的または知的な適性、生命の持続期間〔寿命〕を不平等に分かち与える自然と境遇のために不平等になる」。この自然的不平等に対し意志の一致は何事もなしえないし、そこには同意と契約の根拠は存在しない。しかしこの享受は、第二に「人間の無知、かれらの残忍さ、かれらの暴力、かれらの利益に対する強欲さ、要するに、正義の思想がまったく決定せず、しかもそれらについては万人の合意が得られなかった長い一連の社会的取り決め arrangements sociaux のためにも不平等である」[21]。それゆえ、「自然は不正義 injuste ではないが、没正義 ajuste であり」[22]、科学的事実として存在している連帯の結果は正義に合致するわけではない。そこで、「正義を実現するためには、人間が連帯の諸法則を観察し、それを確認してから、正義に合致するようにそれらの結果を修正しなければならない」[23]のである。換言するなら、正義を実現するには、自然的連帯（「事実としての連帯」）から「社会的連帯」（「義務としての連帯」あるいは「法による連帯」）に移行しなければならないのである。レオン・ブルジョワ『連帯』の独自性はまさにこの移行の理論的基礎づけを行い、社会主義とは異なるやり方で、すなわち福祉国家の構築という方向で、社会的正義[24]の実現可能性を明確にしたところにあった。

(2) 人間の社会的債務

社会に生きる人間の自然的事実としての連帯を観察すると、「各人と万人との間にサービス（役務）の交換が必然的に存在し」、各人の能力・活動の自由な発展は、同時代の他の人間の能力と活動の協力によってはじめて可能であり、しかも各人の発展の段階は過去の人間の能力と活動の蓄積に依存していることがわかる。したがって、社会のなかに生まれるということは、先行するすべての世代とかれの同時代人によって作られた《社会的資本》fonds social の恩恵に浴するということである。それゆえ、人間は生まれながらにして、社会の債務者 débiteur なのであり、ここにかれの義務の根拠があり、かれの自由の責任があるのである[25]。この人間観は「人間は生まれながらにして自由であるが、しかし至るところで鉄鎖に繋がれている」（井上幸治訳）とした『社会契約論』におけるルソーとは逆であることに注意しよう。レオン・ブルジョワによれば、ルソーの誤りは、「物事の始まりに」「絶対的な権利と義務を賦与された完全な人間」を措定したところにあった[26]。

すべての人間は生まれながらに社会に対する債務者である。このことを万人に説得するために、ブルジョワは乳幼児が人間として成長していく過程を例にとりながら、具体的に説明している[27]。「子どもが授乳期を過ぎて母親から最終的に分離して、別個の存在となり、かれの生存に必要な食物を外部から受け取るようになるやいなや、かれは債務者になるのである」。「かれの食物は債務である」。かれが消費する食物は、何世紀も前からかれの血となり肉となる動植物類を繰り返し生産し、増やし、改善してきた農耕の成果である。「まだおぼつかないかれの言語も債務である」。かれの唇をついてでる、言葉の一つ一つ、かれはそれらを両親や先生の唇から受け取るだろう。これらの言葉は一つ一つ無数の祖先が蓄積し確定した観念の総和を含み表している。

かれが他者から身体と精神の糧を得るだけでは十分でなくなり、自分の個人的な努力で成長の材料を創り始めるとき、かれはかれの債務が増加するのを感じるだろう。「学校と作業場がかれに提供する本と道具も債務であり、これらはどれほどの価値があることだろう」。道具がいまの形になり物質にうち勝つようになるまでにはどれほど先人の改良の努力が重ねられたことだろう。短時間で無数の観念の群れ essim を世界に広めることができる、これらの印刷用活字、これらの二四の小さな黒い鉛の塊——そのなかに人間は世界のシステムを縮約し表現する——が意のままに利用できるようになるまでには、どれだけ多くの思考が目覚め、どれだけ多くの犠牲が受け入れられ、どれだけ多くの生命が提供されたことだろう。「そしてかれが人生をさらに進めば進むだけ、かれはかれの債務が増加するのをみるだろう」。なぜなら、かれは人類が創造した物的・知的な装備 l'outillage matériel et intellectuel の使用により日々新たな利益を得るからである。

こうして人間が成長し、豊かになるにつれて、かれの社会的債務はますます増加していくのである。

しかし祖先に対してこの債務を負うとしても、われわれは誰にそれを返済する義務を負うのだろうか？　ブルジョワによれば、われわれが過去の世代に負うところのこの債務、われわれはそれを「われわれの後に来るすべての人々」に返済しなければならない。これは過去全体の将来全体に対する遺贈 legs である。言い換えれば、現世代の人間は過去から遺贈された社会的遺産 patrimoine social の用益権者 usufruitier にすぎず、かれらはこれを増殖し、将来世代に返済する義務を負っているのである。こうして人間が同胞に対して二重の債務（過去世代に対する債務と現世代に対する債務）を負っていることが明らかにされた。この二重の債務からわれわれの社会的義務が生まれるのであるが、「確かに社会的義務に関しては、契約者の事前の同意は実際には存在しない。そんなことはありえなかった。そしてこれこそ、ルソーの社会契約理論を破産させた克服しがたい反論である。／このことは正しい」。しかし、「社会は存在し、社会は要するにそれを構成する人々の暗黙の受諾によって維持されているのだから、かれらの間には民法典が長らく前から準契約 quasi-contrat の名のもとで定義してきたものが存在するのである[28]」。ここに言われる準契約について、レオン・ブルジョワは『連帯』初版では、以下のような説明を加えている。「当事者双方が自由に審議し、忠実に執行する契約が、人間の権利の終局的な土台である。事物の必要性が、事前の意志が介入すべき取り決めの諸条件を審議できないまま、人々を関係させるところでは、かれらの間にこれらの条件を定める法律はかれらが平等かつ自由に意見を聞かれることができたとしたら、かれらの間に事前に確立されたに違いなかった合意 accord の解釈であり表象にすぎなくなるに違いないだろう。したがって、かれらの平等で自由な意志が与えたであろう同意 consentement の推定こそが、権利の唯一の論拠となるであろう。この準契約は遡及的に同意される契約以外の何ものでもないのである」[29]（傍点は原文のイタリック。以下も同様）。

(3) 準社会契約の理論

フランス民法典はその第三編第四章「約定なしに形成される義務」において、その第一節（一三七一〜一三八一条）を準契約にあて、一三七一条で「準契約とは、人の純粋に意図的な所為であって、第三者に対するなんらかの義務および時としては当事者双方の相互の義務を生ずるものをいう」（山口俊夫訳）と定義している。準契約を contrat（契約）、délit（故意による不法行為）、quasi-délit（過失による不法行為）とともに債務発生原因の一範疇とするフランス民法典の体系は、この定義に続く以下の条文において、準契約に該当するものとして「事務管理」gestion d'affaires（一三七二〜一三七五条）と「非債弁済」paiement de l'indu（一三七六〜一三八一条）の二類型のみをあげ、それらに関する諸原則のみを定めた[30]。

準契約は、ローマ法にその起源を有する法概念である。ローマ人は当事者間にどんな契約も結ばれなかったにもかかわらず、債務の源泉となるいくつかの事実があることを知っており、この債務を *quasi ex contractu*（あたかも契約からきたかのごとき）債務であると規定した。ここにいう準契約的債務がユスチニアヌス法典に継承され、さらにフランス古法を媒介にして、フランス民法典に伝達されたのである。

レオン・ブルジョワの時代に、一般に準契約に属するとして論議されたものには、事務管理と非債弁済の他に、後見と保佐 la tutelle et la curatelle、共有（不分割）l'indivision、相続の受託 l'acceptation d'une hérédité 等の類型があるが、これらのうち連帯の見地から重要なのは、事務管理、相続の受託、非債弁済の三類型であるとされている[31]。

ある者（事務管理者）が、義務なく自発的に、他人（当該事務の本人）の利益のために、この他人の事務を管理することを事務管理という。例えば、A（管理者）が旅行中で不在の隣人B（本人）の所有する家の壁をなんらかの事情で修理したとする。AとBとの間にはどんな約定も交わされなかったにもかかわらず、この壁を修理したという事実だけでAとBの間には準契約的な債務が生じるのである。AがBに管理の事実を告げれば、Bは支払義務を負うことになる。次に、相続の受託の類型では、遺言による相続人 l'heritier testamentaire は遺贈を承認し、故人の債務を弁済する義務がある。相続人と故人の債権者の間にはいかなる約定も結ばれなかったのに、相続人は準契約上の債務者となるのである。最後に、非債弁済の類型では、ある人（X）が他の人（Y）に錯誤から自分が支払う必要のない金を支払ったとする。この場合、自分に支払われるべきではない額を受け取ったという単純な事実が、受領者であるYをしてこの金額を返還する義務を負わせるのである。

レオン・ブルジョワの卓抜さは、元来は私法の概念である準契約（私的準契約 quasi-contrat privé）を公法の領域に導入し、公法と私法との伝統的な障壁を崩壊させたところにあった。この点をレオン・ブルジョワはこう力説している。「私は公法と私法の間にある大きな壁が崩れるという結論を曲げることはしない。いつも公法を論じるたびに、ひとは私法で援用される原理とは異なる原理を援用せざるをえなかった。私法においては、契約を成り立たせるのは当事者の意志であり、交わされた合意の意味が疑わしい場合や、あるいは当事者の明示的な同意の以前に事実が当事者をして互いを拘束した場合——これが準社会契約の仮定である——にのみ、公権力は債務の総額を定めるためだけに介入する。そしていずれの場合にも、周知のように、裁判官の判決は当事者の推定される意志の解釈でしかありえない[32]」。同時代人のシャルル・アンドレル Charles Andler は一八九七年の「準社会契約とレオン・ブルジョワ氏について」と題する論文においてブルジョワのこの大胆な企図を《きわめて巨大な知的事件》trés gros évênement intellectuel と驚きを交えて絶賛している[33]。

人間は社会を成して生きている。これこそかれらの同意に先立ち、かれらの意志に優先する自然的な種類の事実である。人間は物質的にも道徳的にも人間アソシアシオン（結合、共生）association humaine を免れることはできない。ルソーが言うような、孤立した人間は存在しないのである。ここから前述のように、人間は過去世代に対する債務と現世代に対する債務という二重の債務を負うとの結論が導かれたのである。

この二重の債務から生まれる負担の分担に関しては、それが可能になるのは、各アソシエが《権利の観点からみた価値の平等》——それなしには準契約が自由な意志のあいだでの遡及的に同意される契約とみなされることはできないだろう——を十分にもつ場合であろう。準結合契約から生まれる債務の思想は、必然的にそれを担保するサンクション（承認・制裁・実効確保措置）の思想を必要とする。社会的義務は純粋な良心の義務ではない。それは権利に裏づけられた義務である。ひとは正義の規則の侵害なしにその履行を免れることはできない。したがって社会的義務の履行を保証する実定法は、個人の権利を侵害することにはならないだろう。そこには社会の側からの人間関係への不当な介入は存在しないだろう。実定法は強制的サンクションを用いて、社会的債務の返済、個々の人間が万人に対して債務者の状態におかれることから結果する義務の履行を保証することができる[34]。

レオン・ブルジョワの場合、かれが法言語に準拠して構成する《準社会契約》は単なるメタファーなのではない。準社会契約は厳密に法律的な語義において理解されている。それゆえ、この準社会契約から生まれる義務はたんなる道徳的義務ではなく法律的な債務となるのである。一九〇〇年に開催された社会教育大会での講演に続く質疑応答に際して、《社会的債務》という表現を《社会的義務》と言い換えるべきだというビュイソンの提案をブルジョワが峻拒したのは、債務でなければ法的なサンクションを期待できないからであった。義務と債務の違いを問うことは、法と道徳の区別を問うことに帰着する。ブルジョワの同時代人エドモン・ゴブロ『正義と自由』によれば、道徳的義務 devoir moral と法律的債務 dette juridique とのあいだには本質的な違いは存在しない。両者はいずれも義務的 obligatoire である。しかし道徳的義務は広義の義務 un devoir large であるのに対し、法律的債務は厳格な義務 un devoir strict なのである。厳格な義務には「法的手段によって請求可能な」権利 droit が対応している。広義の義務にはたんに「要求可能な」権利が対応するだけである。法律的債務から生まれる権利は強制手段 moyens coercifs によって実効性を保証されることができる。これに対し道徳的義務から生まれる権利は実効性を主張できないし、いかなる強制も行使できないのである。例えば、施しの義務は力によって強制されることはできず、債務者に《発議権》droit d'initiative を委ねるのである[35]。

レオン・ブルジョワはこのゴブロの説と認識を共有しているように思われる。ブルジョワ自身は法と道徳の関係を半径が等しくない同心円に例えて説明している。すなわち、狭い方の円は《厳密に法律的な義務》から成っている。広い方の円は法律の領域を含むとともに法的な強制手段によっては制裁しえない広義の義務をも包含している。問題はこれら二つの円の半径がどれだけかを知ることである。かれによれば、準契約の研究の結果、社会的サンクションを認める法律の領域はひとがこれまで考えてきたよりも広いことが判明した。かれは言う。「人々が認識してはいないにもかかわらず、自由になるために日々支払わねばならない債務がある。そこにこそ、法の領域に付加され、合体されることになる中間地帯 zone intermédiaire、社会地帯 zone sociale が存在するのである。正義と友愛のために、連帯の理論を確立せんと努めることによって、われわれはいまこの中間地帯を征服しようとしているように思われるのである[36]」。

しかし、ここで新たな難問が発生する。ブルジョワのいう「社会的債務」を認めたとして、それではわれわれが個人として社会に負う債務の額はいかほどになるのだろうか？　また、そもそも誰が債務者でだれが債権者なのだろうか？　この二点が明確にならない限り、われわれは法律的債務ではなく道徳的義務のなかに留まるのではないか？

「誰が債務者で誰が債権者か」という問いに対して、ブルジョワはこう答える。「私は不幸な人々に対して社会的債務の部分を要求しているのではない。確かに人間労働の生産物のなかには、かれが利益を得ている部分も存在する。しかしそれは無限に小さな部分である。そしてかれは、恐らく、かれの個人的労働がこの生産物全体につけ加えるものについて〔それに匹敵するだけの〕公平な報酬を受け取っていないのである。しかし、反対に、かれの傍らには、人間労働の総体から最も広範に利益を得、絶えず何度も、時には何もせずに、それにかれの個人的努力をつけ加えることもなく、この労働の総体を享受する人々がいる。これらの人々は、この共同資本の享受から自分が得た部分を支払っていないのである。私はこれらの人々に対してかれらの社会的債務の支払を要求するのである(37)」。

個々人の債務の額はどれだけかという問いに対するブルジョワの答えはこうである。この額を確定することはできない。しかしだからと言って、この債務を否定すべきではない。なぜなら、裁判所は債権の額を決められない場合でも、ときに債権の有効性を宣告するからである。例えば、裁判所は、ある訴訟行為の費用が訴訟費用書で決められている場合を除いて、この費用を当事者の一方が負担するよう決定する。社会的債務に関しては、各人の個人的な貸借を計算し、各人の個人的な努力の価値と他の人々の債権の価値を確定することは不可能だから、ひとは《間接的な方法》でこの問題を処理するのである。ここでレオン・ブルジョワが提案するのは、《債権と債務の総計を相互化する mutualiser》という解決策である。各人は皆、人類の普遍的な装備 l'outillage universelle の利用者である。そこで各人はこの装備から引き出す利益に比例する賃料 loyer を支払うことに決める。こうすると一種の「共同金庫」trésor commun が形成される。そして各人は、かれの債権をこの金庫から引き出す権利を、すなわち「普遍的な労働と交換の社会で自由なアソシエとして生きる手段[38]」を確保する権利を、もつことになるのである。個人的な債務の計算不可能性という命題は、当初連帯主義を破綻させかねない脆弱性を秘めていたのであるが、ブルジョワは発想を変えることにより、この命題が連帯主義の正義論にとって障害であるよりもまさにその存立条件そのものであることを発見した。かれのアイデアは、累進所得税と社会保険の法制化として結実し、それらを財源として社会サービス（特に無償教育）と公衆衛生と社会保障の実施が可能にされるであろう。

4 福祉国家原理の成立

(1) 自由・平等・友愛から連帯・平等・自由へ

個人（各人）が社会（万人）に対する債務者であるとみなしたレオン・ブルジョワは、債務すなわち義務の権利に対する先行性を説いたのである。かれはフランス革命によって定式化された権利宣言 Déclaration des droits を義務宣言[39] Déclaration des devoirs によって補完することの必要性を力説する。同様に、革命のスローガンとなった自由、平等、友愛の三位一体 trilogie についても、その順序を変える reordonner べきであると主張する。[40] 社会に債務を負う人間は自己の債務を返済したときにしか、自由になれない。[41] したがって、自由は第一位になることはできず、友愛というよりは連帯にその地位を譲るべきである（友愛という表現は非科学的であるから、科学によってその事実性が証明された連帯という表現を用いるべきである）。第一に来るものは連帯である。次に社会的連帯（義務としての連帯）によって正義すなわち「社会的権利における価値の平等[42]」を実現すべきであり、その結果として最後に自由が保障されるのである。このような形で社会主義の要請（正義の実現）と自由主義の要請（自由の保全）を両立させようとした連帯主義は、自由主義と社会主義が陥った袋小路を脱却する新たなオルターナティブ[43]をもって任じることができたのであり、同時に啓蒙思想の発展形態[44]およびフランス革命の政治・社会理論の完成[45]であると自負していた。この意味で、連帯主義は十九世紀思想の総決算を企図したのである。

(2)　市民社会と国家の機能分担

レオン・ブルジョワは、政府高官・要人でありながら、国家を特別視し、国家を市民社会よりも上位に置こうとする国家主義的な étatiste 思考方法は採らなかった。かれはこう強調する。「国家は人間が創り出したものである。明瞭な権利の主体として、あるいは人間がそれに従属させられるところの上位の人格として、人間から切り離され人間に対立する国家は存在しない。問題が設定されるのは国家や社会と人間との間ではなく、人間それ自体の間である。人間だけが現実的存在、権利や義務のありうべき主体なのである」。国家という「一種の人間を超越する存在に対する信仰が、これまで社会問題をその客観的現実のなかで考察するのを妨げてきた最大の障害の一つ(46)」なのである。

国家は、「単に、人間自身によって創られ、人間がかれら自身の意志の執行をそれに委任するところの共同行為の器官 l'organe d'action commune にすぎない。法律はこの相互的意志 volonté mutuelle の表現にすぎない(47)」のである。国家は「結合した人間が、かれらの権利のいくつかの保障を確かなものにし、いくつかの義務の履行を要求することができるようにするために、かれらの間に確立した組織」にすぎないのである。

レオン・ブルジョワは、かれの国家観が国家の権利の拡大に帰着するのではないかと危惧する自由主義者の批判に答えていう。今日では、文明の進歩は契約の広がりで計られることができる。公的権威〔国家〕の上級の行為によってではなく、人間の間に取り交わされる自由な同意によって規制される対象の数が多くなればなるほど、文明は高度化する。このような契約の領域をできるだけ拡大しようとする私の理論がどうして国家の役割を拡大することになるのだろうか？　それどころか「私は、国家に厳密に司法的な性格 caractère judiciaire を与えることにより、すなわち自由に同意された契約の解釈と保障に国家を縮小する réduire することにより、国家の役割を制限するのである[48]」。こうして、結合した市民の共同器官と化する国家は、社会の保全（軍事・司法・警察）という固有の機能を果たす以外に、社会立法の制定を通じて、まず各人の適性に応じた「すべての等級での無償の教育」を保障し[49]、さらに「精神の育成と陶冶の必要性」の観点から労働時間を制限する[50]ことによって各人の完成に欠かすことができない余暇を保障し、最後に社会的リスク[51]（労働災害、老齢、疾病、障害、失業など）に対する保険者となるのである。国家が国民の生活保障 prêvoyance に関して果たすべき役割はここまでである（国家介入の限界の明確化）。

国家がこのような社会的連帯の諸制度を発動させるなら、あとはアソシアシオンの社会的義務 le devoir social d’association が、各人をして、私的イニシアチブから生まれた連帯の諸制度（共済組合、協同組合、労働組合、社会教育の諸制度、各種の非営利活動）に参加するように促すであろう。このように市民社会と国家はそれぞれ固有の機能を有し、自己の機能の充足を通じて連携するのであり、両者を対立させてどちらか一方に解消しようとする思考方法や企図（無政府主義やヘーゲル主義）は峻拒されるべきであった。この意味でレオン・ブルジョワの国家観は、政治学的であるよりは社会学的であり[52]、かれはこのような国家観を堅持しながら、生涯を通じてこれら二つの領域の活動に能動的に参加することにより、己の身をもって市民社会と国家との連携のあり方を教示したのである。

(3) 《社会的債務》の再定義——視座の転換

レオン・ブルジョワは、かれの時代に影響力をもっていた契約論的社会観と有機体論的社会観を対立させるのではなく統合することのできる一つの社会哲学・政策思想の創始者となったのである。かれは、同時代人に対して、政治的主権の保有者たる市民でありながら、同時に連帯的な《アソシエ》と見なしあうよう要請する。かれの連帯主義は、一七九三年憲法の権利宣言第二十一条[53]に明記されて以来、社会権の基礎づけに不可欠の概念として尊重されてきた《社会的債務》dette sociale の意味を逆転する[54] renverser ——個人に対する権利保障から社会的義務づけへの逆転（社会が個人に対して債務を負うのではなく、個人が社会に対して債務を負う。この債務を返済しない限り、個人の自由権と社会権は保障されない）——ことにより、一九世紀的な自由主義国家から二〇世紀の福祉国家への移行に必要な視座の転換を実行したのである。なぜなら、ブルジョワのような論理を用いないと、国民に累進所得税や社会保険料の支払いを「義務づける」ことはできないからである。とくに国家の積極的介入を特徴とする社会権を保障するためには、このような視座の転換が不可欠であった。この意味で、一九世紀から二〇世紀への移行に際してはある種のパラダイム革命が実行されたと考えるべきである。

レオン・ブルジョワは、後年、かれの『社会的生活保障政策』第一巻（一九一四）のなかでパスツール革命にふれ、パスツールがパラダイム革命を実行したことを高く評価している。「パスツールのお陰で、新しい人間性の観念が姿を現し、人心に膾炙することができるようになった。人々の間に存在する諸関係をより正確に理解させたのはかれである。かれは、すべての生物すべての人間の間に奥深い相互依存関係があることを最終的に証明した。微生物の理論を決定的な仕方で定式化することにより、かれは、われわれのなかの各人が他者の知性と道徳性にどれほど依存しているかを明らかにした。〔……〕かれはわれわれに相互義務を教えてくれた。〔……〕かれは科学革命を行っただけでなく、道徳革命をも実行したのである」[55]。このような評価が可能になったのは、ブルジョワ自身がすでに『連帯』において《社会的債務》の理解に関してフランス革命以来の常識を覆すようなパラダイム革命を断行していたからにほかならない[56]。

レオン・ブルジョワが一八九三年にその初代委員長に就任したところの下院社会保険委員会は、このような視座の転換をふまえて、一九〇二年に社会的連帯の原理をこう高らかに決議した。「社会的連帯のサービスの創設は共和国の義務である。社会的連帯は、法律で定められた当事者に対して権利を承認し、権利を主張する手段を与えるという点で慈善と根本的に異なっている。社会的連帯の原理は、保険 assurance と扶助 assistance の二つの形態によって実現されることを要求している。保険について。その目的は、すべての国民に対して、自己の個人的収入による老齢、障害年金を獲得する手段を設定することである。扶助について。老人または障害者が何らかの理由によって収入を奪われた場合に、彼らを扶助するために介入することは国民の厳格な義務である。社会的連帯の負担に対してすべての国民が拠出する義務は、これらの諸前提の必然的な帰結である」[57]（田端博邦訳）。このように、フランスでは、レオン・ブルジョワの連帯主義の主導下で社会的連帯を基本原理とし社会保険(58)と社会扶助をその制度的実現とする福祉国家構想が誕生したのである。

5　おわりに

福祉国家原理が成立するためには、ルソー『社会契約論』に代表されるような人間観と国家観が清算されなければならなかった。一九世紀における諸科学の成果をふまえて、「ひとは生まれながらに自由である」という人間観ではなく「ひとは生まれながらに社会の債務者である」との人間観から出発して社会問題を解こうとした連帯主義のもとで、ルソーに見られるような《抽象的で先験的な個人》の観念とそれと対をなす《抽象的で先験的な国家》の観念が同時に廃棄されたのである。

レオン・ブルジョワはこの二重の廃棄を大略以下のような論理で説明している(59)。

かって「人間はかれと世界にとって目的 fin であった。かれの権利と義務はこの目的に固有の手段であった。いまや問題はもっと複雑である。人間はもはやこの世で特別な存在、単一にして同一の自我がそれ自体で先験的で抽象的な権利の主体になるところの抽象ではない。」人間は他の生物と同じような性質をもつ存在に変えられるのである。かれは、他の生物と同じように、無数の絆や従属に従わされ、一般的な進化の法則に服従し、かれをとり囲む作用と反作用の網の目を無視しては、かれとかれの同胞の人格の発展の諸条件を求めることはできないのである。「人間はもはやかれと世界にとっての目的ではない。かれは目的であると同時に手段でもある。かれは単位であり、全体の一部である。かれは固有の生命をもち、この生命を保全し発展させる権利を有する存在である。しかしながらかれは同時に全体に帰属しており、全体なしにはこの生命も発展させられないし、保全もされないのである」。自然的連帯の法則の認識は、「抽象的で先験的な孤立人の観念を打破することにより、同時に同じく、別個の権利の主体として、あるいは人間を服従させる上位の権勢 puissance として、人間から切り離され人間に対立する抽象的で先験的な国家の観念をも打破したのである」。

このようにして一九世紀の共和主義者を魅了し、社会主義者の人間像にも強い影響を及ぼしたルソー主義[60]の呪縛を解いた連帯主義が、自由主義から継承したものは、とりわけ契約の観念、自由の保全、反国家主義 anti-Étatisme であり、社会主義から継承したものは、社会的正義の必要性とこの正義実現のための国家介入の不可避性であった。さらに連帯主義が自由主義と社会主義との単なる折衷ではなく、両者に対する「第三の道[61]」と評価されることができる独自性を有しているのは、自由主義に対しては自由権を尊重しながらも、市場と社会的分業（レオン・ブルジョワのいう自然的連帯）のもとでは社会的不平等が不可避であるから国家が介入して社会正義を実現しなければならないことを明確にし、その前提として自由の位置づけを変更したからである（絶対的自由あるいは無制限の自由の否定。社会的債務の返済なしに自由なし）。また、社会主義に対しては、社会権の存在を認め、社会立法と社会保険による生活保障（社会的正義の実現）に道を開くと同時に、社会主義のいうような無制限の国家介入（あるいは全能の国家 Étatt tout-puissant）や市民社会を超越する権威主義的な国家についてはこれを峻拒したからである。
最後に、一九四八年一二月一〇日に国際連合総会で採択された世界人権宣言の第二九条と第二五条には、レオン・ブルジョワの社会的義務論と社会的生活保障論の影響が看取されることを付言しておく。

注

（1）新しい社会問題と福祉国家との関連については、Rosanvallon［1995］を参照。古典的社会問題と福祉国家との関連については、Donzelot［1984］を参照。

（2）Bourgeois［1912］pp. 13-14.「人間と社会の関係の問題 le problème des rapports de l'homme et de la société は特別の性質に属する問題である。この問題をわれわれに提起するのは、単なる知的好奇心ではなく、道徳的必要なのである。この問題が把握せんとめざすのは、単なる知的な種類の真理だけなく、道徳的種類の真理なのである」。「社会科学はすべての科学に共通する方法を用いて、個人と人間社会の関係の問題を解決しようと努めるだろう」。

（3）Eloy［1998］p. 7 et couverture.

（4）レオン・ブルジョワは国際連盟 la Société des nations の初代総裁に就任し、国際連盟の父として知られる人である。本稿ではかれの国際関係の業績には立ち入らないが、社会改革立法の制定によって国民国家内部に法による正義を浸透させ、社会平和を実現しようとする『連帯』の社会改革構想と、国際連盟のもとで国際市民社会を構築し、国際法と仲裁裁判所と国際常備軍によって国際平和を守ろうとするかれの国際社会構想とは、論理的に一貫している。この意味で、レオン・ブルジョワによって代表されるフランス連帯主義は、その国民的実現として福祉国家の形成を国際的実現として国際連盟の構築をめざしたことになる。

（5） Bouglé [1907] p. 1. Hayward [1961] pp. 19–48. Eloy [1998] p. 8.

（6） Bouglé [1907] Chap. I Les origines. また、Hayward [1959] pp. 261–284 は、「連帯」概念の起源が法律にあることを指摘したあと、思想としての連帯主義が「絶対的信仰としての連帯」の時代（一八四八年以前）から「絶対的信仰と政治との間」の時代（一八四九～九五年）を経て「政治としての連帯」の時代（一八九六年後）にいたる、三段階の進化をとげたと解釈している。この説に従えば、『連帯』出版の年である一八九六年以前の連帯主義はいわば初期連帯主義 pré-Solidarisme であり、一八九六年をもって第三共和政の社会哲学および政策思想としての連帯主義の時代が始まることになる。Gurvitch [1932] p. 581 もレオン・ブルジョワを「固有な意味での連帯主義運動の創始者」と評価している。また、ギュルヴィッチは、ブルジョワがプルードン、スクレタン、フイエから多くを学んだことを指摘している。*Ibid.*, p. 584. かれによれば、レオン・ブルジョワの思想上の師は、スクレタンとフイエである。*Ibid.*, p. 584.

（7） Bourgeois [1912] chap. 2 (pp. 16–33) et p. 190.

（8） *Ibid.*, pp. 172 et 190.

（9） *Ibid.*, chap. 3, pp. 33–52.

（10） *Ibid.*, p. 172.「事実としての連帯」と「義務としての連帯」との関係をブルジョワは次のように要約している。「事実としての連帯と義務としての連帯を決して混同してはいけない。両者は相反するもの（反対命題）contraires だからである。しかし義務としての連帯の道徳的必要性を把握するためには、事実としての連帯を認識することが不可欠なのである」。

（11） Hayward [1959] pp. 281, 283. Hayward [1961] p. 19.

（12） Demko [2001] p. 36.

（13） 例えば、国際社会教育大会（一九〇〇）、社会教育大会（一九〇〇）、高等社会研究院での連続講演会（一九〇一）と連続講義（一九〇二～〇三）、国際社会学インスティチュート大会（一九〇九）などが記録に残されている。

(14) Demko [2001] p. 8.

(15) Donzelot [1984] pp. 17–72. Rosanvallon [1995] pp. 131–161.

(16) Hayward [1961] pp. 23–24. Hayward [1959] pp. 277–279.

(17) Bourgeois [1912] pp. 12–13.

(18) 著者の「準社会契約の理論」については『連帯』初版以降に理論的な深化がなされたと言われている。Audier [2007] pp. 26–27.

(19) Bourgeois [1912] pp. 22, 30.

(20) *Ibid.*, p. 20.

(21) *Ibid.*, pp. 89–90. 後述する「準社会契約が有効であるためには、人間に由来する、この不平等の第二の原因が消滅しなければならない」。「自然的不平等は準社会契約の関知するところではない。問題は、交換の正義を歪める諸条件、一部は人間の意志に由来し、それゆえに他の部分をしてかれの同意を拒否するよう理性的に決定づける諸条件を除去することである」(*Ibid.*)。

(22) *Ibid.*, p. 169.

(23) *Ibid.*, p. 176.

(24) 正義についてはこう言われている。「個体は種なしには存在しえないし、種は個体によってしか永続できない。部分と全体のこうした相互作用の諸条件のなかに、正義の思想はその実現を求めなければならない」(Bourgeois [1912] p. 38)。「正義は、人間の各人がこの連帯〔自然的連帯〕の事実からかれらが負わされる債務を承認しない限り実現されないだろう。〔……〕あらゆる社会の結節点 nœud をなし、準社会契約の対象である、サービスの交換は、もしこの債務が契約者の各人によって、かれの能力にしたがって、特定の個人ではないにしても、少なくとも万人に対して返済されないなら、衡平ではあり得ないだろう。」*Ibid.*, pp. 103 et

124.

（25）*Ibid*., p. 46. 他の箇所では「人間は生まれながらにして人間アソシアシオンの債務者である」と規定されている（*Ibid*., p. 54）。

（26）*Ibid*., p. 44.

（27）*Ibid*., pp. 55-57.

（28）*Ibid*., p. 87.

（29）*Ibid*., pp. 60-61.

（30）Charpentier［1924］pp. 399-401. 山口俊夫［一九八六］一六九頁。

（31）Deuve［1906］p. 39.

（32）Bourgeois［1912］p. 208.

（33）Andler［1897］p. 520. 本稿では、ルソーとの対比で quasi-contrat social を「準社会契約」と訳したが、私的準契約との対比でいえば「社会的準契約」と訳す方が適切かもしれない。

（34）Bourgeois［1912］pp. 64-65 et 68.

（35）Goblot［1902］pp. 19 et suiv.

（36）Bourgeois［1912］pp. 216-217.

（37）*Ibid*., p. 109.

（38）*Ibid*., pp. 116. Ewald［1986］p. 366 によれば、「連帯的であるということは、われわれがそれを望まないのに、それを知らないのに、われわれが意識する前に――なぜなら意識自体が社会の産物であるから――われわれがアソシエ（共生者）であるということなのである。われわれは他者を必要としている。われわれはお互いなしには無である」。

（39）Bourgeois［1912］p. 120.「義務宣言が権利宣言を補完しなければなりません。義務宣言は人間を結びつける連帯の事実から生まれます。自然的連帯は正義に適いません。〔義務宣言の〕目的はまさに、人間の間のサービス交換に正義の原理を適用することにより、この自然的連帯の不正義を正すことなのです」。

(40) *Ibid.*, p. 105.「連帯が、すべての社会の組織化に先立つ、第一の事実である。連帯は同時に友愛の客観的な存在理由である。連帯から始めなければならない。第一に連帯、次に平等あるいは同じことだが正義、最後に自由。これこそ大革命が社会的真理を要約する三つの思想の必然的順序であると思われる」。

(41) *Ibid.*, p. 101. 各人が負う社会的債務は「人間の自由の前提となる負担 charge である。この社会的債務の弁済から自由が始まるのである」。

(42) *Ibid.*, p. 51.「社会的な権利における価値の平等」une égalité de valeur dans le droit social という規定はダルリュのものであり (Darlu [1895] pp. 115–126), ブルジョワはこれを簡略化して、しばしば「権利における価値の平等」とか「権利における平等」とか表現している。

(43) Eloy [1998] p. 9.

(44) とくに連帯主義とルソー『社会契約論』との論理の異同に注意。ブルジョワはとくにルソーの自然状態論・原契約論と全面譲渡論に反対した。Hatzferd [1971] p. 273 を参照。Ewald [1986] p. 365 は、ルソーと連帯主義の自由観の違いをこう要約している。「ルソーは自由から出発した。政治の問題はどうすれば自由と拘束が両立するかを知ることであった。この問題は今ではもはや意味がない。自然的自由 liberté naturelle は存在しない。自由そのもの、ひとがまだ最も貴重だと評価しているこの贈り物は、それ自体が社会の産物、分業の結果の一つにすぎないのである」。

(45)『連帯』初版の最後の段落は、総括として、連帯主義が啓蒙思想を継承して、フランス革命の理想の完成をめざす政治・社会理論であることを次のように高らかに宣言している。「このように、連帯の教説は、思想史のなかでは一八世紀哲学の発展であるとともに、フランス革命が自由・平等・友愛という三つの抽象的な表現で世界にその最初の定式を与えたところの政治・社会理論の完成としても登場するのである」。Bourgeois

[1912] p. 72.

(46) *Ibid*., p. 93.「国家はその条件をわれわれに強いることのできる固有の権利をもち、人間とは異なる存在ではありません。したがってわれわれは、社会立法が、われわれが全体として同意する以外のものになることを認めることはできません。人間に対して契約を結ぶのは人間です。われわれがその起源と性質を知覚しない上位の権威の力により、人間に法律を強制するのは国家ではありません。交換契約に介入して、いかに、どんな条件で、どんな価格で、われわれが交換するかを決めることができるのは、国家ではありません」(*Ibid*., p. 123)。Gurvitch [1932] によれば、「社会の内部への国家の再統合と仲裁権力としての公権力の概念は、……連帯主義者によって十分に明確ではないとはいえ、予感されていた理想である」(*Ibid*., p. 587)。

(47) Bourgeois [1912] p. 123.

(48) *Ibid*., pp. 243–244.

(49) *Ibid*., pp. 233–236.

(50) *Ibid*., pp. 236–237.

(51) *Ibid*., p. 238. Ewald [1986] p. 351 によれば、社会保険の制度、リスクに対する責任の実践、新しい義務の経済は「実定法的思考によって支えられていた。それらは新しい政治的実証性の到来を証言していた。社会はもはや外部をもたない。社会は……自分自身以外にその法を求める必要がなくなる」。福祉国家の誕生とともに、政治の近代性における、新たな政治的局面 nouvelle conjoncture politique が具体化するのである。また、責任を社会的リスクの配分として理解することは「損害の社会化、社会的連帯の原理に応じた不幸の共有化を意味するのである。社会は連帯している全体 totalité solidaire として、そこではいかなる個人ももはや第三者ではない、相互性 mutualité の規則によって結びつけられたアソシアシオンとして思念されるのである」(*Ibid*., p. 355)。

(52) Eloy [1998] p. 10.

(53) フランス憲法に明文化された初めての社会権規定として知られる、一七九三年憲法の権利宣言第二十一条では、いわゆる《社会的債務》が次のように規定されている。「公の救済は、一つの神聖な債務である。社会は、不幸な市民に労働を与え、または労働することができない人々の生存の手段を確保することにより、これらの人々の生計を引き受けなければならない。」（『人権宣言集』岩波文庫、山本圭一訳）。この規定では債務を負うのは「社会」であるとされ、また債務の内容が二重であること（労働保障か扶助か）に留意されたい。
一七九四年五月一一日付の国民公会バレール報告（第一報告）は、この二十一条を受けて、社会的債務の権利性を次のように高らかに宣言した。「そう、私はここでかれら〔市民〕の権利について語っているのだ。まともな共和国では、個々の市民はなんらかの所有をもち、そこでは施しが勇気を萎えさせることはない。公共の慈善 charité publique に姿を変えた貴族制はそこでは隷従を命じず、乞食という名称は忘れられる。そして、共和国だけが賢明な規則と理にかなった経済によって、普遍的福祉 bienfaisance universelle の偉大な法律を執行することができるのである。／そう、私はここでかれらの権利について語っているのだ。なぜなら組織された民主政治のもとでは、市民が壮健なら労働により、かれが子どもなら教育により、かれが働けないか高齢なら救済により、すべてが各市民を第一次的必要以上に高めることを目ざさなければならないからである。」Comité d'histoire de la sécurité sociale [1994]《Premier rapport fait au nom du Comité de Salut Public sur les moyens d'extirper la mendicité dans les campagnes et sur les secours que doit accorder la République aux citoyens indigents, 22 floréal an II [11 mai 1794]》, p. 613. Gauchet [1989] pp. 235-240, 333, 林宣明［一九九九］二一一〜二一三、三六三〜三六七頁。

(54) Eloy [1998] p. 10.

(55) Bourgeois [1914] pp. 57-58. Ewald [1986] p. 360.

(56) Ewald [1986] はこれを p. 349 では「認識論的な転換」transformations épistémologiques と、p. 359 では「認識論的な激変」mutation épistémorogique と表現している。エヴァルドによれば、レオン・ブルジョワ

の功績は「新しい社会法 droit social がそこに自己に固有の制限の原理を見出すことができる、特有の契約的教説 doctrine contractuelle を連帯図式 schéma から引き出せることを明かにしたことである」。*Ibid.*, p. 351.

(57)　Cité par Netter [1963] p. 361. 田端博邦「フランスにおける社会保障制度の成立過程」（東京大学社会科学研究所編『福祉国家2　福祉国家の展開［1］』東京大学出版会、一九八五年）、一三七頁。Ewald [1986] p. 349 によれば、第三共和政とともに、サン＝シモン以来の社会改革者たちの綱領であった、①権利と義務との対立を終わらせること、②慈善を厳密な司法上の義務にすること、③道徳的義務と法律的義務を単一の社会的義務の体制に再統合すること、という綱領が実現されることになったのである。この再統合の運動の中心にいたのはレオン・ブルジョワである。

(58)　Ewald [1986] p. 356 は保険原理の歴史的意義について、こう総括している。「保険は、十九世紀末に、社会法の法律家たちの目には、正義の原理、新しい司法システムの理想として登場したと同時に、その実現手段としても登場したのである。こうして、保険が法律的な技術となる。そして、社会法の誕生以来、近代的な責任の法が保険法となる傾向がある」。

(59)　Bourgeois [1912] pp. 37-39.

(60)　Donzelot [1984] pp. 50-55 によれば、二月革命期のイデオローグは、いずれの系譜に身をおこうと、「社会契約論に結びついている。」「ルソー主義的思考においては、国家はすべてであると同時に無である。〔国家は〕社会のすべての力 puissance がそこに集中するところの一般意思の結果であると同時に、各人が譲渡不可能な主権の名において退けることができる審級でもある」。

(61)　Ewald [1986] p. 358. Eloy [1998] p. 7 et couverture.

参考文献

池本美和子［一九九八］「二つの社会連帯――戦前日本の社会連帯思想とフランスの社会連帯主義」『佛教大学大学院紀要』第二六号。

池本美和子［一九九九］『日本における社会事業の形成――内務行政と連帯思想をめぐって』法律文化社。

大塚桂［一九九五］『フランスの社会連帯主義――L・デュギーを中心として』成文堂。

北垣徹［一九九三］「『連帯』の理論の創出――デュルケームを中心として」『ソシオロジ』第三七巻三号。

北垣徹［一九九五］「新たな社会契約――フランス第三共和政期における福祉国家の哲学的基礎」『ソシオロジ』第四〇巻一号。

小池隆一［一九六二］『準契約及事務管理の研究』慶應義塾大學法學研究會。

小林規威［一九六〇］『英國準契約法』千倉書房。

齋藤佳史［二〇〇六］「第三共和政期フランスにおける労働局と社会改革」『歴史と経済』第一九〇号。

齋藤佳史［二〇〇九］「第三共和政期フランスにおける労災問題」『歴史と経済』第二〇三号。

高畑順子［二〇〇三］『フランス法における契約規範と法規範』法律文化社。

高山峻［一九五九］『イデ・フォルスの哲学――フイエとベルグソン』山本書店。

田中拓道［二〇〇三］「『連帯』の思想史のために――一九世紀フランスにおける慈善・友愛・連帯、あるいは社会学の起源」『政治思想史研究』第三号。

田中拓道［二〇〇四］「フランス福祉国家の思想的考察――『連帯』のアクチュアリティ」『社会思想史研究』第二八号。

田中拓道［二〇〇六］『貧困と共和国――社会的連帯の誕生』人文書院。

田端博邦［一九八五］「フランスにおける社会保障制度の成立過程」東京大学社会科学研究所編『福祉国家二　福祉国家の展開［一］』東京大学出版会。

中村睦男［一九七三］『社会権法理の形成』有斐閣。

林信明［一九九九］『フランス社会事業史』ミネルヴァ書房。

廣澤孝之［二〇〇五］『フランス「福祉国家」体制の形成』法律文化社。

廣田明［一九九九ａ］「フランスにおける福祉国家の成立――福祉国家の思想史のために」『社会労働研究』（法政大学）第四五巻四号。

廣田明［一九九九ｂ］「福祉国家の危機と再編――Ｐ・ロザンヴァロンの所説に寄せて」大山・炭谷・武川・平岡編『福祉国家への視座』ミネルヴァ書房。

山口俊夫［一九八六］『フランス債権法』東京大学出版会。

Andler, Charles [1897] 《Du quasi-contrat social et de M. Léon Bourgeois》, *Revue de métaphysique et de morale*, pp. 520-530.
Audier, Serge [2007] *Léon Bourgeois, Fonder la solidarité*, Paris, Michalon.
Blais, Marie-Claude [2007] *La solidarité. Histoire d'une idée*, Paris, Gallimard.
Blais, Marie-Claude [2008] 《Solidarité, une doctrine pour la république sociale》, in Léon Bourgeois, *Solidarité*, nouvelle édition (éd. précédente 1912, A. Colin), Le Bord de L'Eau.
Bouglé, Célestan [1907] *Le Solidarisme*, Paris, V. Giard et E. Brière.
Bouglé, Célestan [s. d.] *Solidarisme et Libéralisme. Refréxions sur le Mouvement Politique et l'Education Morale*, Paris, Édouard Cornély.
Bourgeois, Léon [1896] *Solidarité*, Paris, Armand Colin.
Bourgeois, Léon [1898] *Déclaration des droits de l'homme et du citoyen 1789, expriqué et accompagné de lectures*, en collaboration avec A. Matin, Paris, Edouard Cornéy.

Bourgeois, Léon (éd.) [1902], *Essai d'une philosophie de la solidarité: Conferences et discussions*, préface A. Croiset, Paris, Félix Alcan.

Bourgeois, Léon (dir.) [1904] *Les Application sociales de la solidarité: leçons professées à l'école des hautes études sociales,* Paris, Félix Alcan.

Bourgeois, Léon [1912] *Solidarité*, 7e édition revue et augmenté, Paris, Armand Colin.

Bourgeois, Léon [1914] *La Politique de la prévoyance sociale*, t. I, La doctrine et la méthode, préf. E. Lavisse, Paris, Charpentier.

Bourgeois, Léon [1919] *La Politique de la prévoyance sociale,* t. II, L'action, Paris, Charpentier.

Charpentier, A. [1924] *Code Civil*, Paris, Sirey.

Comité d'histoire de la sécurité sociale [1994] *La Sécurité Sociale. Son Histoire à travers les Textes,* tome I—1780-1870, Paris, Association pour l'étude de l'Histoire de la Sécurité Sociale.

Darlu, A. [1895] 《À propos de l'impôt progressif sur les successions》, *Revue de métaphysique et de morale*, pp. 115-126.

Darlu, A. [1897] 《La Solidarité》, *Revue de métaphysique et de morale*, pp. 120-128.

Demko, Denis [2001] *Léon Bourgeois. Philosophe de la Solidarité*, Edimaf.

Deuve, Louis [1906] *Étude sur le solidarisme et ses applications économiques*, Thèse pour le Doctorat, Faculté de Droit de l'Université de Paris.

Donzelot, Jacques [1984] *L'Invention du social. Essai sur le declin des passions politiques*, Paris, Seuil.

Durkheim, Emile [1893] *De la division du travail social: étude sur l'organisation des sociétés supérieures,* Paris, Alcan（田原音和訳［一九七一］『社会分業論』現代社会学大系2 青木書店）.

Eloy, Jacques [1998] 《Relire Léon Bourgeois》, in Léon Bourgeois, *Solidarité*, nouvelle éd. (éd. précédente

1912, Armand Colin).

Ewald, François [1986] *L'État providence*, Paris, Bernard Grasset.

Fouillée, Alfred [1880] *La Science Sociale contemporaine*, Psris, Hachette.

Fouillée, Alfred [1884] *La Propriété sociale et la Démocratie*, Paris, Hachette.

Gauchet, Marcel [1989] *La Révolution des droits de l'homme*, Paris, Gallimard.

Gide, Charles [n. d. peut-être 1900] 《Recherche d'une Définition de la Solidarité》, Extrait du Bulletin de *L'Union pour l'Action morale*.

Gide, Charles [1932] *La Solidarité. Cours au Collége de France 1927-1928*, Paris, PUF.

Goblot, Edmond [1902] *Justice et liberté*, Paris, Alcan.

Gurvitch, Georges [1932] *L'Idée du Droit Social. Notions et système du Droit Social. Histoire doctrinale depuis le XVII*^{e} *siècle jusqu' à la fin du XIX*^{e} *siècle*, Paris, Sirey.

Hamburger, Maurice [1932] *Léon Bourgeois 1851-1925, la politique radicale socialiste, la doctrine de la solidarité, l'arbitrage international et la Société des Nations*, Paris, Marcel Rivière.

Hatzfeld, Henri [1971] *Du paupérisme à la sécurité sociale. Essai sur les origines de la sécurité sociale en France 1850-1940*, Paris, Armand Colin.

Hayward, J. E. S. [1959], 《Solidarity: The Social History of An Idea in Nineteenth Century France》, *International Review of Social History*, vol. 4, pp. 261-284.

Hayward, J. E. S. [1961] 《The Official Social Philosophy of the French Third Republic: Léon Bourgeois and Solidarism 》, *International Review of Social History*, vol. 6, pp. 19-48.

Hayward, J. E. S. [1963] 《Educational Groups and the Indoctrination of the Radical Ideology of Solidarism, 1895-1914》, *International Review of Social History*, vol. 8, pp. 1-17.

Leroux, Adrien [1913] *Le solidarisme juridique*, Paris, Arthure Rousseau.

Logue, William [1983] *From Philosophy to Sociology*, Northern Illinois Press（南充彦他訳［一九九八］『フランス自由主義の展開 一八七〇～一九一四——哲学から社会学へ』ミネルヴァ書房）.

Naville, Adrien [1924] *Liberté-Égalité-Solidarité, Essai d'analyse*, Lausanne, Payot.

Netter, Francis [1963]《Les retraites en France avant le XXe siècle》, *Droit social*, pp. 358-373.

Niesse, Alexandre et Vaïsse, Maurice (dir.) [2006] *Léon Bourgeois, du solidarisme à la Société des Nations,* actes de colloque, Paris, Dominique Guéniot.

Paugam, Serge (dir.) [2007] *Penser la solidarité. L'apport des sciences sociales*, Paris, Presses Universitaires de France.

Renard, Didier [s. d. peut-être vers 1989] *Initiative des politiques et contrôle des dispositifs décentralisées. La protection sociale et l'Etat sous la Troisième République 1885-1935,* Rapport du Centre National de Recherche Scientifique, s. l.

Richard, Gaston [1914] *La Question sociale et le Mouvement philosophique au XIXe siècle*, Paris, Armand Colin.

Rosanvallon, Pierre [1995] *La Nouvelle Question socoale. Repenser l'État-providence*, Paris, Seuil（北垣徹訳［二〇〇六］『連帯の新たなる哲学——福祉国家再考』勁草書房）.

Secrétan, Charles [1889] *Études sociales*, Paris, F. Alcan.

Sorlot, Marc [2005] *Léon Bourgeois, un moraliste en politique*, Paris, Burno leprince.

Stone, Judith F. [1985] *The Search for Social Peace. Reform Legislation in France, 1890-1914,* Albany, State University of New York.

Stone, Judith F. [1996] *Sons of the Revolution. Radical Democrats in France, 1862 -1914*, Baton Rouge and

London, Lousiana State University.

Vieira, Domingos Lourenço [2006] *La solidarité au cœur de l'éthique sociale. La notion de soridarité dans l' enseignement social de l'Église catholique*, Paris, Mare et Martin.

Vieira, Domingos Lourenço [2008] *Un regard sur l'émergence de la solidarité au XIX*ᵉ *siècle*, Paris, Mare et Martin.

Waldeck-Rousseau [1907] *Questions sociales*, Paris, Charpentier.

第2章　ニュー・リベラリズムにおける「社会的なるもの」

高田　実

1　はじめに

近代社会において、「自由」は人類解放のシボレスとして人々を魅了し続けた。保守主義、社会主義、その他のどんなイデオロギーも、自由の価値そのものを否定することはできなかった。しかし、いかなる自由を、どのようにして実現するのかをめぐっては相違と対立が存在した。さらに、同じく「自由主義」を標榜する立場のなかにも、多様な歴史的形態が存在した。百年前のイギリスでは今日のネオリベラリズム（Neo-Liberalism）とは異なる「新自由主義」（New Liberalism, 以下「新自由主義」と表記する場合は、このニュー・リベラリズムを指す）の可能性に期待がよせられていた。「改革、平和、緊縮財政」を標語とする古典的自由主義と対比的に、「社会正義、国家干渉、労働党との同盟」をスローガンとする新しい自由主義は、「リベラル・リフォーム」と称される一連の国家福祉政策を生み出す起動力となった。[1] 本章では、このニュー・リベラリズムにおける「社会的なるもの」の特質を明らかにすることを通じて、イギリスにおける「介入的自由主義」の初期的特徴を検討する。

この問題を考えるために、「社会などというものは存在しない」というサッチャー元首相の言葉から始めてみよう。この言葉は次のような文脈のなかで用いられた。

「あまりにも多くの子どもや大人たちが、もし自分たちに問題があれば、それに対処するのは政府の仕事だと思いこまされた時代を過ごしてきたように思います。『私は困っている。援助金が得られるだろう！』。『私はホームレスである。政府は私に家をさがさなければならない！』。こうして、彼らは自分たちの問題を社会に転嫁しています。でも社会とは誰のことをさすのでしょうか。社会などというものは存在しないのです。存在するのは、個々の男と女ですし、家族です。そして、最初に人びとが自分たちの面倒をみようとしないかぎりは、どんな政府だって何もできはしないのです。自分で自分の世話をするのはわたしたちの義務です。それから、自分たちの隣人の面倒をみようとするのも同じように義務です。人生は互恵的な営みであるにもかかわらず、人びとは、義務も果たさずに、あまりにも権利のことばかりを念頭においてきました。最初に義務を果たさないならば、権利などというものは存在しないのです。そのことは悲劇のひとつなのです(2)」。

注目すべきは、ここで使われている「社会」という言葉の意味である。これは、国家と分離された社会ではなく、国家を含みこんだ「社会」を指している。また、個人の義務が「最初」にあり、それに呼応して政府の義務＝個人の「権利」が保障されると主張されている。

さらに、サッチャーは、当時、自由主義の原型をヴィクトリア朝に求め、自律した個人が、自助に励み、リスペクタブルな生活を送ることで、イギリスの「偉大な時代」が作り上げられたという「ヴィクトリア朝の価値観」（Victorian values）論を盛んに吹聴していた。これに対して、イギリスの歴史家たちの多くは、次のように応じた。ヴィクトリア朝の「偉大さ」の背後にはもちろん個人の努力があったが、それを可能にした「安定した社会」と「小さいが、強力な」国家の役割が、つまり広義の「社会」の役割が正当に認識されなければならない。皮肉にも、「繁栄」を支えてきた「社会」を解体する新自由主義政策を展開したのは、他ならないサッチャー自身である、と。[3]

このように、イギリス近現代史のなかで「自由と公共性」を考えることは、極度に単純化された歴史像と理念化された過去への郷愁との対峙を意味する。以下、イギリス自由主義の歴史的な展開を概観した後で、二〇世紀初頭の新自由主義における「社会的なるもの」の特徴を整理してみたい。また、最後には、簡単ではあるが、イギリスの例が同時代的なコンテクストのなかでどのような意味をもつのか、国際比較の視点から検討してみたい。

2 イギリス自由主義の歴史的展開

(1) 「財政軍事国家」から「レッセ・フェール国家」へ

自由主義の歴史的前提は財政軍事国家であった。名誉革命体制のなかで、中央の弱化と地方の「黄金時代」が進行したとされる古典的な理解は、この期間における財政軍事国家の構築というテーゼによって修正されるようになった。一八世紀末には、高課税と国債の制度により調達される資金と官僚制を用いた対仏戦争遂行能力の維持体制が構築された。また、この時期には、カトリック・フランスという他者と対抗する「ブリテン人」という「国民アイデンティティ」も構築され、文化的な国民国家の枠組みも整備された。(4)

しかし、ナポレオン戦争後には、こうした戦時体制は「浪費」(いわゆる「古き腐敗」)と見なされ、資金のより生産的で、効率的な活用こそが重要と考えられるようになった。旧体制批判は、急進派だけではなく、トーリー、ホイッグの双方にも共有され、国益のためには国家拡大路線は転換されるべきだという合意ができあがっていた。この財政軍事国家によってつくられた行財政機構の枠組みを前提としつつ、それを平時に合致するように再編・脱皮することで、一九世紀中葉には、いわゆる「レッセ・フェール国家」が成立したのである。(5)

(2)　一九世紀自由主義における国家と社会――規制と権限委譲

しかし、そのようにして生まれた自由主義国家は決して「自由放任」主義ではなかった。国家は、それ以前の時代に導入された制度的枠組みを活用し、自由主義に適合的な政策を導入することで、自由主義的国家機構を積極的に創出した。この枠組みのなかで、国家が、中間団体や地方団体に「権限委譲」（devolution）する形で「社会」を十全に活用し、「社会の安定」を図る、自由主義的なガバナンスの体系（公序）が作り上げられた。同時に、その枠組みのなかで、「社会」を構成する諸団体は、それぞれの「社会的責任」を自覚し、「市民権」を行使して自発的・積極的に行動するよう仕向けられた。こうした体系が構築されることで、自助をはじめとする個人の活動の最大化が可能となったのである。

たとえば、地方団体への権限委譲については、救貧法行政がわかりやすい例となろう。中央に救貧法委員会を設置し、全国的な規模で、労働能力を有する者への院外救貧の禁止と劣等処遇の徹底を図ったが、救貧法行政の実態としては地方行財政の束であった。もちろん、数名の中央の救貧法委員が発する命令や規則に従って、全国的な行政の統一基準は設けられ、行政機構の全国的な統一は図られた。しかし、実際の運営は、行財政の両面で地方に権限委譲されたのだ。地方税に依存し、地方の「選挙によって」選出される貧民保護官のもとで地方の救貧法行政が施行されたが、そこには依然として地域的な自律性が残り、地域間格差がみられた。こうした格差はありつつも、貧民保護官が教区貧民を死亡させることは「法律違反」であるという規制を設けることで、最低限ぎりぎりのセーフティネットを全国に張り巡らそうとした。

また、中間領域のさまざまな団体を国家が把握し、それを最大限に活用するという意味でも、権限委譲が進行した。たとえば、労働者のアソシエーションについては以下のような対応がとられた。労働組合については団結禁止を求めつつも、友愛組合については、頻繁に改正される友愛組合法によって団体登録を求めるとともに、会計基準の設定、必要経費の認定、優遇税制の適用などにより安定的な組織運営を促進しようとした。また、協同組合についても同様の方策を用いた。その他、さまざまな慈善団体や任意団体の保護・促進・規制立法を通じて、自由主義的な権限委譲体制が整備されていった。

ここで重視すべきは、時代の変化に伴い新しい事態が生じ、旧来の権限委譲体系では対処できないような「ほころび」が生じれば、国家は迅速に法律や規則の改変を行うことで、「自由な社会」と「個人の自由」の確保に努めたということである。地方の事情の変化に対応して、特定地域や特定団体のみに適用される多数の地域法（local Acts）を制定したり、アド・ホックな地方団体を創設して、事態の変化に対処しようとした。たとえば、地方への権限委譲の最大の問題は税負担の地域間格差であったが、ロンドンに関しては税負担の均等化を求めて、政府は一八五五年には首都事業局を、また一八六五年には首都救貧共通基金を設置することを認めた。あるいは増大する地方行政そのものを調整し再編するために、一八七一年には中央に地方行政庁を設置した。さらに、一八七〇年代にはガスや水道などの自治体事業化を認める法律も制定した。その他、地方における「国家的サービス」の委託業務に対しては、中央からの補助金交付により、財政支援を行った。

その意味で、自由主義国家はリバタリアンが主張するような「最小国家」などではなく、社会の機能を最大限にするための枠組みを維持、創造するための積極的な干渉を行う、「小さい」が、「規制的で、強い」国家であった。「最小規制国家」は、個人生活へは干渉せず、抑圧的でもなかったが、「生活水準の改善を目的として、共通善のために、また政党利害や党派的利害を超越した国益のために活動するもの」として自らを示した。ただ、その干渉とは、国家が主体となってサービスを提供する直接的な干渉とは区別される、社会がうまく機能するための「枠組み」を作り維持するための間接的な干渉であったことが、再度確認されるべきである。(6)

一九世紀イギリスの自由主義が議論される時に、常に引用されるJ・S・ミルの『自由論』は、「強制と統制という方法を用いた社会による個人の取り扱い方」に関心を寄せていたが、そこでは次のような主張がなされていた。個人の自己改良努力を最大化するために、政府の干渉が必要だ。規則そのものは立法府によって制定されるべきであるが、その履行に関しては、中央、地方の官庁それぞれに独自の役割がある。まず、政治的自由は「強固な地方的自由の基礎の上に立っている」ので、地方でできることは地方で実施すべきである。そのうえで、国家は、個人と自発的結社の経験の「中心的貯蔵庫」と「活発な伝播者、普及者」となり、「それぞれの実験者が他人の経験からその恩恵を受けることができるようにする」べきである。中央機関は「あらゆる地方のために情報と指導」を与えなくてはならない。中央官庁には、「行政行為の規則として設けられた諸々の法律の遵守を、地方官吏に強制する」責務と、しかしそれ「以上にでてはならない」制限とがある。つまり、「中央当局は、単にそれらの規則の実施を監視するに止まり、もしそれらが適当に実施されていないならば、事件の性質に応じて、あるいは裁判所に向かって法律の施行を要求し、あるいは選挙民に向かって、法律の精神にしたがって法律を実施する義務を怠ったそれらの地方官吏の罷免を要求しなければならない」。また、「政府は、個人の努力と発展とを阻害することなく、これを助成しまた刺激するような種類の積極性については、どれほどあっても、多過ぎるなどということはけっしてない」。こうして、ミルは、情報を集め、地方を監督して、規則を履行させる、いわば権限委譲的で間接的な国家干渉を積極的に認めたのである。ただし、「害悪の始まるのは、政府が諸々の個人と団体との能動性と諸能力を呼び起こすのではなしに、かえって政府自身の活動力をもって彼らの活動力に替えようとするときである」ことも、すかさず再確認している。あくまで、個人の価値と自己改善の努力が重要であり、国家はそのための条件づくりという間接的な役割に徹すべきで、決して直接的な干渉をすべきでないことが再確認されている。(7)

当時は、「自由」「個人主義」「進歩」が自由主義のトリアーデをなしていたが、それを達成する力は合理的判断と社会的調和に求められた。ミルは、個人の幸福が他者に依存していること、社会が個人の努力に基礎付けられていることの相互性を強調した。そのために、国家による個人統制の民主化のために、人々は教育を受け、代表的民主政に参加する主体とならなければならないことを強調した。その教育のためにも、国家の介入が重要であると考えた。(8)(9)

(3) 自由主義からニュー・リベラリズムへ――「社会」の問題化

こうした古典的自由主義のガバナンスは、一九世紀末に限界に逢着する。何よりも、「社会」が機能不全を起こし、中間集団の再構築が必要になった。いいかえれば、国家は枠組みを維持するだけでなく、権限委譲する対象自体を自らの力で再構築する必要が生じたのである。ここから、社会に対する、また個人に対するより直接的な国家干渉に基づく新自由主義の体系が生まれた。

それを生み出した第一の要因は経済構造の転換であった。世紀転換期のチェンバレン・キャンペーンは、アメリカ、ドイツの後発資本主義国との競争と南米からの安価穀物の流入によって衰退しつつある重工業と農業を保護するための関税改革をめぐる論争を引き起こした。結果的には、イギリスは自由貿易のもとでコスモポリタン的な金融国家をめざす途を選択した。この「金融帝国」の成立＝金融グローバリズムの展開は、地方産業の空洞化を引き起こし、地域社会の疲弊と崩壊をもたらした。これは「社会」問題として認識された。「貧困」が発見され、「失業」問題が創造された。個人ではなく、「社会」に問題があることが認識され始めた。しかし、現実にそれを是正する力は、もはや社会内部に求めることはできず、国家が直接関与する以外になかった。ここに、「介入的自由主義」が成立する。その意味で、歴史の中における金融国家化と社会の疲弊・再編との関連性が、正しく認識されなければならない[10]。

第二に、社会自体が、自己の機能の限界を認識し始めた。言い換えると、社会的な包摂と排除の問題が、この時代の文脈のなかで認識されていた。たとえば、個人的であれ、集団的であれ、自助がどこまで可能であるのか、疑問が提示された。自助を行いたくてもできない人々の存在が、可視化されたのである。ブースやラウントリーの社会調査が従来の個人主義的貧困観の限界を認識させたことはつとに指摘されているが、そればかりではなく、友愛組合のような任意団体自身が、自分たちのセーフティネットから排除される多くの人（とくに低賃金所得者や、女性が）が存在することを認識していた(11)。

最後に、国家干渉が問題となったのは、「国民共同体」の危機が論じられ、国際的な生存競争のなかでも陶冶されない有機体づくりが求められるようになったからである。帝国主義的対立が本格化するなかで、国内に貧困や失業が増大する事態は、国民の身体の問題として認識された。世界の中枢に位置する「社会有機体」の危機、「帝国を担う人種」の危機は、国際的な社会ダーウィニズム論の拡大のなかで一気に増幅された。「身体能力の低下」と「退廃」が論じられ、「国民の身体能力改善」のキャンペーンが展開された。ここから、戦争国家と福祉国家の同時拡大が進行することになった。そのなかで、近代的な自由において絶対的な私有権を保持するとされてきた自己の身体までが、「社会化」「国家化」されていくような国家干渉が展開したことの歴史的意味については、改めて確認されるべきであろう。

以上から明らかなように、自由主義における国家干渉は、その形態は変化しつつも連続していた。自由主義と国家干渉は相互依存しつつ拡大してきたが、そこには一種の「振り子」運動の原理が存在した。自由主義自身が自己保存のために、国家の介入を求める自己刷新運動を展開してきたともいえる。ただし、国家干渉の目的と方法は、「社会」が機能する枠組みの維持という間接的な形か、「社会」そのものを国家干渉が再構築する直接的な形かによって異なっていた。この点に、国家干渉と「介入的自由主義」の差異を見るべきではなかろうか。その国家干渉と「介入的自由主義」の連続と断絶を検討する際には、団体主義（collectivism）と市場主義の歴史的パラドックスを表す、ジョゼ・ハリスの次の文章が手がかりになる。

「〔団体主義と自由市場という〕これらの二つの原理が時には激しくぶつかり合ったことは否定できない。しかし、非常に頻繁に、ただあまり目立たずに、それらは、フィランスロピー、家族、地域コミュニティなどのその他のより伝統的な社会的装置を犠牲にしながら、相携えて前進した。二〇世紀の社会では、それらは相俟って、ヴィクトリア時代には大部分がこれらのより古い装置に組み込まれていた、医療、レジャー、社会政策、教育のような多くの領域を支配するようになった。実際に、団体主義的国家の成長は、市場の拡大によって大幅に促進されたと主張することは、あながち的外れではない。すなわち、ヴィクトリア朝の体制が大きく依存していた、安定的なコミュニティ、慈善的な関係、自律的な組織を、市場が侵食することによって、団体主義的な国家の成長が促進されたのである(12)」。

3　ニュー・リベラリズムの歴史的特質

上記の歴史的な過程を経て成立したニュー・リベラリズムについて、内在的に「社会的なるもの」の意味を検討することで、成立期の「介入的自由主義」の特徴を整理してみたい。

(1)　個・社会・国家

前述のように、一九世紀末には古典的自由主義が機能不全に陥り、「社会」の再建が問題となった。時論においては、「社会」が主語になった。「貧困」や「失業」は、むしろ「社会問題」「社会不安」として把握され、社会という有機体のどこかに異常があるゆえに、それへの治療が必要であると認識されるようになった。「社会的貧困観」の登場も、こうした観念の上に理解されなければならない。個人対社会ではなく、個人をどのように理解するのか、個人が主語でその集合体として社会があるのか、あるいは社会が主語でその有機的構成部分として個人を位置づけるかによって、問題の把握が異なってきたのである。

しかし、課題となったのは、単に物質的な意味でコミュニティとしての社会を再建するだけでなく、精神的・倫理的な存在としての社会を再編することを通じて、国民を再建することであった。それにはT・H・グリーンの理想主義の影響が大きかったことが明らかにされてきたが、最近の研究はそれ以上にプラトンの影響が大きかったことを示している。「有機的な、精神的コミュニティ」としての社会、市民権の倫理的性格＝「心」や「性格」の立て直しの重視、「正義」に基づく価値判断、神秘主義的・反物質主義的側面の強調、こうしたプラトンの倫理主義は、「社会的美徳」としての「集団的生活」や「良き市民に適合的な社会的条件」の創出という当時の社会改革の標語のなかに転位されていった。したがって、「社会」問題は、身体的・精神的な「退廃」(decay and degeneration)という有機体的な言説で表現され、一定の倫理観をもった「能動的な市民」の育成が福祉政策の究極の目標であることが確認された。そのために個人の統制を超えた外的な条件の整備＝福祉政策と、社会的正義に基づいた私的所有の制限＝不労所得・累進課税（人民予算）が正当化され、その目的の実現のために国家の「強制力」を用いることが是認されるようになった。国民保険を例にとれば、自己の選択によるリスクヘッジとしての私的保険原理が、「国民」という全体社会のリスク予防のために国民保険原理として動員されるとともに、強制の原理を用いることも正当化された。しかもイギリスの場合は均一拠出・均一給付という形式的な平等性のもとで、自由主義のなかにある種の平等を潜り込ませた（もちろん、それが結果の平等ではない）。自由と公共性の両立は「社会」の改良を通じて達成されることになっていた[13]。

たとえば、新自由主義の代表格と位置づけられるホブハウスは次のように述べている。

「自由主義の理論にとって肝要な権利と義務の問題においては、個人とコミュニティの関係がすべてである……個人は共通善（common good）に基づいて判断しなければならない。そうすれば、個人の権利は共通善と抵触することはないし、いかなる権利も共通善とかけ離れて存在することもない[14]」。共通善はこの時代のキーワードとなっていた。また、倫理的協調性をもたらすために、生活条件の改善が求められた。「それを有効に作用させるためには判断の懸命さと冷静さ以外には何も必要としない協調性が現に存在しているといいたいのではない。一部は規律によって、一部は生活条件の改善によって人々が達成可能な、潜在的な倫理的協調性が存在するし、社会の理想はこのような〔倫理的協調性を〕達成することにあるのだと言いたいだけなのである」、と[15]。

こうした生活改善を行う主体は国家に求められるようになるが、それはアソシエーションの拡張版として理解されていた。国家と社会は連続していたのである。

「人類の進歩は、どの分野を見渡してみても、この〔コミュニティの集団行動という〕主要な社会的進歩、つまり意識的ないしは無意識的な協力の事業のうちに見出されるべきである。この事業においては、自発的結社（voluntary association）が大きくかつ増大する役割を果たしている。しかし、国家は、強制力の行使、その至上権、それにその領域内に住むすべての人々に対する統制力を主張することにおいて、誰よりも抜きんでているアソシエーションの一形態なのである。……一般的に、国家を生活の維持と改善のための多くの人的組織のひとつと見なすことを正当化することが、われわれがここで指摘しなければならない一般原則であるし、この点がわれわれが旧来の自由主義と最も隔たっている点なのである[16]」。

(2) 自由と干渉

ダイシーは、「一九〇〇年までにレッセ・フェールの教理がすでにその一般に対する権威を失った」、かわりに「猛烈に団体主義の方向」に向かっていることを指摘するとともに、その「危険性」を強調した。しかし、個人主義と団体主義、「自由放任」的な自由主義と新自由主義を二項対立的に描くことは、必ずしも得策ではないように思える。むしろ、両者とも、自由の拡大とよりよき実現というゴールについては共通の理解があったが、そのための方法と強調点が異なったと理解するほうが妥当であろう。しかも、上記のように古典的な自由主義時代においても、純粋な「自由放任」が主張されたのではなく、個人の努力の最大化のために、ある種の国家干渉が不可欠であることが主張されていたのである。

しかし、新自由主義においては、国家干渉の方法と「社会的なるもの」という観点が明確化されている点においては、大きな相違があったのだ。まさにこの点において、ダイシーは、個人主義と団体主義を対照的に論じ、後者の危険性を強調したのである[17]。

これをめぐって、ホブソンは次のように述べている。「自由主義は、個人の生活や私企業との関係における国家の新しい概念を確実に含む仕事に、いまや公式にコミットしている。公的所有と産業統制のかなりの増大を意味するとはいえ、その概念は、正統な意味での社会主義では決してない。それ以前の自由主義との連続性をもっともよく表す観点からいえば、その概念は自己改良のための平等な機会の提供に含まれる個人の自由を、これまでになくもっともよく理解し、実現したものであるように思われる。しかし、この個人的観点には、社会的なるもの（the social）の公正なる理解、つまりこれらの自己改良の主張や権利は社会福祉の至高性（the sovereignty of social welfare）と調和されねばならないという主張が、付け加えられなければならない」。ここでは、「社会的なるもの」とは、「社会福祉の至高性」と等置されるとともに、それが個人の自由の拡大とリエゾンしていることが強調されている。しかも、それは決して「社会主義」ではないと。[18]

ホブソンはこうした観点から、差別性と累進性にもとづく資産階級の富への直接課税にもとづく、社会改革の実施を支持したのである。富の不足ではなく、「誤用」こそが、貧困をもたらし、「格差社会」の異常な編奇をもたらした。賃金、利潤、利子、地代などとして配分される富の総額は増大している、しかるにその配分が問題なのであり、その格差是正＝平準化こそが政府の義務である。さらに、ホブソンが強調したのは、「機会の均等」であった。富の不平等分配が生み出す機会の不平等を教育と人格向上の機会均等により克服し、国民の全体的な能力向上を図ることで、「個人の非効率」＝貧困を阻止しうると考えたのである。[19]

自由の最大化、そのための機会均等、その基底的視点としての「社会的なるもの」、この結合のなかで、国家の直接的干渉が求められたのである。

(3) 時代の価値観としての「社会」――イズムを越えるもの

理想主義的な社会＝国家再編観、より広くは「社会」が主語となる観念は、イデオロギー的立場を超えて、時代の思想潮流を横断する共通項となった。それは労働党によっても共有されていた。むしろ、ホブハウスのような新自由主義者以上に、労働党のマクドナルドが「社会有機体論」と「社会進化論」を熱烈に支持し、道徳的な力によって「社会」主義を実現することを訴えていた。

たとえば、次のような主張がなされた。「道徳的な考察が主として社会組織の形態を決定すべきであるし、いま社会が保持している道徳的な向上力を経済力が破壊する前に、経済力の非社会的な活用が止められるべきである。社会主義者はすべての新しい機械を歓迎するが、それは道徳組織の一部として用いられ、一部の経済利害の統制下におかれないようにすることを求める」、と。あるいは、「社会主義者の考え方と期待を作り上げている想定のひとつは、社会がその組織編成において社会主義段階に近づくにつれて、個人はその状況が彼に課す道徳的責任を果たすであろう。個人は彼の社会と調和し、それによって、社会主義は今日個人主義と呼ばれる下品で、低級なものを、コミュニティへの奉仕に通じる社会活動のなかに自らを表現し、自らの自由を見出す情動へと純化することができる」、と[20]。

また、時代のなかで共有された道徳的価値観の形成において、ラスキンの与えた影響も極めて大きかった。反進歩主義、反物質主義のもと、有機的、倫理的な社会を探求する姿勢は、新自由主義者たちのみならず、社会主義者を含めて、時代の主導的な知識人、政治家、官僚の思想形成に大きな影響を与えていた。公衆衛生改革の主唱者ジョン・シモン、慈善活動家オクタヴィア・ヒル、失業問題の専門家ルウェリン・スミス、福祉国家の父ウィリアム・ベヴァリッジ、フェビアン協会の中心人物ウェッブ夫妻、こうした立場を超えた人々に、理想社会とは何か、その実現のためにどのような国家干渉が必要か、「シティズンシップ」「社会経済学」「貧困予防」についての共通の具体的なイメージを提供していたのは、ラスキンであった。グリーンの理想主義、プラトンの古典哲学は、ラスキンの相互依存の道徳規範と合体することで、「社会的なるもの」についてのより広範な理解を生み出したし、その広範さが、理想社会を達成する手段の多様性にもつながることになった。(21)

(4)「社会的なるもの」の両義性

しかし、この理想的な社会と倫理的な市民の再建を求める議論に対して、ポジティブで、楽観的な評価を下すだけではすまされない。「社会的なるもの」の組織化には、常に「連帯」の契機と「統合」(排除と包摂)の契機が表裏一体のものとして織り込まれていた。

まず指摘しておくべきは、社会的利害の闘争を全体=社会のために止揚するという統合の回路が存在した。(22)「セクショナルな利害」ではなく、「全体社会の利害」のためという言説は、階級対立の敵対性を転位する機能をもった。当時の社会科学のなかでもっとも頻繁に論じられた、社会的連帯を表す言説、つまり「道徳性」「能動的シティズンシップ」「公共精神」は、新たに構築すべき社会の質を表現する言説であると同時に、市民を「あるべき国民」へと陶冶するための標語ともなりえた。たとえば、国民保険は、被保険者、国家、雇用者の三者が拠出することを通じて、全員の利害を結集するという言説によって正当化されたが、それは実態としては、貧民による貧民の健康保険

図2-1　近代社会における自立・包摂・排除

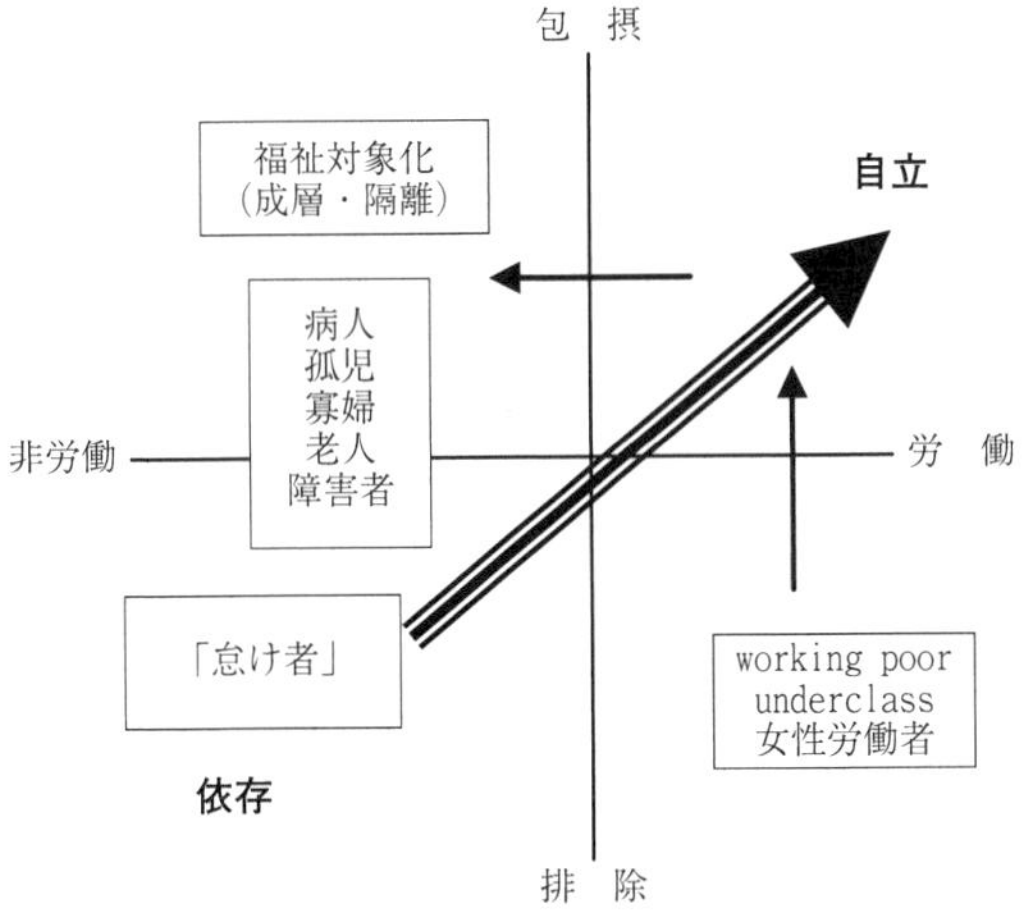

典拠：高田［2007］、104頁より。

としての要素をもち、結果的な受益者は中産階級であった。これにより、福祉における格差はさらに拡大することになった。

第二に、社会的なるものの組織化のメカニズムは、新たに社会に包摂される者とそこから排除される者の境界線を際だたせる効果をもつばかりか、包摂の方法までも特定することになった。これを福祉の問題に限定して考えてみよう。図2-1は、それを示している。「働ける者には労働権を、働けない者には扶養を」という構図がここに描かれている。つまり、労働により自立が強制される社会では、依然として救貧法的発想の根底をなす「働ける者」と「働けない者」の間で、救済に値するか、値しないかの線引きがなされていた。これは今日のワークフェアまで連続している。こうした方策の根底には、近代人は働き、自立する者であるという、いわば労働をベースとした「強い個人」観が存在していた。

それと同時に、「働けない者」で包摂されうる者は、「病人」「老人」「障害者」などという特定のカテゴリーのもとに集団的に成層化して認識される存在でなければならなかった。さらに、ジェンダー・バイアスについても、より制度化された形で定着することになった。年金や社会保険の制度は、「男性稼ぎ主型家族」を標準家族として措定していたので、その規範から外れる人々は「生きづらさ」を感じざるをえなかった。時代が下れば下るだけ、その救済対象の基準は明確に文書化され、福祉官僚がそれに基づいて判断するという、ある意味非有機的な過程が進行することになった。二〇世紀初頭に有機的な社会観のなかで、その社会の有機的な構成要素として定位されることで被救済権を獲得した福祉受給者は、第二次大戦後の福祉国家の拡大のなかでは、無機質な救済の「対象」として位置づけられることになった[23]。

第三に、これと関連して、福祉のナショナリズムが進行した。明らかに人種的な境界、ナショナリティの境界線が強化された。社会進化論を支持する社会主義者たちは、生物学的な「人種」概念を福祉対象の選別に潜り込ませたし、「国民」ではない者は、国家福祉の対象外に置かれることになった。外国籍の夫と結婚し、ロンドンに住む妻や、一旦外国籍の夫と結婚した後離婚した女性は、当初はイギリスの老齢年金を受け取ることができなかった。さらに、救貧法のもとでは、地域的な義務を果たせば、救済を受ける権利を保持していたが、国家福祉のもとでは、外国籍の者は救貧法の救済を受けられなかった。少なくとも、当事者は「国籍による差別」が存在すると認識した。

こうして、新自由主義のもとで、「社会的なるもの」が「国家的なるもの」へと編成替えされ、制度化されるなかで、人々はより大きな包摂と安定を得ると同時に、より大きな排除と拘束を受けることになった。より強い〈つながり〉を求めることは、同時により強い〈しばり〉を受けることを意味した。もちろん、歴史の力は徐々にではあれ、後者の力を弱める制度改訂を進めてきてはいるが、世界大恐慌後の世界がそうであったように、危機の時代には「社会的なるもの」と「国家的なるもの」が強力に共鳴しあい、身体の社会による改造と人間そのものの抹殺すらもたらす極めて危うい事態まで生み出したのである(24)。

4　国際的連関の視点から

一九世紀末から二〇世紀初等における「社会的なるもの」の再組織化は、グローバルな広がりの中で共時的に問題にされていたことに留意する必要がある。

国家権力の強化と個人のアノミー状態のなかで、中間組織としての社会をどう再建するかが、理論的にも、また実践的にも共時的な課題とされていた。ヨーロッパ各地で「社会」が「学」の対象となる事態が生じた。たとえば、デュルケムは、『社会分業論』（一八九三年）のなかで、個人の自律と社会的連帯の関係について検討し、道徳を基礎とした社会的分業にもとづく、有機的・契約的連帯のあり方の可能性を論じている。また、テンニエスはゲマインシャフトからゲゼルシャフトへ

表2-1　第一次世界大戦前ヨーロッパ諸国の強制保険、任意保険、国民福祉年金

（括弧は任意保険、寡占は国民福祉年金）

国　家	災害保険	疾病保険	年金保険
ベルギー	(1903)*	(1894)	(1900)
デンマーク	(1898)	(1892)	1891
ドイツ	1884	1883	1889
フィンランド	1895	−	−
フランス	(1898)*	(1898)	(1895)1910
アイスランド	−	(1911)	−
イタリア	1898	(1886)	(1898)
ルクセンブルク	1902	1901	1911
オランダ	1901	−	1913
ノルウェー	1894	1909	−
オーストリア	1887	1888	−
スウェーデン	(1901)	1891	1913
スイス	(1881)1911	1911	−
連合王国	(1897)*	1911	1908

注：＊印はたいていは特定の工業部門についての賠償責任法。賠償責任の危険にたいする任意保険が可能。

典拠：リッター［1993］、89頁より引用。

の社会的結合体の発展方向を示すなかで、社会と国家の組織のありようを考察した（一八八七年）[25]。

さらに、こうした問題を政策レベルで考えれば、表2-1のように、国家福祉は、各国の生産力段階に無関係に、ほぼ同時期にヨーロッパ諸国において導入されたことが銘記されるべきであろう。そこに働く共時的な力を表現するものは、労働問題や社会問題に関する国際比較調査の進展であろう。自国の社会問題を解決するために、他国の事例が意識的に比較検討された。イギリスの場合も、王立委員会のもとでヨーロッパ全域を比較する労働条件の膨大な調査がなされただけでなく、ドイツの社会保険制度の導入可能性について、真剣な調査と議論が展開された。結果としてはイギリスも国民保険を導入するが、その際ドイツの制度が参照され輸入されたというよりも、むしろイギリスの歴史的伝統にしたがって、友愛組合などの共済制度の原理をより拡張した形で国家政策に導入しようとする議論が優勢であった。なぜならば、ドイツの制度はあまりに官僚主義的で、自由主義のイギリスには合わないと判断されたからであった。その意味で、イギリスはあくまで自由主義にこだわり、その系譜のなかで許容しうる国家干渉の制度を実現したのである。ミニマムの最低限ぎりぎりの均一保障という伝統を重視し、かつ中間領域の自発的結社を「認可組合」という国家保険の行政組織として組み込む形をとりつつ、国家福祉制度を構築していった。こうして、イギリスの場合は、「国民性」として誇られる自由主義の回路のなかで、「社会的なるもの」の制度化が図られた(26)のである。

他方、ドイツでは自由主義的な回路とは違った文脈のなかで、「社会的なるもの」の組織化が進展した。世紀末の「都市社会化」が進行するなかで、都市が住民生活の改善のために介入し、生活環境配慮（Daseinsvorsorge）と給付行政（Leistungsverwaltung）を行う「社会都市」を構築する動きが見られた。住宅問題をはじめとする都市の社会問題に対して、「さまざまな階級に所属している国民が、実の兄弟姉妹のように胸襟を開き、お互い支え合うことによって、生きることへの純粋な喜びと、日々日用の仕事への深い関心と学問芸術の愛好とが至るところに広まる」ようにする「国民の福利」が実現することを追及する運動が起こっていた。そこでは、一部では、「大都市有機体」あるいは「故郷としての大都市」という主張すらなされ、「健全な」国民の育成の基盤として、大都市のあり方が問題にされていた。こうした「社会都市」のあり方が、後の「社会国家」出現の歴史的前提をなしたことが強調されている(27)。

さらに、同時期のスウェーデンでも、福祉国家の社会的起源をなす自由教会運動、禁酒運動、労働組合運動などからなる「国民運動」が展開していた。「社会的なるもの」をどのような形で国家福祉に結びつけるか、近代化と階級形成の二重性のなかで、現実の問題となっていた[28]。

このように、大陸諸国でも同時期に「社会的なるもの」の組織のあり方が問題となり、その地域、国家に応じた形で施策が講じられていた。ヨーロッパにおける「社会的なるもの」の連続性は、近年とみに強調されている点であり、今日の「社会的経済」の基盤をなしていると理解されている[29]。

また、「社会的なるもの」の組織化への意識は、ヨーロッパ世界を超えて確認されうる。たとえば、日本でも、一九二〇年代になると「社会」が発見され、国家と社会の連続的存在の認識のなかで、個人が〈全体〉に貢献する「国民」となるような、救貧の体制が構築されていたことが明らかにされている[30]。

こうして、グローバルな連関のなかで、「社会的なるもの」の組織化が、国家的なるものとの連続性において意識され、具体的な制度へと沈着させる動きが世界各地で登場していることが、改めて確認されるべきであろう。しかし、このような共時的に作用する磁力の存在をどのように説明するのかは、難しい問題である。もちろん、福祉国家と戦争国家が同時に進行する二〇世紀史のなかで、「帝国を担う人種」「国家を守り戦う健全な国民」を育成する国際的な力関係が働いていたことは確かであろうが、それだけですべてが説明しうるわけでもない。また、経済的発展段階の違いを前提にすれば、前述のように市場が社会の中間団体の共同性を崩壊する力が、国家干渉による組織化を招いたという説明だけでも十分ではない。他者や敵対者を意識しつつも、そこから新たな社会的制度を学ぶ、相互依存と相互対立の交錯した関係を解き明かす課題は依然として今後に残されている。いわば、「社会的なるもの」の国際関係史がさらに豊富化されなければならない。

5　おわりに——ふたつの「新自由主義」

本章では、自由主義と国家干渉の表裏一体関係、ニュー・リベラリズムにおける「社会的なるもの」の意味、「社会的なるもの」再編の国際的な共時性について論じてきた。こうした考察を現代的な課題との関係で位置づけようとすれば、次の三点が重要になってこよう。

まず、近代社会における個と共同性の関係の理解と「公共空間」のあり方についてである。近代社会は、自立した個の集合体として理念化されてきたが、歴史の実態としては「自立し・自律できる個」の集積ではなく、多様な共同性の網の目が張りめぐらされた時空間であった。個はそれらの共同性との多様な関係性のなかではじめて生存しえたので、その共同性は常に維持されなければならなかった。そのため、「社会的なるもの」の危機の時代には、その再確立が最重要課題となった。個の確立のために、社会を再組織化する自由主義が再生産された。

ただここで注意すべき点がある。コミュニティであれ、アソシエーションであれ、それらはもちろん「公共性」という関係性を表示する単位ではあったが、同時に特定の時空間とそこに存在する人々を前提とした「公共空間」という物理的・歴史的な定在、つまり具体的な「居場所」の問題であったという点である。ニュー・リベラリズムでは、社会の再編によって、その居場所を確保するための国家的施策がとられたが、ネオリベラリズムの時代には、居場所からの「自由」が現出するようになった[31]。

次に、「自由と公共性」における政策的契機の重要性を理解すべきである。自由主義は不干渉主義ではなく、一貫して国家干渉政策によって維持されてきたし、それによって一定の質をもった自由が創出・維持され続けた。

世界的な金融崩壊の激震のなかで「公的支援」のセーフティネットなしには「市場主義」は安定的に機能しないことが露呈された。これは歴史研究者にとっては至極当然のことであった。国家の支援なしに、純粋に市場の力だけで経済社会が機能したことはなかった。国家が創造し、維持した法のフレームワークと諸制度(規制と支援)のなかで、市場はルールに従って機能することができたし、それによって市場が持つ社会的な力を発揮してきた。また、同時に市場が撹乱する社会を繕う方策を国家が提供することで、破れの少ない市場社会が存続しえた。市場主義と国家干渉は決して排他的に対立するものではなく、相互補完的であった。

さらに二〇世紀初頭に登場した「介入的自由主義」は、総力戦体制の構築によってさらにその応用範囲を拡大した。言説としては対峙する二つの用語、「戦争国家」と「福祉国家」は、現実的には同時進行し、国家の肥大化をもたらすことになった。その反動として、ネオリベラリズムのもとで市場主義と競争原理が追求され、社会的総和としての「自由」は拡大したが、個人のレベルでは「生きる自由」と「餓死する自由」との巨大な落差に直面することになった。それは明確に国家の「規制緩和」政策に媒介されて、出現し、進行した事態である。最近ではある程度の揺り戻しが生じているものの、金融危機を乗り切るため市場介入が、大企業の存続のためには機能し、再発見された「貧困」問題に対しては機能せずに「すべり台社会」が放置されるという、介入の非対称性が現出している。制度的枠組みと政策的契機、それを支える思想が再検討されなければならない。

遥かに低い生産力レベルにあった一世紀前のイギリスでは、さまざまな意味合いをもちつつも「社会」が論じられ、人々が生存する最低限を確保するための共同性の再建が求められ、それを国家が実現した。二つの「新自由主義」の差異を明確に認識しつつ、自由主義の〈来し方〉を見つめつつ、その〈行く末〉が検討されなければならないのではあるまいか。

最後に、「社会的なるもの」のグラデーションと、その光と影が、改めて確認されるべきであろう。社会は決して、国家と切り離されず、一定の連続性をもった時空間として公的な秩序のあり方を担った。しかし、その連続帯は社会的なるものの量的な変化だけでなく、ある段階での質的な転化を表示する。つまり、「社会的なるもの」の集積が、構造的規定力をもつ「国家」を表出する。その意味で、サッチャーの言葉は逆説的に一定の意味を持つし、さらには親密圏・公共圏・国家の共同性の連続と断絶のあり方が検討されるべきであろう。

他方、そこに働く、連帯と統合、解放と拘束の表裏一体の力学も同時に認識されなければならない。「社会的なるもの」を楽観視できない。「社会的なるもの」の再構築を求めることは、そこに含まれる〈つながり〉と〈しばり〉の両面と正面から付き合うことを意味する。理念的に〈しばり〉のない〈つながり〉を求める方向性は提示しうるし、その言説が現実の力となりうることは認めるが、実態としてどちらかだけを選択して生きることはできない。ここに本稿とリバタリアンの主張との最大の相違がある。「社会的なるもの」のヤヌス性が否定できない以上、人々はそれとどうつきあってきたのか、またわれわれはそれとどうつきあうのか、長期的な歴史的検討と巧みな戦略が必要である。その回答のためのヒントを、一八世紀における共同体から近代的共同性への変化、二〇世紀初頭における共同性の現代的な再編のなかで過去の人々が示した英知のなかに求めることは可能であるかもしれない。

注

（1） Clarke [1971].
（2） *Women's Own*, 3 October, 1887, pp. 8-9.
（3） Sigworth [1988]; Smout [1992].
（4） Brewer [1989].
（5） Harling and Mandler [1991]; Harling [2001].
（6） Thane [1990]; Mandler [2006].
（7） Mill [1859] 訳書二一七～二二九頁。

（8）Freeden [1996] pp. 141-165.

（9）自由主義的国家干渉の特質については、日本の経済政策史研究において一定の議論が展開され、かなりの蓄積がなされていたことを、ここで改めて確認しておきたい。一九七〇年代後半から一九八〇年代の一連の経済的自由主義の政策史研究は、「営業の自由」と「独占の自由」の問題（岡田［一九七五、一九八七］）、国家干渉と自由主義政策体系の問題（岡田［一九八七］、吉岡［一九八一］）、自由貿易帝国主義の問題（毛利［一九七八］）などについて、自由主義経済の構築に不可欠である国家干渉のあり方とその理解について、緊張感をもった一連の論争を展開し、多くの成果をあげてきた。つまり、単なる市場の自由や市場の自己展開、生産力論では理解しえない政治と経済の結節点としての経済政策の歴史的役割を、その意味での主体的な要素の重要性を問題提起していた。改めてその意義を今日的な視点から問い直す必要がある。

　たとえば、吉岡昭彦は次のように述べている。「筆者は、産業資本確立の当初から、全政策分野にわたって、重商主義政策が廃棄される（→「自由放任」）と同時に、特定の歴史的形態と内容をもった「国家干渉」が展開され、自由主義時代の満面開花（一八六〇年代）とともに、かかる「国家干渉」もまた完成形態をとるものと理解している」……「『自由競争の祖国』であるイギリスでは、産業資本の確立過程において、対内的にも、対外的にも、同一産業部門および異種産業部門間における諸資本の自由な競争を阻害していた重商主義政策が、逐次廃棄されて行ったのであるが、それだけでは、産業資本の蓄積運動に適合的な国民経済の体制を構築することはできなかった（仮りに、前述した「国家干渉」的な銀行制度改革が行われなかった場合を想定せよ！）。従って、重商主義政策の廃棄と不可分な関連において、全国民経済的規模で自由競争の諸条件を積極的に創出し育成することにより資本蓄積を促進する『国家干渉』政策が強力に展開されなければならなかった」（吉岡昭彦「『自由放任』と『国家干渉』」『社会科学の方法』第一三巻一号一九八一年、六頁）。

　こうした研究史の成果は正当に継承されるべきである。ただ、この経済政策史研究において決定的に欠落していたのは「社会」の視点であった。「社会史」が問題となり、欧米の成果を組み込むとともに、日本の現実のなかで社会の解体の進行を目の当たりにすることにより、新たな社会的国家論ともいうべき流れが登場するのが一九九〇年代であった。筆者は、経済政策史と社会史の国家論が、現代的な視点から接合されるべきであると考えている。

(10) 桑原［一九九九］、松永［二〇〇四］。
(11) 高田［二〇〇五］。
(12) Harris［1990］p. 113.
(13) Harris［1992］［1993］pp. 180-250,［1996 b］.
(14) Hobhouse［1911］p. 68.
(15) Hobhouse［1911］p. 69.
(16) Hohouse［1911］p. 71.
(17) Dicey［1905］訳書。
(18) Hobson［1909］p. xii.
(19) Hobson［1909］pp. 159-175.
(20) MacDonald［1905］pp. 212-213.
(21) Harris［1999］.
(22) 「社会的なるもの」の思想史的把握と両義性については、市野川［二〇〇四］［二〇〇六］の他に、「特集　社会の貧困／貧困の社会」『現代思想』二〇〇七年九月が有益である。
(23) 高田［二〇〇七］、Harris［1996 a］.
(24) 金田［二〇〇〇］。
(25) Durkheim［1893］訳書、Tönnies［1887］訳書、Harris［1993］pp. 220-250.
(26) Hennock［1987］; Harris［2002］.

(27) Ritter [1991] 訳書、ロイレッケ［二〇〇四］、川越・辻［二〇〇八］など。
(28) 石原［一九九六］。
(29) フランスにおける社会的連帯については、本書の第1章、第3章、田中［二〇〇六］を参照されたい。
(30) 冨江［二〇〇七］。
(31) 篠原［二〇〇七］。

参考文献

石原俊時［一九九六］『市民社会と労働者文化――スウェーデン福祉国家の社会的起源』木鐸社。

市野川容孝［二〇〇四］「社会的なものと医療」『現代思想』二〇〇四年一一月号、九八～一一五頁。

市野川容孝［二〇〇六］『社会』岩波書店。

江里口拓［二〇〇八］『福祉国家の効率と制御――ウェッブ夫妻の経済思想』昭和堂。

岡田与好［一九七五］『独占と営業の自由』木鐸社。

岡田与好［一九八七］『経済的自由主義』東京大学出版会。

金田耕一［二〇〇〇］『現代福祉国家と自由――ポスト・リベラリズムへの展望』新評論。

川越修・辻英史［二〇〇八］『社会国家を生きる』法政大学出版局。

桑原莞爾［一九九九］『イギリス関税改革運動の史的分析』九州大学出版会。

篠原雅武［二〇〇七］『公共空間の政治理論』人文書院。

高田実［二〇〇五］「イギリスにおける友愛組合と一九〇八年老齢年金法――福祉の共同性における受容と排除」、高田実・鶴島博和編著『歴史の誕生とアイデンティティ』日本経済評論社、一一一～一四六頁。

高田実［二〇〇七］「『福祉の複合体史』が語るもの――〈包摂・排除〉と〈安定・拘束〉」『九州国際大学経営経済論集』第一三巻一・二合併号、八三～一二一頁。

田中拓道〔二〇〇六〕『貧困と共和国——社会的連帯の誕生』人文書院。

冨江直子〔二〇〇七〕『救貧のなかの日本近代——生存の義務』ミネルヴァ書房。

姫野順一〔一九九九〕「新自由主義とフェビアニズムの政治経済学—市民的社会改良vs国民的効率」服部正治・西沢保編著『イギリス一〇〇年の政治経済学』ミネルヴァ書房、五二〜七三頁。

松永友有〔二〇〇四〕「自由党政権下における金融帝国の確立」木村和男編著『世紀転換期のイギリス帝国』ミネルヴァ書房、五一〜八一頁。

毛利健三〔一九七八〕『自由貿易帝国主義』東京大学出版会。

吉岡昭彦〔一九八一〕『近代イギリス経済史』岩波書店。

ロイレッケ、ユルゲン〔二〇〇四〕「都市化から都市社会化へ——ドイツにおける近代『社会都市』の成立と発展」、今井勝人・馬場哲編著『都市化の比較史——日本とドイツ』日本経済評論社、三〜二五頁。

Brewer, John [1989] *The Sinews of Power: War, Money and the English State, 1688-1783*, London（大久保桂子訳〔二〇〇三〕『財政＝軍事国家の衝撃——戦争・カネ・イギリス国家　一六八八－一七八三』名古屋大学出版会）.
Clarke, Peter F. [1971] *Lancashire and the New Liberalism*, Cambridge, 1971.
Clarke, Peter F. [1978] *Liberals and Social Democrats*, Cambridge.
Collini, Stefan [1979] *Liberalism and Sociology: L. T. Hobhouse and Political Argument in England 1880-1914*, Cambridge.
Collini, Stefan [1991] *Public Moralists: Political Thought and Intellectual Life in Britain, 1850-1930*, Oxford.
Colly, Linda [1992] *Britons: Forging the Nation 1707-1837*, London (Vintage ed., 1996).
Daunton, Martin [2001] *Trusting Leviathan: the Politics of Taxation in Britain, 1799-1914*, Cambridge.

Dicey, Albert V. [1905] *Lectures on the Relation between Law and Public Opinion in England during the Nineteenth Century*, London (2nd. ed. 1919)（清水金二郎訳・菊池勇夫監修［一九七二］『法律と世論』法律文化社）.

Durkheim, Emile [1893] *De la division du travail social*, Paris（井伊玄太郎［一九八九］『社会分業論（上・中・下）講談社学術文庫』）.

Freeden, Michael [1978] *The New Liberalism: An Ideology of Social Reform*, Oxford.

Freeden, Michael [1996] *Ideologies and Political Theory: A Conceptual Approach*, Oxford.

Greenleaf, William H [1983] *The British Political Tradition, vol. 2: The Ideological Heritage*, London.

Harling, Philip [2001] *The Modern British State: An Historical Introduction*, Cambridge.

Harling, Philip and Mandler, Peter [1991] 'From "Fiscal-military" State to "Laissez-faire" State', *Journal of British Studies*, vol. 32, 1993, pp. 44-70.

Harris, Jose [1990] 'Society and State in Twentieth-century Britain', in F. M. L. Thompson (ed.) *The Cambridge Social History, vol. 3: Social Agencies and Institutions*, Cambridge, pp. 63-118.

Harris, Jose [1992] 'Political Thought and the Welfare State 1870-1940: an Intellectual Framework for British Social Policy', *Past and Present*, 135, pp. 116-141.

Harris, Jose [1993] *Private Lives, Public Spirit: A Social History of Britain 1870-1914*, Oxford.

Harris, Jose [1996a] 'Political Thought and the State', in Gree, S. J. D. and Whiting, R. C., *The Boundaries of the State in Modern Britain*, Cambridge, pp. 15-28.

Harris, Jose [1996b] 'Platonism, Positivism and Progressivism: Aspects of British Political Thought in the Early Twentieth Century", in Biagini, Eugenio F. (ed.), *Citizenship and Community: Liberals, Radicals and Collective Identities in the British Islses 1865-1931*, Cambridge, pp. 343-360.

Harris, Jose [1999] 'Ruskin and Social Reform', in Dinah Birch (ed.) *Ruskin and the Dawn of the Modern*, Oxford, pp. 7-33.

Harris, Jose [2002] 'From Poor Law to Welfare State ?: A European Perspective', Winch, Donald and O'Brien, Patrick K. (eds.) *The Political Economy of British Historical Experience 1688-1914*, Oxford, pp. 409-438.

Harris, Jose (ed.) [2003] *Civil Society in British History: Ideas, Identities, Institutions*, Oxford.

Hennock, Ernest. P. [1987] *British Social Reform and German Precedents: the Case of Social Insurance 1880-1914*, Oxford.

Hobhouse, Leonard T. [1911] *Liberalism*, Westport (rep. 1980).

Hobson, John A. [1909] *The Crisis of Liberalism*, London.

MacDonald, James R. [1905] *Socialism and Society*, London (rep. Kraus Reprint, 1970).

Mandler, Peter (ed.) [2006] *Liberty and Authority in Victorian Britain*, Oxford.

Mill, John S. [1859] *On Liberty* (rep. Penguin Classics, 1985)（塩尻公明・木村健康訳［一九七一］『自由論』、岩波文庫）.

Ritter, Gerhard A. [1991] *Der Sozial staat: Entstehung und Entwicklung im internationalen Vergleidch*, München（木谷勤ほか訳［一九九三］『社会国家――その成立と展開』晃洋書房）.

Sigworth, Eric M. (ed.) [1988] *In Search of Victorian Values: Aspects of Nineteenth-century Thought and Society*, Manchester.

Smout, T. C. (ed.) [1992] *Victorian Values*, Oxford.

Thane, Pat [1990] 'Government and Society in England and Wales, 1750-1914', in F. M. L. Thompson (ed.) *The Cambridge Social History, vol. 3: Social Agencies and Institutions*, Cambridge, pp. 1-61.

Tönnies Ferdinand [1887] *Gemeinschaft und Gesellschagt: Grundbegriffe der reinen Soziologie*, Leipzig（杉之

原寿一訳［一九五七］『ゲマインシャフトとゲゼルシャフト――純粋社会学の基本概念』岩波文庫）・

＊本稿は、二〇〇八年度九州国際大学傾斜配分研究費および科学研究費補助金（基盤研究B　課題番号二〇三三〇〇四〇）の成果の一部である。

第3章　社会的包摂と自由の系譜——フランスとイギリス

田中　拓道

1　はじめに

一九八〇年代以降、産業・家族構造の変化、グローバル化の進展などにともなって、先進諸国の福祉国家が大きな変革にさらされている。それは政策上の手直しにとどまらず、従来の社会権、あるいは社会的シティズンシップ（social citizenship, citoyenneté sociale）のとらえ方、国家と市場、個人と社会の関係、「自律」の意味内容にかかわる原理的な問い直しをともなっている。こうしたプロセスの中で、「福祉社会」「福祉ガヴァナンス」「ワークフェア」「アクティヴな市民権」「社会的包摂」「自立支援」など、さまざまな新しい語彙が語られてきた。

本章の目的は、今日の変化を、約百年前の社会権（社会的シティズンシップ）の成立を準備した思想と対比し、従来の思想原理のいかなる側面が今日問い直されているのか、「自由」をめぐる議論の構図がどう変化しているのかを、歴史的観点から検討することにある。

かつてT-H・マーシャルは、シティズンシップの歴史を、一八世紀の市民的権利、一九世紀の政治的権利、二〇世紀の社会的権利という発展史として描いた（Marshall［1949］）。しかし、二〇世紀初頭の社会権思想は、たんなるシティズンシップの拡張というよりも、市民的自由を基礎とした近代的秩序像の原理的な修正によって成立した。一九八〇年代以降の福祉国家の変容も、たんなる福祉支出の縮減にとどまらず、二〇世紀初頭に成立した秩序原理の内在的な問い直しを含んでいる。

さらに、以上のプロセスは、国ごとに固有の歴史的背景を持っている。本章では、フランスとイギリスを対比することで、一九～二〇世紀転換期における近代的秩序像の変容が、それぞれ異なるプロセスをたどったこと、その相違は戦後の福祉国家の構造にも反映され、今日の社会権の問い直しにも影響を与えていることを指摘したい。

以下では、第一節において、一九世紀前半までのフランスとイギリスで、近代的秩序像がどう構想されたのか、その内在的な困難がどう認識されたのかをふり返る。第二節では、一九世紀末から二〇世紀初頭の思想変化を、「社会的なもの（the social, le social）」の概念を中心に検討する。ここでは両国で近代的秩序像がどのように修正され、社会権がどのように導かれたのかを比較する。第三節では、一九八〇年代から今日までの福祉国家変容のプロセスで、社会的シティズンシップの原理がどう問い直され、そこで各々の歴史がどう反映されているのかを検討する。最後に、本章の考察を要約し、「自由」をめぐる今日の議論の構図について私見を述べたい。

2　近代的秩序の臨界

まず出発点として、フランスとイギリスにおける近代的秩序像の成立と、その内在的困難について概観する。両国では、一八世紀後半から一九世紀初頭にかけて、「自由な個人」に担われる新しい公共的秩序の理念が登場した。それは従来、「市民社会（civil society）」「個人からなる社会（société d'individus）」「市民的公共圏（bürgerliche Öffentlichkeit）」などと称されてきた。ところがおよそ一九世紀半ばから、その内部に自律を持たない個人が構造的に生み出されていると認識され、世紀転換期にかけて、近代の秩序像は根本的な変容を蒙っていく。

(1)　フランス——国家と個人

フランスでは、一七八九年に始まるフランス革命において、旧体制から断絶した秩序原理が提唱された。身分制や伝統集団から解放された自由・平等な個人の「契約」による公権力の樹立という擬制が語られる（一七八九年人間と市民の権利宣言）。フランスの特徴は、革命のプロセスで、知識人の抽象的言説が大きな影響力を持ったことにある（Furet［1978］）。新しい公権力は、単一の「人民」「国民」の意思のみに基づくとされ、一切の私的・個別的利益から切り離される。一七九一年のいわゆるル・シャプリエ法をはじめとして、中間的「制度（institution）」（職業組合、政治的結社、

図3-1　イギリスとフランスの近代的秩序像（18世紀末～19世紀前半）

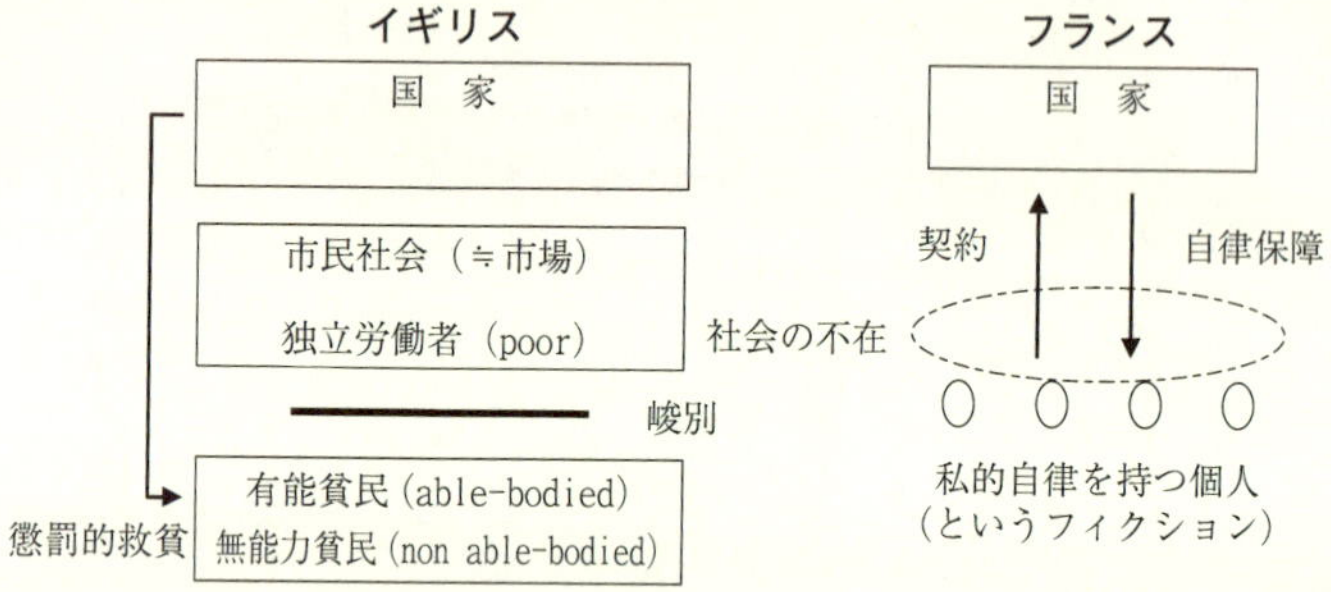

宗教団体など）が法的に廃止され、中間集団から析出された抽象的「市民」と、単一の「一般意思」を体現する集権的国家、という二極構造を創り出すことが、実際に目指された（cf. Rosanvallon [2004]）。

しかし、このいわゆる「ジャコバン主義」的秩序像は、革命直後から困難に直面する。ここで主権者とされる「人民」の多くは、実際には私的自律を持たない貧民であった。「人民」のあいだの貧困は、新たな秩序の正統性にかかわる問題として認識されていく（田中［二〇〇六a］五〇頁）。一七九〇年には国民議会に「物乞い根絶委員会」が設置され、救貧行政の一元化が論議された。これを受けて、一七九一年憲法基本条項には「公的扶助」の義務が明記され、一七九三年憲法案二十一条では、公的扶助と就労機会の保障が公権力の「神聖な債務」と規定された。こうして革命期には、国家と個人の二極構造を創出したうえで、個人の生存権や労働権を公権力が一元的に保障する、という理念が歴史上初めて宣言された（図3-1右）。

ただし、こうした宣言がそのまま実現されたわけではなかった。対外戦争や経済的混乱の中で、公権力は救貧行政を行う資源を持たず、生存権や労働権は名目的な宣言にとどまった（Forrest [1981]）。教会財産の没収によって従来の救貧活動が機能しなくなると、貧民は「壊滅的状態」に放置された（Lallemand [1898] p. 392）。総裁政府期以降、国家と個人の二極構造から成る秩序像は、個人を孤立した状態に放置し、さらなる秩序の混乱をもたらしたとして、多くの思想家による批判の対象となっていく。彼らは国家と個人を媒介する「社会」の「解体」「不在」への危惧を共有し、中間集団の再建による「社会の組織化（organisation sociale）」を模索していく（Rosanvallon [1985] p. 75; Donzelot [1984] p. 49 et s.）。

一八三〇年代には、パリ、リールなど産業化の進む大都市の労働者のあいだで膨大な貧困層が出現する。それは当時の支配層によって、個人の無知・怠惰を原因とする従来の「個人的貧困（pauvreté individuelle）」と区別され、産業化という「システム」によって引き起こされた集合的現象、すなわち「大衆的貧困（paupérisme）」と呼ばれるようになる（Villeneuve-Bargemont [1834]）。同じ時期には、イギリスの一八三四年救貧法改正に至る議論がフランスに導入され、批判の対象となる（cf. Naville [1836]）。イギリスでは、自由な市場を基礎とし、そこから脱落した個人に一元的な救貧を行うことが定められた（後述）。一方フランスでは、行政による一元的な対応が忌避され（ジャコバン主義的秩序像への批判）、同時に産業の無規制な発展が「大衆的貧困」をもたらしたと認識される[1]。こうして「大衆的貧困」への対応は、国家・市場と区別された新たな領域、すなわち「社会的（social）」領域において模索される。この時期からキーワードとなる「社会的」とは、家族関係・交友関係・労働規律・生活習慣・衛生習慣など、個人のふるまいを規定する「モラル」の空間を捉える〈視座〉を指す。「大衆的貧困」とは、下層階級の集合的「モラル」の悪化によって生まれた「社会問題（question sociale）」である。この時期には、P・デュシャテル、E・ビュレ、J・ジェランド、H-A・フレジエ、L-R・ヴィレルメなどによって、貧困層の生活実態にかんする数多くの社会調査・社会統計が公表される。参与観察をつうじて下層階級の「モラル」の実態を分類し、その分類に応じた扶助や働きかけを組み合わせることで、下層階級の「モラル」を組織的に改善すること（「社会の組織化」）が、「社会問題」への主たる対応となる（田中［二〇〇六a］）。

(2) イギリス――国家と市民社会

イギリスでは、一八世紀後半以降、商業的秩序の発展とともに自由な商品交換からなる空間が「商業社会（commercial society）」「市民社会（civil society）」と称されていった（cf. Smith [1795]; Ferguson [1793]）。それは国家権力の規制から解放された自由な私益交換と、「同感（sympathy）」――政治的「徳（virture）」と区別された新しい「文明化された」感情――に支えられた自律的秩序と想定される。フランスにおいて、伝統集団からの個人の「自律」が集権的国家の介入に委ねられたのにたいし、イギリスでは、国家と区別された「市民社会」こそが個人の「自由」の基盤とみなされる。

一八三四年の新救貧法（Poor Law Amendment Act of 1834）は、自由な市場を基礎とする市民社会と国家との線引きを具体化する立法の一つであったと位置づけられる[2]。たとえばE・チャドウィックやN・シーニアは、『救貧法委員会報告書』（一八三四年）の中で次のように述べている。「最も緊急の対策を要する悪とは、労働能力をもつ者の救済にかかわることである」（*The Poor Law Report of 1834* [1974] p. 334）。一八世紀末の救貧行政の拡大によって、労働能力があるにもかかわらず公的救貧に依存する者の数が増大し、救貧税が高騰した。救貧法を批判する論者は、市場において自活できる者と公的救貧の対象となるべき者を峻別し、後者の数をできるかぎり抑制することを主張した。

この報告書では、貧民が三つのカテゴリーに区別される。第一に、独立労働者のあいだに見られる貧民（poor）は、個人の能力不足や怠惰によって生まれたとみなされ、一切の公的救済から除外される（言い換えれば、個人的責任を超えた「失業」という観念は存在しない）。第二に、労働能力があるにもかかわらず自活のための資料を得られない貧民（able-bodied pauper）は、家族とともに労役所（workhouse）に収容され、「劣等処遇」の対象となる。一八三四年法の最も重要な原則である「劣等処遇原則（principle of less eligibility）」は、以下のように説明される。「困窮者（indigence）のすべての状態が、最下層の独立した労働者の状態とくらべて、実態上あるいは外見上同じにされてはならない、ということ」（*The Poor Law Report of 1834* [1974] p. 335[3]）。労働能力のある貧民は、本来市場において自活するべき存在である。一時的に公的救済を受けるにせよ、彼らの生活状態は、すべての独立労働者よりも劣位に置かれなければならない。この原則に付随して、労働能力のある貧民に労役所の外で私的な施しを与えること（院外救済）も禁止される。第三に、労働能力のない者（non able-bodied あるいは impotent）は院内救済の対象となるが、院外救済も否定されない。このカテゴリーに属する者への処遇はあまり論じられていない。

以上のように、救貧法改正論の焦点は、市場での自律と公的救済への依存のはざまに位置する「労働能力のある貧民（able-bodied pauper）」をどう処遇するのか、という点に置かれていた。彼らを独立労働者と峻別し、労役所での抑圧的処遇によって市場における自活へと促すことが、この「修正」の目的であった（図3-1左）。この提案は、若干の手直しを経て、一八三四年法に反映される。

ただし実際には、一八三四年法に体現された市場と国家との線引きは、法の制定途上から批判にさらされた。労働能力のある貧民への院外救済を一律に禁止する案にたいしては、貴族院を中心に強い異論が出され、緩和措置が取られた（大沢［一九八六］九二頁）。また労働能力のある貧民の多くは労役所に入ることを忌避し、その収監率は一割から二割にとどまったとされる（Rose［1971］pp. 140-143）。一八四〇年代に入ると、職人・労働者層による権利拡張運動（チャーチズム運動）や反救貧法闘争が激化することで、労働能力のある貧民への院外救済を「例外的」に認める法令（Order）が、徐々に拡大していくことになった。[4]

以上を要約しよう。フランスとイギリスでは、一九世紀初頭までに、それぞれの形で近代的秩序の理念が宣言された。フランスでは、国家と個人の二極構造が目指されたが、それは革命の過程で、「社会の不在」による秩序の混乱を招いたと批判された。一九世紀初頭以降、国家・市場と区別された「モラル」の領域としての「社会」を中間集団を介して「組織化」することがさまざまに模索されていく。一方イギリスでは、市民社会と国家から成る二元論的秩序の形成が目指された。一八三四年法では市場と国家の線引きが明確化され、労働能力のある貧民を市場へと再挿入することで、公的救済の範囲を限定することが試みられた。しかしそれは、「自律」の困難な労働能力のある貧民を市民社会の側に放置することになった。この貧民の処遇をめぐって、一九世紀後半以降、新たな線引きが模索されていく。

3　社会的シティズンシップの形成と構造――「社会的なもの」の分岐

それでは、一九世紀末の英仏において、近代の秩序像はどのように修正されたのだろうか。社会権あるいは社会的市民権は、いかなる論理によって導かれたのだろうか。

(1) フランスにおける「社会的なもの」

社会という〈全体〉

一九世紀フランスの公的秩序をめぐる議論は、「社会の組織化」という課題に対応し、大革命期の秩序像にたいする総体的な批判をともなった。第三共和政中期に、急進共和派の政治家や知識人（L. Bourgeois, F. Buisson, E. Durkheim, C. Bouglé, L. Duguit など）は、こうした課題に対して「連帯主義（solidarisme）」あるいは「連帯」の思想を提唱し、世紀転換期の社会立法を準備する役割を果たした。

まずこの思想の担い手の特徴として、実践に近い立場ではなく、知的職業にかかわる者が多かった点を指摘しておく必要がある（大学教授、哲学者など）。一九世紀前半において「社会問題」を主題としたのは、衛生学者、行政官、慈善活動家、労働運動活動家など、実践に近い人びとであった。一九世紀半ばの社会経済学者ル・プレも、参与観察とモノグラフィの蓄積による「社会科学」の体系化を主張した（Le Play [1864]）。一方、世紀転換期の論者たちは、コントの実証主義や有機体論の影響を受けつつ、「社会」を個人の総和を超えた〈全体性〉を体現する集合として抽象的に語っていく。「社会」は固有の秩序原理を持ち、それは新たな「社会科学」、すなわち「社会学（sociologie）」によって明らかにされる。国家・個人の役割はこの内部において規定しなおされる。この時代の思想を担った論者は、革命以来の国家と個人の二極構造から成る秩序像を転換し、「権利」「自由」「所有」などの概念そのものの組み換えを行った。

「連帯」の思想は、「社会」を職業的分業に基づく相互依存関係の全体と捉え、とりわけそれを単一の「保険」として捉える点に特徴がある（Ewald［1986］）。たとえば急進共和派の一人は次のように言う。「フランスの共済組合は、単一の巨大な共済組合にならなければならない。そこに未来があり、そこにこそ社会問題を解決する最も強力な手段の一つがある」（Paul-Deschanel, Chambre des députes, décembre 1899）。「社会」を「保険」とする見方は、およそ以下のような論理からなる。

第一に、社会に先立つ自律した個人は存在しない。個人は自然権の所有者ではなく、社会関係の中でのみ自己の能力を発達させ、権利を有する主体となる。たとえばE・デュルケームは言う。「正しい自由とは、社会によって尊重するべく義務づけられるような自由である」（Durkheim［1893＝1998］p. iii et s.［邦訳、三頁］）。L・ブルジョワによれば、「私の想定する個人とは、労働する個人であり、労働によって生計のための給与を得る個人である」（Bourgeois［1901］p. 9）。個人は、産業社会の中で与えられた職能を充足することによってはじめて「権利」の担い手となる。

第二に、個人は産業社会の中で、その自律を脅かすさまざまな出来事――労働災害、病気、老齢による失職など――に遭遇する。これらは個人の自律を妨げるだけでなく、他者との相互依存関係全体を脅かす「リスク」とみなされる（Bourgeois［1907］p. 11, p. 48）。「連帯」とは、これらの出来事を個人責任の対象ではなく、社会に内在する集合的「リスク」の偶発と読み替え、それへの補償責任を成員全体で共有するための原理である。「我々全員がリスクにさらされている。誰がリスクに陥り、便益を得られないのか、誰も正確には知りえない。だからこそ、互いに団結し、リスクを相互化しよう。万人をリスクから保障するために、万人に支払おう」(Bourgeois [1912] p. 204)。「リスク」を共有する成員同士は、公教育・職業教育や衛生教育を通じて、互いに「リスク」を最小化する道徳的な義務を負う。「連帯」を唱える論者が、公教育・職業教育や公衆衛生の役割を強調することは、そのような「義務」の遂行の要請という側面を持っている。こうした義務を能動的に選択しない個人(学校教育からの離脱、労働の忌避、市民的生活習慣の拒否など)は、社会的な「異常」者として指示され、矯正の対象とみなされる。(5)

第三に、分業に基づく職能の相互依存からなる「連帯」は、多様な中間集団の自治を国家が補完するという構造をとる。労災、疾病、老齢などの「リスク」を共有する制度主体は、共済組合、同業組合、労働組合などの中間集団である。国家の役割は、これら中間集団への加入を奨励し、財政的補完を行い、個人に公教育を課すことに限定される。

以上のように、「連帯」とは、自然権を有する個人同士の契約ではなく、新しく現れた産業社会を担う個人が、社会との間に擬似「契約」による相互「義務」を承認することによって成り立つ(ブルジョワやA・フイエはそれを「準契約(quasi-contrat)」と呼ぶ)。こうした論理は、それ以前の個人主義的な権利や私有財産権の転換を含意した。たとえばフイエによれば、個人的自由や私有財産は「社会有機体の正常な機能」の一つにすぎない。これらは自然的権利ではなく、「社会化」(公教育、社会保険、労働権、公衆衛生など)をつうじてのみ万人に保障されうる(Fouillée [1909] p. 162)。社会権と自由権は矛盾するどころか、前者によってはじめて後者が実現される。法学者デュギーによれば、人間は「自由」に先立って「自己の個性を発達させ、自己の社会的使命を果たす社会的義務」を負っている。市民的自由や私的所有は何ら目的ではなく、こうした「社会的義務」を果たすための手段として個人に保障されるにすぎない（Duguit［1920］p. 37）。

「連帯」思想によって語られた新しい「権利」概念は、世紀転換期の一連の社会立法を正当化する役割を果たした。一八九八年労働災害補償法では、「リスク」という語がはじめて用いられ、使用者の無過失責任が規定された。一九一〇年には強制的な労農年金、一九二八～三〇年には疾病・労災・死亡・出産などへの包括的な社会保険が導入された（ただし失業保険は一九五八年まで導入されない）。急進社会党のF・ビュイソンによれば、「社会的連帯に基づく義務」としての拠出は、本来「扶助（assistance）」ではなく「保険（assurance）」に適用されるべきである。将来の制度の中心は、「扶助から保険へ」と移行することが望ましい（Buisson［1909］pp. 252-255）。このように、フランスの社会立法の基礎にあったのは、できるだけ多くの成員を「連帯」＝保険秩序へと組み込み、できるかぎり多くの「リスク」を「社会化」する――個人が職業的役割や「リスク」最小化の義務を負う一方で、「リスク」への補償責任を共有する――という論理であった。

戦後フランス福祉国家

戦後の第四共和国憲法（一九四六年一〇月二七日）では、「社会的な……共和国」という原則が明記され、「社会的なもの」と共和主義の原理が結合する。その具体的形は、一九四五年のラロック報告を経て四五〜四六年の法令や政令で与えられた。ただし、その基本原則の多くは戦前の社会保険を引き継いだものであった（cf. Rosanvallon［1990］p. 186）。P・ラロックは社会保障の目的を次のように述べている。「就労するすべての男女、……労働のみによって生活するすべての個人」のリスクにたいして「労働を可能にする補償を提供すること」（Laroque［1946］p. 10）。一九四五年社会保障法では「すべてのフランス人」が対象とされているにもかかわらず、そこで実質的に想定されていたのは「労働する個人」であり、その目的は、こうした個人と家族のこうむるリスク――労災・疾病・年金・出産など――にたいして、包括的な保険を設定することであった。それは共済組合・労働組合による相互扶助の伝統を受け継ぎ、職域ごとに分立した制度からなり、保険金庫は労使代表によって自治的に管理される（社会的デモクラシー）。ラロックは回顧録の中で、「社会保障におけるフランス的伝統とは、相互扶助、サンディカリスム、かつての社会主義、そして友愛の伝統である」とも述べている（Laroque［1993］p. 199）。拠出と給付は所得比例となり、給付水準は従前所得を代替する高い水準（約七割）に設定された。いわば制度的な分立が、「労働する個人」一般のリスクにたいする包括的な保障と結びついていた。一方公的扶助や失業保険は「社会保障」の枠外に置かれ、公的扶助（「社会援助」）への支出規模は全体の一割程度にとどまった。

(2) イギリスにおける「社会的なもの」

社会科学と「キャラクター」

世紀転換期のイギリスでは、新救貧法体制にたいする批判が高まっていく。労働能力のある貧民にたいする事実上の院外救済が拡大し、市民社会（市場）と国家の線引きが形骸化することで、新たな線引きが模索されていく。

一九世紀後半には、職人・熟練労働者層の生活水準が向上し、その多くが友愛協会や労働組合に加入した。選挙権の拡大（一八六七年法、一八八四年法）とともに、この階層は「リスペクタブル」なふるまいを身につけ、中産階級化していく。一方、そこから取り残された不定期労働・不熟練労働者、貧困層は、新たに「最下層民（residuum）」というカテゴリーによって把捉され、中産階級・上層労働者階級による秩序不安の対象となっていく（Jones［1971］pp. 283-289; Harris［1995］pp. 67-88）。とりわけ一八七九年以降の経済不況によって失業が拡大すると、[6]「最下層民」の貧困はたんなる個人の問題ではなく、「社会」が生み出した問題、すなわち「社会問題（social question）」として認識されていく（Harris［1993］p. 240）。

イギリスではこの時期から、「最下層民」の生活状態を詳細に観察し、分類する新しい〈まなざし〉が登場した。たとえば一八六九年に設立される慈善組織協会（Charity Organization Society）は、院外救済の無原則な拡大を批判し、救貧法の対象となるべき貧民（労役所に収容して「劣等処遇」を行うべき貧民）と、私的慈善の対象となる貧民との峻別を主張した（Rose［1971］p. 224）。言い換えれば、慈善活動家の働きかけによって自己規律能力を身につけ、市場で自活することが見込まれる「救済可能（helpable）」な貧民と、そうした見込みのない「救済不可能な（unhelpable）」な貧民を峻別すること、それぞれに異なる処遇を行うことが目指された（Bosanquet [1895]; McBriar [1987] p. 57）。そのためには個別の貧民と面談し、その「モラル」を観察し、分類する「モラルの科学」が必要となる（Topalov [1994] p. 209 et s.）。

一八八〇年代から、貧民の健康状態・住居・犯罪・精神状態を詳細に観察する社会調査や社会統計書が数多く公表される（Harris [1992] p. 120f.）。たとえばC・ブースは、ロンドンの人口を八つのカテゴリーに区分し、特に規則正しい労働によって収入を得る貧困層と、不定期の労働に従事するだけの「怠惰で、救済可能性がなく、無為（shiftlessness, helplessness, idleness）」な極貧層とを区別した（Booth [1902＝1970] p. 33f, p. 43）。彼によれば、後者こそが独立労働者の賃金を引き下げ、産業発展の役にも立たない「社会問題」の元凶である（Booth [1902＝1970] p. 163; Jones [1971] pp. 306-307; 安保［二〇〇五］三三一〜三四一頁）。J・ラウントリーの調査は、「一次的貧困」（絶対的貧困）と「二次的貧困」（相対的貧困）を区別し、特に貧民をとりまく「環境」と「モラル」が貧困を再生産していると指摘することで、後の「貧困のサイクル（cycle of poverty）」論のさきがけとなった（Rowntree [1901]; Kidd [1999] p. 61）。そのほかフェビアン協会、慈善組織協会、民間団体など多くの団体が社会調査に取り組んだ。

これらの調査において、貧民の生活環境の観察と「モラル」の分類を結びつけたのが、「キャラクター（character）」という語彙である。この語は主に上層労働者の精神状態にかかわる「リスペクタビリティ」という語と異なり、下層階級の個人的・集合的な「モラル」の状態を指示する語として、当時左右両方の勢力に広く用いられた（Himmelfarb［1991］p. 7）。それは一方で、救済可能性のある貧民とない貧民をカテゴリカルに区分するために、他方では、貧民を取り巻く環境や制度の改変をつうじてそのふるまいを改善するための働きかけの対象して用いられた（cf. Collini［1979］pp. 28–31; Collini［1993］pp. 92–110）。

新しいシティズンシップ

世紀転換期イギリスにおける社会的シティズンシップ論は、以上のような〈まなざし〉と密接に結びついている。J・ハリスの指摘するように、その変化は「個人主義から集合主義へ」（ダイシー）、あるいは自由放任主義から国家主義へ、という単純な図式では把握できない。それは新たな「社会」観に基づく、個人と社会、国家と社会の関係の問い直しをともなっていた（Harris［1992］p. 118）。

一八八〇年代には、一方で進化論や有機体論が流入し、（従来の市場＝市民社会と異なる）「社会」を個人の総和を超えた「有機体」ととらえる見方が流通する。他方では、プラトンなど古代ギリシア哲学の影響を背景とした「観念論（idealism）」的傾向が強まり、[7]「社会」がしばしば国家を含む、超越的目的や共通善を内在させた集合とみなされていく（Harris［1993］pp. 225–232）。たとえば

T・H・グリーンは、個人の「自由（freedom）」を共通善の内面化による「自己完成（self-perfection）」として語る（Green [1879＝1999] p. 228f.）。ニューリベラリストなど同時期の多くの思想家においても、「自由」はもはや「自助（self-help）」という意味よりも、共通善への一体化に向けた「自己発展」「自己実現」を意味する語として用いられた（Collini [1979] p. 28）。

二〇世紀初頭の「シティズンシップ」をめぐる議論は、以上の思想的文脈を背景としている。新たな「社会」の担い手となる「市民」は、たんに権利を持つだけでなく、一定の義務と道徳的資質の担い手でなければならない（Vincent and Plant [1984]）。個人の側が共通善を内面化し、自己の能力を発展させる義務を負う一方、社会の側は個人の能力を十全に発展させる条件を整備する義務を負う。こうした相互「義務」こそが、新しい「シティズンシップ」の内実を構成する（cf. Jones [1919] p. 139ff.）。

このような「シティズンシップ」の担い手にかんする議論は、下層階級への〈まなざし〉と結びつくとき、次のような実践を導いた。すなわち、救済に値する（deserving）「キャラクター」を持った貧民を選別し、彼らを自律へと促すために、集合的な働きかけを行うことが「社会」の側の義務となる。この時期の思想家は、個人の選別と自律奨励に向けた集合的働きかけという課題を共有したうえで、国家と市民社会の役割区分を問い直していった。たとえば、慈善組織協会に近いB・ボザンケは、古代アテナイを引照しつつ、「市民であること（citizenship）」の義務を社会の「一般意思（General Will）」との一体化であるという（Bosanquet [1895] pp. 14-27）。こうした公共精神を身につけた「市民」を育成するには、自発的な相互扶助・慈善活動による個人への働きかけを活性化させなければならない。国家による機械的な介入は、受動的な個人を増やし、その「キャラクター」を逆に堕落させてしまう。彼はこうした立場から、慈善団体の活動を重視し、公的扶助や公的年金の導入に反対した。一方、世紀転換期の社会立法に影響を与えたニューリベラリズムの著述家ホブハウスやホブソンは、リベラリズムの目的を個人能力の十全な発展と想定する。国家の義務は、こうした可能性を持つ市民に「自由」の条件を保障することにある。「市民にたいして、その能力の十全な発展に必要なすべてのものを自らの努力で得られる条件を保障することが、国家の機能である」（Hobhouse［1911＝1994］p. 76）。具体的には、過少消費（過剰貯蓄）を矯正するための国家による再配分（ホブソン）、あるいは賃金・医療・労働条件にかんする「ナショナル・ミニマム」の設定（ホブハウス）などが提言される。これにたいして、フェビアン社会主義者のB・ウェッブは、コントの「人類教」の影響を受け、「社会」を個人を超えた有機体と想定した。救貧法改革をめぐって激しく対立した慈善組織協会とフェビアンは、「男女がより良き市民となるよう道徳化（moralize）しなければならない、と信じていた」点で共通していた（Webb［1979］p. xxxvii）。B・ウェッブの執筆した救貧法委員会『少数派報告』（一九〇九年）では、労働能力のある貧民とない貧民が峻別されたうえで、前者には職業紹介を行うこと、公的扶助は後者に限定されるべきことが主張される（Webb［1909］）。彼女は友愛組合などによる自発的相互扶助を賞賛し、公権力による強制保険には反対しつづけた。

世紀転換期に活躍したこれらの理論家たちは、自律した個人から成る市民社会を実現するために、「救済可能」な個人への集合的働きかけが必要であると論じた。彼ら・彼女らは国家介入の範囲について激しく対立していたものの、[8]救済可能な個人とそうでない個人を「キャラクター」に応じて選別し、前者に（公権力あるいは自発的集団による）集合的働きかけを行うことで、彼ら・彼女らを自律した良き「市民」へと陶冶する、という目的を共有していた。

社会保険から福祉国家へ

イギリス世紀転換期の社会立法は、以上のような思想構造を反映している。フランスのように「社会」（連帯）を構成する個人一般の「リスク」への対応が問題となったというよりも、労働能力と一定の道徳的資質を持った個人の「市民社会」からの一時的な脱落――失業と困窮――が主たる問題として認識され、こうした個人を「自律」へと促すための支援策が導入されていった。

たとえば、一九〇九年の『救貧法委員会報告多数派意見』では、一八三四年法の理念と実態がかけ離れ、労働能力と意欲のある貧民、すなわち「救済に値する貧民」が院外救済を受けることで「道徳的に堕落（demoralized）」していることが問題視される。この層の「一般的な倹約と独立を促す」ために、公的扶助（public assistance）を「個別的」「選別的」なものとすること、労働能力のない貧民の「差別」原則に基づいて公的扶助を組織化することが提案される。[9]また一九〇八年には老齢年金（無拠出、一定の収入に満たない者が対象）が、一九一一年には国民保険（医療、失業）が

図3-2　イギリスとフランスにおける近代的秩序像の変容と「社会的なもの」(19〜20世紀転換期)

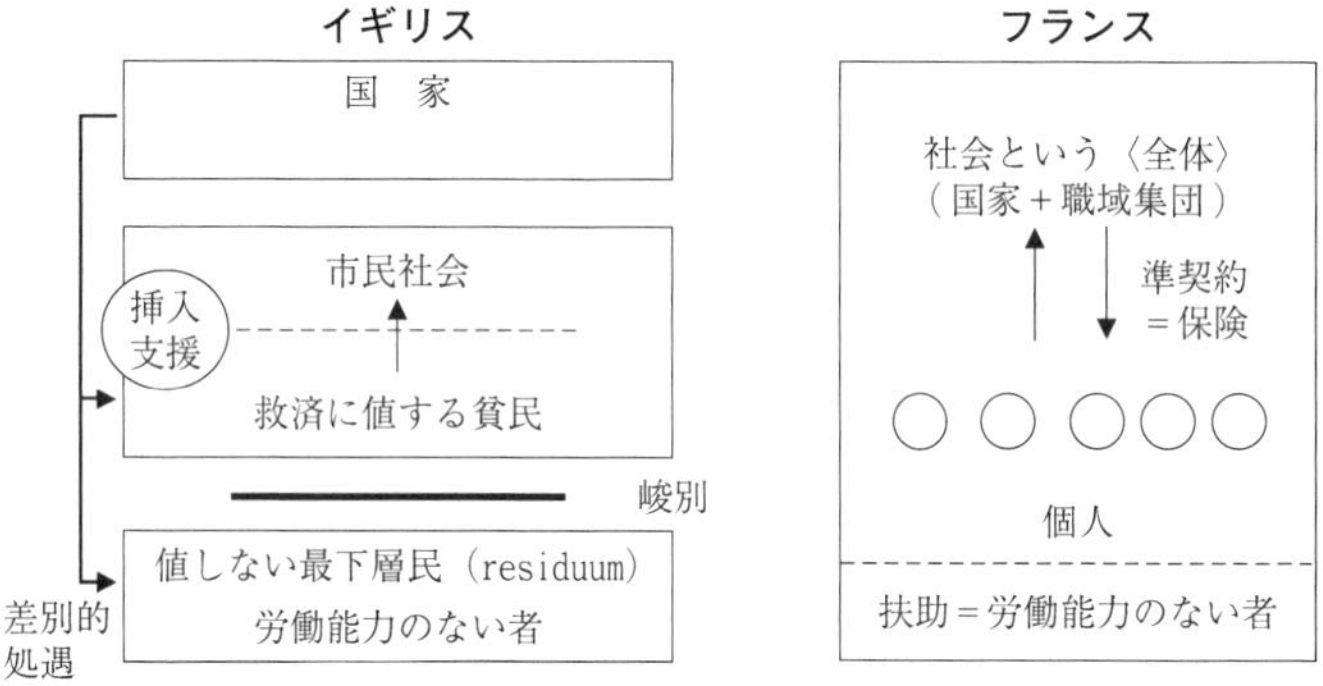

設立されるが、前者の対象は、過去十年以内に収監されなかった「良きふるまい」を身につけた個人に限定され、救済に値しない「最下層民」との区別が設けられていた(Hay [1975] p. 35)。後者は友愛組合を模範とする自助原則に基づき、給付と拠出を厳格に対応させたものであった(Finlayson [1994] p. 184)。

以上をまとめよう。二〇世紀初頭のイギリスの社会立法に見いだせるのは、以下の三つのカテゴリー区分である(図3-2右)。①十全な義務と責任を果たす良き「市民」=独立労働者。彼らは友愛組合などの自発的な相互扶助に組み込まれる。②そこから(一時的に)脱落する「救済に値する」個人。世紀転換期の社会立法の多くは、こうした個人を「自律」へと促すための集合的な働きかけ(職業紹介、失業保険、医療、年金など)としてとらえられる。③「自律」への道徳的資質を欠いた「最下層民(residuum)」。このカテゴリーは抑圧的な「劣等処遇」の対象となる。

戦後イギリス福祉国家の基礎を提供したベヴァリッジの思想には、さまざまな要素が混在している。(10) とはいえ、個人のカテゴリカルな分類に基づく制度設計は、以下のような形で引き継がれている。彼によれば、社会保障は三つの制度によって構成される。①最も重要な「社会保険」は、労働によって自活する個人が、老齢・疾病・失業などにより一時的に所得を喪失したときに所得を補塡するための均一拠出・均一給付に基づく制度である。それは「労働と拠出を条件とし、人びとを労働に適する状態に置き、その状態を維持するために、最低生活の維持に必要な所得を確保しようとするもの」とされる（Beveridge［1942］訳書二六三頁）。②ただし、社会保険はあくまで「すべての個人に対してナショナル・ミニマム以上のものを自分で勝ち取る余地を残し、これを奨励する」ものでなければならない。ベヴァリッジは最低限のセーフティネットの上に、労働組合・友愛組合・共済組合などによる自発的な相互扶助が活発に行われる「自由社会（free society）」を展望する。一九四八年の『自発的結社』において、「よき社会の創出は、国家ではなく自由なアソシエーションに属する活動的な市民に依存する」と述べられているように、公的保険は自発的相互扶助を妨げない範囲に限定されなければならなかった（Beveridge［1948］）。③以上の枠組みからもれ落ちる個人にたいしては、最低限の生活を保障する「国民扶助」が設けられる。それは資力調査付き給付であり、「保険給付よりも何か望ましくないものであるという感じをいだかせるのでなければならない」（Beveridge［1942］訳書二一八頁）。以上の三つのカテゴリーに基づく制度設計は、戦後イギリス福祉国家へと引き継がれていった。フランスと異なり、イギリスでは、公的機関の一元的管理のもとに「ナショナル・ミニマム」を保障する国民保険が作られたが、その水準は「最低限」に抑えられ、実際には選別的な国民扶助に依存する者が多かった。いわば制度上の普遍主義は、例外的な給付、あるいは選別的な給付という実態をともなっていた。

4　社会的シティズンシップの問い直し

戦後の「黄金の三十年」と称される経済成長の下で、英仏の福祉国家は拡張を遂げていく。その過程で制度上の手直しが行われたものの、経済全体のパイの拡大の中で、社会的シティズンシップをめぐる原理的対立は浮上しなかった。両国において、その原理的な問い直しが始まるのは、経済成長が終焉する七〇年代後半のことである。

(1)　イギリスの「アンダークラス」

保守党の「依存の文化」論

戦後イギリスでは、「ナショナル・ミニマム」という普遍主義的原理が提唱された一方で、下層階級の道徳やふるまいへの〈まなざし〉が底流において持続した。たとえばJ・マクニコルによれば、世紀転換期の「最下層民（residuum）」という語の含意は、戦間期の「社会問題集団（social problem group）」や「問題家族（problem family）」という語彙へ、さらに一九六〇年代には「貧困の文化（culture of poverty）」論へと引き継がれていった、という。これらは、労働能力を持つにもかかわらず道徳的資質を欠いているために「自律」できない個人が、家族などをつうじて文化的に再生産される事態を指していた。七〇年代には、保健・社会サービス大臣K・ジョゼフが「剥奪のサイクル（cycle of deprivation）」論を唱え、貧困層を取り巻く文化や環境を批判のターゲットとしたことで、社会的な論争を呼び起こした（Macnicol［1987］pp. 298-300）。一九七〇年代後半に経済不況や失業が深刻化すると、公的給付に依存する貧困層への〈まなざし〉が前景化し、国家と市民社会の線引きが再び問い直されていく。

一九七九年に政権を獲得する保守党のサッチャーは、ジョゼフの「剥奪のサイクル」論の影響を強く受けていたと指摘されている（Finelyson［1994］p. 357）。また彼女は、政権を担った時期に、救済に「値する（deserving）」貧民と「値しない（undeserving）」貧民の区別という「ヴィクトリア的価値」を再発見した、とも回顧している（Thatcher［1993］p. 627）。サッチャー政権では、戦後の寛大な公的福祉こそが貧民に依存心を植え付け、社会の活力を奪っている、という「依存の文化（dependency culture）」論が公式の見解として語られ、福祉改革に影響を与えた（Dean and Taylor-Gooby［1992］p. 3）。

このサッチャー改革のただ中で、アメリカ人ジャーナリストC・ムーライの唱えた「アンダークラス（underclass）」論が社会的に大きな影響力を獲得する（Murray［1989］）。ムーライによれば、アメリカに見られるのと同様の階級がイギリスでも生まれつつある。それは健常であるにもかかわらず、個人を取り巻く環境、とりわけ家族の問題によって、労働規律や社会規律を内面化できない人びとであり、公的福祉に「値しない（undeserving）」階級である（Welshman [2006] p. 162ff.）。保守党の福祉改革では、権利と義務の均衡、特に就労義務の強調がなされ、労働能力のある若年層や母子家庭の親への失業給付・公的扶助の削減と就労活動の義務化、疾病給付への課税と給付の引き下げなどが行われた。

ニューレイバーの「社会的排除」論[11]

イギリス労働党は、九〇年代半ばからの党改革で、「アンダークラス」に代わる「社会的排除（social exclusion）」という概念を導入していく。「社会的排除」とは、R・レヴィタスによれば、道徳的資質の欠如を強調する「アンダークラス」概念にくらべ、コミュニティの絆や労働市場からの離脱を貧困の原因とみなし、貧困層のそれらへの「包摂（inclusion）」を重視する概念である、という（Levitas [2005] p. 28）。

こうした違いがあるとはいえ、ニューレイバーの用いる「社会的排除」概念は、実際には「アンダークラス」と強い連続性を保ち続けた。たとえばブレアは一九九七年の演説で、「社会的排除」を「社会の主流から切り離されたアンダークラスの人びと」と述べている（Welshman [2006] p. 191）。労働党の綱領「福祉の新しい契約（New Contract for Welfare）」（一九九八年）では、福祉の「受動的な連鎖を断ち切る」ことが必要であると指摘される。一九九九年以降、「剝奪のサイクル」

図3-3　イギリスとフランスにおける「社会的なもの」の再定義

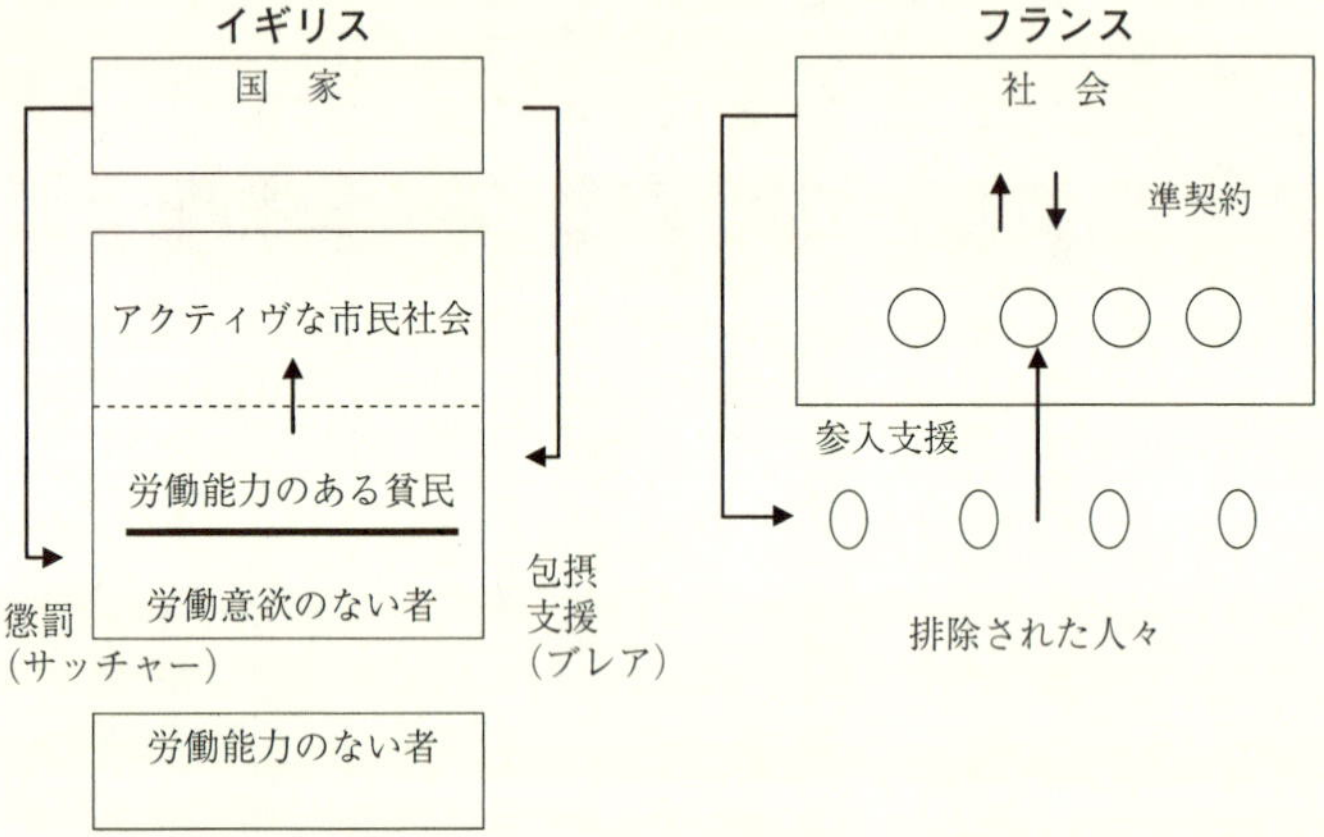

論は、ニューレイバーの文書の中で一般化していった。イギリスにおいて「社会的排除」とは、何よりも労働市場からの脱落と公的給付への依存を意味し、その要因が貧困層のふるまいや道徳、とりわけ家族を中心とするコミュニティの絆の弱体化に求められた。それは「アンダークラス」と互換的に用いられることも多かった（Fairclough [2000] p. 58）。

ニューレイバーによる「包摂」政策は、公的給付に依存する人びとの「雇用可能性（employability）」を最大化することを最も重視する。サッチャーが、こうした人びとへの懲罰的処遇をつうじて市場への再挿入を進めようとしたのにたいし、ブレア以降の労働党は、一方で公的扶助・失業保険の抑制という方針を維持しつつ、他方で若年層・失業者への就労訓練や職業紹介を強化し、理由なく就労活動を行わない者には給付を打ち切る、という政策を進めている（図3-3左）。

(2) フランスの社会的「排除」

フランスでは、一九七〇年代から、福祉国家の成熟のただ中で貧困に取り残された人びとの問題が「排除（exclusion）」と称されていく（Lenoir［1974］）。それは当初、社会的「不適応」に陥った例外的な個人の問題とみなされた（d'Allondans［2003］p. 31）。

八〇年代に入ると、国際競争の激化や雇用柔軟化の進展を背景として、長期失業、非正規雇用が広がっていく。社会保障が長期の就労や拠出と強く結びついていたフランスでは、就労の不安定は、ただちに社会保障の枠組みからの脱落を意味した。この時期以降、「新しい貧困（nouvelle pauvreté）」「不安定（précarité）」を主題とした数多くの報告書や研究書が現れる。八〇年代末から、「排除」とは、例外的個人の「不適応」の問題ではなく、社会一般に広がる「不安定」な状態を指す概念となっていった（Paugam［1996］p. 13）。

このように「排除」とは、経済的貧困や労働市場からの離脱にとどまらず、「社会的なもの」（社会的権利・義務の相互関係）からの脱落を指している。フランスの社会的シティズンシップは、家族や学校をつうじて「社会化」され、長期就労・拠出や「リスク」最小化という「義務」を引き受ける個人への権利として構成されてきた。ところが家族、学校、職業集団、地域コミュニティなど、個人の「社会化」を担う装置が脆弱化することで、こうした「義務」を引き受けられない個人が恒常的に生み出されている（Conseil économique et sociale［1987］）。これらの人びとは、既存の社会権の対象から外れ、「社会的不要者」という烙印を押されている（Castel［1999］p. 623）。今日の福祉国家は、できるかぎり多くの成員を「社会化」し、権利と義務の対応を引き受ける主体として構成するという課題に失敗し、一定の「義務」を引き受けることで手厚い社会権を保障される層と、最低限の公的扶助に依存する層との「二重化（dualisation）」を促進させている（Dupeyroux [2001] p. 76 et s.)。

こうして「排除」は、「社会的共和国」の正統性にかかわる問題と認識されていった。たとえば一九八八年の参入最低所得（Revenue minimum d'insertion）の導入に際して、連帯・雇用相のC・エヴァンは言う。「連帯の要請が我々に課されている。強力で連帯と友愛で結ばれたフランスのみが、今日の挑戦に応えられるであろう。……この政治は、共和国の偉大な原理の延長上にある」（Paugam [1993] p. 90)。「排除」への対応は、個人への働きかけや就労義務の強化にとどまらず、社会と個人の相互「義務」の問い直しをともなった（田中［二〇〇六b］)。一九八〇年代から展開される「参入（insertion）」政策は、個人を「義務」を引き受ける契約主体へと再構築するための「社会」による多様な働きかけを総称し（Rosanvallon [1995])、それは保険・扶助の論理と区別される「新しい社会権」とみなされた（Castel et Laé [1992] p. 19)。具体的には、参入最低所得、一九九七年排除対策法、一九九九〜二〇〇〇年三五時間法（ワークシェアリングによる就労機会の提供）などにおいて、すべての個人（二五歳以上）に生活に必要な最低所得を保障すること、地域コミュニティを単位し、非営利組織や人道アソシエーションを活用することで、社会生活および労働への「参入」を支援すること、個人の側は地方自治体と「参入契約」を結び、参入活動を自発的に行う義務を負うことなどが定められた（Palier［2002］p. 285 et s.）。このように、フランスの参入政策では、労働市場への包摂のみが目的とされているわけではない。個人が参入すべき「社会」とはいかなる「社会」なのか（労働市場か、地域コミュニティか、非営利の社会サービスのネットワークか）が、近年まで問われ続けている。[12]

5　おわりに

近代社会は理念的には自由・平等な個人から構成される。しかし「自由」の基礎をどこに見いだすのかは、その出発点から国ごとの歴史に応じた異なる見方が存在した。フランスでは、国家への集権化による個人の析出が目指されたのにたいし（ジャコバン主義、あるいは「社会」の不在）、イギリスでは、国家から自律した「市民社会」にその基礎が見いだされた。およそ一九世紀半ばから、自律を持たない個人が構造的に生み出されていると認識されることで、「社会問題」という観念が登場し、近代的秩序像の問い直しが始まる。フランスでは、この問題への対応は、大革命期の秩序像の総体的な乗り越えと、「社会」という全体性を持つ集合の「組織化」に求められた。この秩序の内で、従来の権利・所有観念の原理的な転換がもたらされる。一方イギリスでは、「社会問題」への対応は、「市民社会」から脱落した個人への集合的でプラグマティックな働きかけと、「市民社会」への再挿入として——そこでは働きかけに「値する」貧民と「値しない」貧民とのカテゴリカルな分類、国家と自発的団体との役割の線引きが常に論争点となる――模索された。

一九七〇年代から今日にかけて、戦後福祉国家の原理の修正が課題となると、このような歴史的構図が再び浮上する。イギリスの「包摂」政策では、市場における自律という目的が特権化されたうえで、就労による自活への意欲を持つ者と持たない者（道徳的な失敗者）とのカテゴリカルな選別が機能しつづけている。サッチャーがヴィクトリア的規範を再発見し、救済に「値しない」貧困層への懲罰的処遇を行おうとしたのにたいし、ブレア以降の労働党は、コミュニティや公権力の働きかけをつうじて、より多くの貧困層のふるまいを改善し、彼ら・彼女らを「アクティヴな市民社会」へと再挿入することを試みている（ただし、こうした能動性を持たない個人への懲罰的処遇は持続する）。一方フランスでは、「排除」問題は社会と個人の相互「義務」関係の問い直しを含む、戦後の「社会的共和国」の正統性にかかわる問題として認識された。個人の「自律」が社会関係の中でのみ可能であるとすれば、「自律」のために個人はいかなる義務を引き受けるべきなのか（賃労働、コミュニティ活動など）、社会の側は個人にいかなる権限を保障する義務を負うのか（労働への権利、社会参入の権利）が、今日に至るまで問われ続けている。

かくして、今日において「自由」の所在は、次のような重層的構図の中で探求されている。第一に、それはもはや自然によって与えられる権利（実質的には国家によって一元的に保障される権利）、あるいは市場の中で自ずと実現される状態と想定するだけでは、十分とは言えない。「自由」は「社会」あるいは市場への能動的な参与を保障してはじめて実現される。言い換えれば、そのような参与を可能にする個人への権限付与（エンパワーメント）が必要である。さらにこのような権限付与（それと対応する参与「義務」）が、「自由への強制」へと転化しないためには、いかなる「社会」、いかなる市場「への」自由なのかが、常に問われていかなければならない。第二に、「自由」は抽象的な構図ではなく、一定の歴史的背景を刻印された構図の中で探求されている。新たな「自由」の所在は、このような歴史的構図の再解釈をつうじてのみ、発見することができるだろう。

注

（1）この時期の社会問題については、田中［二〇〇六a］第一章、Procacci [1993] p. 163 et s. を参照。

（2）その要求が救貧法の「廃止（abolition）」（市場の全面化）ではなく「改正（amendment）」であったことは、この点を傍証する（Poynter [1969] p. 325）。ただし「市民社会」という語は、一八世紀後半から一九世紀初頭にかけて広く使用されたが、一八二〇年代から五〇年代にかけてはあまり使用されなくなった（Harris [2003] p. 26）。

（3）ここで「困窮者」とは、公的救済に依存する貧民を総称し、労働能力のある者（第二のカテゴリー）とない者（第三のカテゴリー）を含む。

（4）そもそも新救貧法では、「労働能力」の明確な規定がなかった。そのため貧民監査官（boards of guardians）の多くは院外救済をなし崩し的に拡大していった。

（5）「正常」と「異常」の区別について、Durkheim [1956] ch. 3.「アノミー」論について、Durkheim [1930] p. 283 et s.（邦訳、三一三頁以下）。

（6）たとえば一八八六年の失業率は一〇%を超える（Kidd [1999] p. 58）。

（7）日本のイギリス研究では、idealism がしばしば「理想主義」と訳されている。しかし、それはプラトン、ヘーゲルなどに共通する哲学的傾向を指す語であり、「観念論」と訳すことが適当と思われる。

（8） この時期の社会政策をめぐる思想対立はMcBriar［1987］に詳しい。

（9） 具体的には、労働能力のある貧民が、(1)一時的な生活援助が必要な者、(2)長期的な職業訓練の対象となる者、(3)拘留と規律化が必要な者に区分され、異なる対応が提案される（*Report of the Poor Law Commission* ［1909］p. 15, p. 35）。

（10） フリーデンは、ベヴァリッジの思想が左派リベラルと中道リベラルの折衷であるとする（Freeden［1986］p. 366）。J・ハリスは伝統的な経済学（political economy）から出発し、徐々に社会改革へとシフトし、行政的集権論と進歩的リベラルを結合した、と評する（Harris［1999］pp. 23-36）。

（11） 「社会的排除」概念の英仏比較として、Silver［1994］; Room［1995］; 福原［二〇〇七］などがある。

（12） 近年のフランスにおける「社会的なもの」をめぐる議論の対抗について田中［二〇〇八］を参照。

参考文献

安保則夫［二〇〇五］『イギリス労働者の貧困と救済――救貧法と工場法』明石書店。

大沢真理［一九八六］『イギリス社会政策史――救貧法と福祉国家』東京大学出版会。

田中拓道［二〇〇六a］『貧困と共和国――社会的連帯の誕生』人文書院。

田中拓道［二〇〇六b］「社会契約の再構成――社会的排除とフランス福祉国家の再編」『社会政策学会誌』第一六号、七七～九〇頁。

田中拓道［二〇〇八］「労働の再定義――現代フランス福祉国家論における国家・市場・社会」『年報政治学』二〇〇八年第I号、一一～三六頁。

福原宏幸編著［二〇〇七］『社会的排除／包摂と社会政策』法律文化社。

Beveridge, William [1942] *Social Insurance and Alied Services*（山田雄三監訳［一九六九］『社会保険および関連サービス——ベヴァリジ報告』至誠堂）.

Beveridge, William [1948] *Voluntary Action: a repport on methods of social advance*, London.

Booth, Charles [1902=1970] *Life and Labour of the People in London,* 1st series, vol. 1, reed., AMS Edition.

Bosanquet, Bernard (ed.) [1895] *Aspects of the Social Problem by various writers*, London.

Bourgeois, Léon [1901] *Les applications de la solidarité sociale*, Paris.

Bourgeois, Léon [1907] «L'idée de solidarité et ses conséquences sociales», in *Essai d'une philosophie de la solidarité*, Paris.

Bourgeois, Léon [1912] «L'idée de solidarité et ses conséquences sociales: 1 La justice sociale, conférence du 6 novembre 1901», in *Solidarité*, 7e éd., Paris.

Buisson, Ferdinand [1908] *La politique radicale: étude sur les doctrines du parti radical et radical-socialiste*, Paris.

Castel, Robert [1999] *Les métamorphoses de la question sociale: une chronique du salariat*, Paris, Gallilard.

Castel, Robert et Laé, Jean-François (dir.) [1992] *Le revenu minimum d'insertion: une dette sociale*, Paris, Harmattan.

Collini, Stefan [1979] *Liberalism and Sociology: L. T. Hobhouse and political argument in England, 1880-1914*, Cambridge, Cambridge University Press.

Collini, Stefan [1993] *Public Moralists: political thought and intellectual life in Britain, 1850-1930*, Oxford, Clarendon Press.

Conseil économique et social [1987] *Rapport de Wrésinski: Grande pauvreté et précarité économique et sociale*, Journal Officiel.

d'Allondans, Alban Goguel [2003] *L'exclusion sociale: les métamorphoses d'un concept (1960-2000)*, Paris, Harmattan.

Dean, Hartley and Taylor-Gooby, Peter [1992] *Denendency Culture: the explosion of a myth*, New York, Harvester Wheatsheaf.

Donzelot, Jacques [1984] *L'invention du social: essai sur le déclin des passions politiques*, Paris, Fayard.

Donzelot, Jacques (éd.) [1991] *Face à l'exclusion: le modèle français*, Paris, Editions Esprit.

Duguit, Léon [1920] *Les transformations générales du droit privé depuis le Code de Napoléon*, 2e éd., Paris.

Dupeyroux, Jean Jacques [2001] *Droit de la sécurité sociale*, 14e éd., Paris, Dalloz.

Durkheim, Emile [1893=1998] *De la division du travail social: études sur l'organisation des sociétés supérieures*, 5e éd., Paris（田原音和訳［一九七一］『社会分業論』青木書店）.

Durkheim, Emile [1930] *Le suiside: étude de sociologie*, Paris, Presses Universitaires de France（宮島喬訳［一九八五］『自殺論』中公文庫）.

Durkheim, Emile [1956] *Les règles de la méthode sociologique*, Paris, Presses Universitaires de France（宮島喬訳［一九七八］『社会学的方法の基準』岩波文庫）.

Ewald, François [1986] *L'Etat-providence*, Paris, Grasset.

Fairclough, Norman [2000] *New Labour, New Language?*, New York, Routledge.

Ferguson, Adam [1793] *An Essay on the History of Civil Society*.

Finlayson, Geoffrey [1994] *Citizen, State, and Social Welfare in Britain 1830-1990*, Oxford, Clarendon Press.

Forrest, Alan [1981] *The French Revolution and the Poor*, Oxford, Basil Blackwell.

Fouillée, Alfred [1909] *Le socialisme et la sociologie réformiste*, Paris, Félix Alcan, 1909.

Freeden, Michael [1986] *Liberalism Divided: a study in British political thought 1914-1939*, Oxford, Clarendon Press.

Furet, François [1978] *Penser la Révolution française*, Paris, Gallimard（大津真作訳［一九八九］『フランス革命を考える』岩波書店）.

Green, Thomas Hill [1879=1999] *Lectures on the Principles of Political Obligation and Other Writings*, Cambridge, Cambridge University Press.

Harris, José [1992] "Political Thought and the Welfare State 1870-1940: an intellectual framework for British social policy", *Past and Present*, no. 35, pp. 116-141.

Harris, José [1993] *Private Lives, Public Spirit: a social history of Britain 1870-1914*, Oxford, Oxford University Press.

Harris, José [1995] "Between Civic Virtue and Social Darwinism: the concept of the residuum", in David Englander and Rosemary O'Day, *Retrieved Riches: social investigation in Britain 1840-1914*, Hants, Scolar Press.

Harris, José [1999] "Beveridge's Social and Political Thought", in J. Hallis, J. Ditch and H. Glennerster (ed.) *Beveridge and Social Security: an international retrospective*, Oxford, Clarendon Press.

Harris, José [2003] "From Richard Hooker to Harold Laski: changing perspectives of civil sociey in British political thought, late sixteenth to early twentieth centuries", in *Civil Society in British History: ideas, identities, institutions*, Oxford University Press.

Hay, J. R. [1975] *The Origins of the Liberal Welfare Reforms 1906-1914*, London, Macmillan Press.

Himmelfarb, Gertrude [1991] *Poverty and Compassion: the moral imagination of the late Victorians*, New York, Alfred A. Knopf.

Hobhouse, L. T. [1911=1994] *Liberalism and Other Writings*, Cambridge, Cambridge University Press.

Jones, G. Stedman [1971] *Outcast London: a study in the relationship between classes in Victorian society*, New York, Pantheon Books.

Jones, Henry [1919] *The Principles of Citizenship*, London.

Kidd, Alan [1999], *State, Society and the Poor: in nineteenth-century England*, London, Macmillan Press.

Lallemand, Léon [1898] *La Révolution et les pauvres*, Paris.

Laroque, Pierre [1946] «La plan français de sécurité sociale», *Revue française du travail*, no. 1.

Laroque, Pierre [1993] *Au service de l'homme et du droit: souvenirs et réflexions*, Paris, Association pour l'Etude de l'Histoire de la Sécurité Sociale.

Le Play, Frédéric [1864] *La réforme sociale en France. Déduit de l'observation comparée des peuples européens*, 2 vol.

Lenoir, René [1974] *Les exclus: un Français sur dix*, Paris, Seuil.

Levitas, Ruth [2005] *The Inclusive Society?: social exclusion and new labour*, 2nd ed., London, Pargrave.

Macnicol, John [1987] "In Pursuit of the Underclass", *Journal of Social Policy*, 16-3.

Marshall, T. H., [1949] *Citizenship and Social Class*, London（岩崎信彦、中村健吾訳［一九九三］『シティズンシップと社会的階級――近現代を総括するマニフェスト』法律文化社）.

McBriar, A. M. [1987] *An Edwardian Mixed Doubles: the Bosanquets versus the Webbs, a study in British social policy 1890-1929*, Oxford, Clarendon Press.

Murray, Charles [1989] *The Emerging British Underclass*, London.

Naville, Français Marc Louis [1836] *De la charité légale, de ses effets, de ses causes, et spécialement des maisons de travail, et de la proscription de la mendicité*, 2 vol., Paris.

Palier, Bruno [2002] *Gouverner la sécurité sociale: les réformes du système français de protection sociale depuis*

1945, Paris, Press Universitaires de France.

Paugam, Serge [1993] *La socété française et ses pauvres*, Paris, Presses Universitaires de France.

Paugam, Serge (dir.) [1996] *L'exclusion: l'état des savoirs,* Paris, Editions la Découverte.

Poynter, J. R. [1969] *Society and Pauperism: English ideas on poor relief, 1795-1834*, London, Routledge and Kegan Paul.

Procacci, Giovanna [1993] *Gouverner la misère: la question sociale en France (1789-1848)*, Paris, Seuil.

Report of the Poor Law Commission [1909] reprinted from *The Times*, London.

Room, Graham [1995] "Social Quality in Europe: perspectives on social exclusion", in W. Beck et al. ed., *The Social Quality of Europe*, London, Policy Press, pp. 255-262.

Rosanvallon, Pierre [1985] *Le Moment Guizot*, Paris, Gallimard.

Rosanvallon, Pierre [1990] *L'État en France de 1789 à nos jours,* Paris, Seuil.

Rosanvallon, Pierre [1995] *La nouvelle question sociale: Repenser l'État-providence*, Paris, Seuil（北垣徹訳［二〇〇六］『連帯の新たなる哲学——福祉国家再考』勁草書房）.

Rosanvallon, Pierre [2004] *Le modèle politique français: la société civile contre le jacobinisme de 1789 à nos jours*, Paris, Seuil.

Rose, Michael E. [1971] *The English Poor Law 1780-1930*, Newton Abbot, David and Charles.

Rowntree, B. Seebohm [1901] *Poverty: a study of town life.*

Smith, Adam [1795] *An Inquiry into the Nature and Causes of the Wealth of Nations*.

Silver, Hilary [1994] "Social Exclusion and Social Solidarity: three paradigms", *International Labour Review*, no. 33, pp. 531-578.

Thatcher, Margaret [1993] *The Downing Street Years*, Harper Collins.

The Poor Law Report of 1834 [1974] edited by S. G. and O. A. Checkland, London, Penguin Books.

Topalov, Christian [1994] *Naisssance du chômeur, 1880-1910*, Paris, Albin Michel.

Vincent, Andrew and Plant, Raymond [1984] *Philosophy, Politics and Citizenship: the life and thought of the British idealists*, Oxford, Basil Blackwell.

Villeneuve-Bargemont [1834] *Économie politique chrêtienne, ou Recherches sur le paupérisme*, 3 vol., Paris.

Webb, Beatrice [1979] *My Apprenticeship*, London, Press Syndicate of the University of Cambridge.

Webb, Sidney and Beatrice [1909] *The Break-up of the Poor Law: being part one of the Minority Report of the Poor Law Commission*, London.

Welshman, John [2006] *Underclass: a history of the excluded, 1880-2000*, London, Hambledon Continuum.

第4章　農業分野への介入・保護とその性質変化

古内　博行

1　はじめに

本章の課題は、「自由と公共性――介入的自由主義とその思想的起点」という本書のテーマに沿って農業分野への介入の正当化にまつわり農業保護の歴史的根拠について明らかにし、また思想としての介入的自由主義がその制度化へと変遷をたどるなかで、農業保護をめぐる共同利害の結集が社会的連帯や社会的包摂といった事象と歴史具体的にどのように関わるのかについて、若干の意見を述べることである。主たる課題はいうまでもなく前者にあり、後者は筆者が農業保護に関連して認識している論点を補足的に問題提起することとする。その場合議論の素材とするのがナチス農業政策とEU（欧州連合）の共通農業政策（Common Agricultural Policy、以下CAPと略記）の二つである。いわば二段構えでの論及ということになるが、おおまかにいえばヨーロッパ農業史の文脈で一九三〇年代以降の農業保護に関する問題点の整理をおこなうということである。

それは本書のテーマを貫く主題である介入的自由主義との関係でいえば、一九世紀末から二〇世紀初頭の世紀転換期に思想史的に登場する介入的自由主義が、農業分野での制度化の途を歩む点に鑑みて世界恐慌の激震が走る最中の一九三〇年代初めに露呈する小農――当時のドイツとしては自家労働力に依拠し、耕種部門を副業的に兼営する五~五〇ヘクタール規模の農民的畜産経営とほぼ同義である――の経営危機との関わりにおいて、二つの農業政策を直接統制と間接統制の枠組み[1]とその変遷から比較史的に検討するということにほかならない。農業分野において取り込まれるに至る公序ないし社会秩序――これらは簡単にいえば利害共有の社会性または団体性のことである――としての介入的自由主義を議論するわけだが、つまりは、先に挙げた二つの素材を立ち入って検討しながら直接統制から間接統制への流れ、そして一九九〇年代から今日において連綿と続いている間接統制の変節を説明することにより農業保護の歴史的な性質変化を明らかにし、そのうえで農業保護に関する筆者なりの位置づけを提示したい。

2　ナチス農業政策と介入的統制主義

ナチス農業政策は一九二〇年代中葉の相対的安定期において成長分野だと期待された酪農、養豚部門への投機的ともいえる集中的な過剰投資に向かった農民的畜産経営を反動的に見舞う畜産恐慌(一九二六~二八年)を経て一九二〇年代末以降における世界農業恐慌の渦に呑み込まれたドイツ農業の危機を救済するという喫緊の課題を担うものとして登場する。その点で後に触れるように部分的だが、資本蓄積メカニズムから抜け落ちた農業部門の再包摂（小農の構造的維持・再生産）を図ろうとする先進国農政の歴史的転換を共有する。非関税障壁の国境調整措置を前提とする農業保護の「内部化」――いわゆる価格政策がその最も代表的なものである――がそれである。一九世紀末ヨーロッパ農業恐慌から世界農業恐慌までは関税という国境調整措置による農業保護が基本線であったから農業保護のこの「内部化」は劇的変化である。そこでいかにしてその内部化が図られるに至ったか、これが第一に検討されるべき論点となる。

そのなかで真っ先に挙げられるのはワイマール期ドイツ農業の全面的な破綻が、ナチス指導者に決定的に重要視されるという事実である。一九三〇年当時党の農政局長で後一九三三年六月に食糧・農業相になるダレー（Richard Walther Darré）により、全国農業連盟など既存農業利害団体を一掃するために古ゲルマン思想にもとづくゲルマン自由農民国家における国防身分（Wehrstand）ならびに食糧身分（Nährstand）としての農民層の尊い存在価値性という、農本主義的小農観を背景とするプロパガンダが農村浸透を目指して繰り広げられ、急テンポでの農村進出をバネにしてナチスが劇的な党勢拡大をみせるのはこの辺の事情に由来している。そこでの爆発的な政治的成功に促されて、ヒトラーは政権掌握直後の一九三三年二月一日における第一次四カ年計画公表に際し、失業問題の解消と並んで農業救済を最優先の政策課題として強調する。この場合ヒトラーが公約した農業救済とは明確に農民救済のことであった。したがって、表向きには農業問題への国家の介入は農民救済を目的として意図されていたといってよい。それだけにまもなく触れるように、農業分野への強烈な国家介入が十分予想された。事実、そのとおりになる。

さらに立ち入って社会的連帯ないし社会的包摂との関連から農業保護の形態についての議論を進めると、『ワイマール文化』を著したピーター・ゲイ（Peter Gay）は、アウフブルーフ（曙）やゲマインシャフト（共同体）という言葉が一九二〇年代から一九三〇年代初めにかけてほとんど魔術的でなおかつ護符としての祈りを帯びた響きをもって、ワンダーフォーゲル運動などの青年運動に受け入れられたと指摘している。(2) このような状況をテコにして、一九二〇年代にはドイツ社会民主党とドイツ共産党の近親憎悪による骨肉の争いの果てに、第二インター時代に獲得した神話的威信を完全に失墜させたマルクス主義とは対照的に民族共同体（Volksgemeinschaft）から村落共同体（Dorfgemeinschaft）に至る語彙を縦横に駆使しながら国民社会主義（Nationalsozialismus）の神話的政治を推し進めたのがナチスだったのだが、そのナチスにドイツ革命封じ込めの政治的代償として支払った労資協調路線を中心的な内容とするワイマール民主主義下での利益誘導の政治から取り残され、激しい生活の落下感に懊悩していた民衆（農民に代表される下層中産階層）は能動的な自己放棄――「全体性 das Ganze なるもの（ナチ党綱領第一〇カ条に盛り込まれた公共［性］の利益 die Interessen der Allgemeinheit とも重なり合う）への自己陶酔的な渇望」と同義である――へと雪崩を打つ。こうした事実が社会的連帯や社会的包摂という視角からみた場合の第二の論点となる。

以上のかぎりではナチス指導者の側にはそうした自己放棄――これがナチス流の社会的連帯（組

織化）にほかならない――に応えうる公序を打ち立てる独特の重圧が加えられていたといってよい。ナチス流の社会的包摂は民衆の自己主張（表出）と、それに由来する公と私との緊張とは無縁な所に位置するうえに、まもなく触れる事情によりここには介入的自由主義とは一線を画す「介入的統制主義」とでもいうべき政策方向が選択される根拠がある。すなわち、直接統制による事態の乗り切りで、価格統制にもとづく管理価格制度がそれにあたる。ここでは市場原理が完璧に抑え込まれている。当時のナチス農業文献ではこのような制度的仕組みは「市場統制」（Marktordnung）と表現されていた。[3] ナチス農業政策は統制原理を拠り所にしていた。そこでは農業利害団体の一元的官製化が前提とされていたわけである。それをテコにして成立する農政をここではひとまず農業保護の「剛構造的な対応」とでも表現しておこう。これが第三の重要な論点である。

強制的同質化（Gleichschaltung）による労働組合の無力化と、ドイツ労働戦線（Deutsche Arbeitsfront）への組織再編の下で労働者の賃金が強権的に恐慌水準に据え置かれていたこととの連動関係において、農業保護も市場の価格形成機能を生かす間接統制に委ねるのには鋭い限界が画されているから、民生安定（消費者保護）と農業保護との綱渡り的な調和を保つために価格統制という政策手法が採用される。これは後におけるＣＡＰの間接統制の歴史を通観すると緊急的・過渡的手法と位置づけられうると考えられる。一九三三年九月におけるあらゆる農業生産者、関連加工業者、関連流通業者を網羅した農政の職能的統制機関である全国食糧職分団（Reichsnährstand）の設立にみられるように、農業問題に対する国家権力の発動は極めて強烈であったが、農業救済を迫られなから、実際のところ農業保護、しかも農民保護に直線的に向かわないのがナチス農業政策の形態的特質である。

そして、一九三四年前半の厳しい干ばつに起因する穀物調達措置の導入を契機として流通システムも統制されていく。穀物調達措置は当初緊急措置であったが、実は価格統制から物流統制システムへの進捗はナチス経済にとって不可避の経路であった。自由が自由を呼ぶのとはまさに対照的に一旦そこに踏み切られれば統制は統制を呼ばずにはいないからである。この動きがパン用穀物の調達を起点にして第一次四カ年計画途中に常態化することになる。ここではパン用穀物を初めとする農産物はもはや商品ではなく、政府物資と化している。その背後にはむろん各種の陰湿な警察強制と政治的な抑圧・監視が働いていることはいうまでもない。ナチス体制はたとえ平時経済をまとっていた場合でも常時戦時体制の性格を帯びていた。一九三四年九月に始まる新計画（der Neue Plan）による軍事化と経済的アウタルキー化路線はその現れである。先に指摘したダレーの小農観は同年一一月における生産拡大至上主義を骨子とする農業生産戦（Erzeugungsschlacht）の開始で花開く。そして一九三六年九月の第二次四カ年計画では常時戦時体制の特徴が顕在化し、四年以内での経済的戦争準備体制が敷かれ、実質的に「戦時統制経済」と化していくわけである。

ところでこのような直接統制の段階的強化にしたがって農業保護も農民保護という性格から離反し[4]、経営裁量性に対する自由への制約も極度に強まる。もともと価格統制下では畜産・酪農品は穀物に比べて劣等待遇されていたが、一九三五年秋以降それが鮮明になり、さすがに農民との間で私的イニシアチヴの行使をめぐる軋轢が深まっていく。もともと農民などの下層中間階層は全体性を希求するとはいいながらも「私」というものの崩壊に直面して「私」の再生のためにナチスへと自己放棄したわけであるから、その意味で公と私には両者並び立たずといったジレンマに陥る微妙な関係性が本来的に孕まれていた。そうした事態がさらなる直接統制を促すことになるが、それは食糧不足の危機的事態が背景に存在するからである[5]。そこには価格政策の内部化という共通な土俵に立ちながら介入的統制主義に帰着せざるをえず、結果として農業保護の「柔構造的な対応」とでもいうべき介入的自由主義、すなわち間接統制を採りえなかったナチスの弱点が垣間みえる。つまり、農民に有効な経済的裏づけを与えることができなかったわけである。

その弱点を相殺するために農民の尻を精神主義的に叩くべく、各人が自らに課せられた義務のギリギリの可能性を追求して実績能力を発揮し、そのうえで自発的に民族共同体（＝社会 Gesellschaft）に貢献するものとする「行為の社会主義」（Sozialismus der Tat）——正確に理解すると階級関係を根本的に変えようとする点がまったく欠けているので、行為の社会 Gesllschaft 至上主義となる——と「自己責任」［自己義務］（Selbstverantwortung: Selbstverpflichtung）の互いに相補うスローガンが「公益が私益に優先する」（Gemeinnutz geht vor Eigennutz）という古ゲルマン的な公共性原則の下で訴えられるが、次第に色褪せていく農業（農民）保護のなかで、食糧の供給制約から第一次大戦中の食糧封鎖による悲惨な戦争体験を重ね合わせて不満を募らせる民衆をなだめるために、食糧自給率向上に向けた現実直視の農業生産戦の展開を余儀なくされるナチス体制指導部の焦燥感とそこからの手っ取り早い脱出口としての対外的な空間膨張衝動が生まれてくる。後者はドイツ経済が生き延びる生存圏（Lebensraum）構想として打ち出されてくるのは、よく知られていることであろう。

この点で付言しておけば、国防の自立と密接に関わり食糧安全保障論（food security）[6]を主張した――「食糧自給なくして国防の自立なし」（Ohne Nahrungsfreiheit, keine Wehrfreiheit）――のがナチスであった。食糧安全保障論は軍備と結びつき、これを政策的に強調する場合には両者の不可分な関係への関与から免れず、歴史的にナチスというものと向き合うことにならざるをえない点に注意が必要である。これは今日なお重要な歴史認識だが、当時においてそうした食糧安全保障論の延長線上に政府物資受渡しシステムは消費統制、そして配給制へとつながる。これもまた一九三六年から一九三七年にかけての出来事であった。ここまでくると農業（農民）保護も民生安定もおぼつかなくなり、ナチス流の自己放棄的な社会的包摂ないし社会的連帯の無理も露呈されてくる。とくに民生安定の深刻な動揺に関しては、それはかねてよりヒトラー（Adolf Hitler）が神経症的に脅えていた事態にほかならない。ナチス体制に関する瓦解の内在的な要因が胚胎してくるからである。これはヒトラーにとってはまさしく自らが呼称する「革命」にとって「反革命」を呼び起こす重大な要素を含意した。

3　CAPと所得補償的価格政策の盛衰

ある意味ではナチスが抱え込んだ農業保護に関する以上の矛盾を反面教師としたのではないかと推測されるが、第二次大戦後は社会主義体制との対峙関係の下における資本主義の体制的藩屏としての農民の高まる政治的重要性に促されつつ、農業利害の圧力団体的活動の再開・内容整備とともにヨーロッパ経済統合の影響下での農業部門の先駆的統合の実現という事情が重なり、介入的自由主義が農政の豊かな可能性を切り拓く農業保護の制度的基本線として選択されることになる。すなわち、市場の価格形成機能を生かした間接統制である。そこでヨーロッパの場合に特徴的なのは、もはや不可避となった経済統合の推進の下で所得補償的価格政策が制度の骨髄をなし市場価格形成を実質的に誘導する役割を果たす強力な保護システムとしてCAPに結実する事実であった。

過渡期としてのナチス期、戦後復興に続く一九五〇年代をも貫いて一九三〇年代以降、農業問題に対する「国家」の介入は社会政策的および階級宥和的公共福祉（Gemeinwohl）という大義名分の下に本格的な小農維持策といった体制内スタビライザー装置として体系化され、洗練されていくというわけである。間接統制の「定着」ないし「恒常化」という事実がここで強調される点である。そこで直接統制から間接統制へのシフトの下で農民の部分的再包摂から全面的な再包摂へと政策的旋回がおこなわれる。これは農業保護の剛構造的対応から柔構造的対応への完全なる変身を意味する。以上がＣＡＰへと農政の仕組みが入れ替わるなかでの第四の論点となる。

そこで次にＣＡＰの保護システムに関する歴史的根拠と公共性を立ち入って論じることにする。ＣＡＰの保護システムは食糧自給度が低かった戦後において政策価格の所得補償機能を制度的根幹としてウエーバー制度をＧＡＴＴ初期に実現したアメリカへの歴史的対抗という意味合いの下に制度化される――だからといってＣＡＰが食糧自給体制を目指していたというのは間違いである。それはまもなく触れる手厚い価格政策の帰結にすぎない。主要農産物が自給率一〇〇％に達する事態をＣＡＰに投影させてはならない。ナチスの記憶が生々しいなかで各国はせいぜい安定供給の確保を主張できるにすぎないはずである――。ヨーロッパ経済統合の象徴としての農業分野の統合という掛け声のなかで大陸西ヨーロッパ的規模において農民を社会的に包摂するテコとして、ＣＡＰは農相理事会などにおける徹夜でのマラソン交渉に端的に窺われるように各国農業利害の瀬戸際折衝(brinkmanship)という極めて高度な政治性を帯びながら発足する。経済統合という実質を伴っていたために、その独自の発展軌跡から生まれる他の先進国には決してみられぬ重層的な妥協という点に、農業保護が強烈に展開された結果農工間労働生産性逆格差に帰着して所得格差の縮小を実現した農政成果の鍵がある。むろんそれだからといって農民層分解の動きが止まることはないとはいえ、一九三〇年代にみられたような小農経営危機は完全に後景に退く。

先に指摘した柔構造的な対応は農業利害団体の自由な活動を前提とするので、そのような多元的な活動を各国間にまたがって集約するのが高度に妥協的な所得補償的価格政策であった。そしてこうした幾重にも重なった高度な政治判断を孕む政策価格による間接所得補償方式に農民は合意を示す。CAPはこうした農民の支持調達の下に運用されることになる。したがって、社会的包摂としては、CAPは農業経営を成り立たせる意味合いにおいて強い誘因力を発揮したといえる。そのかぎりで確かにCAPはヨーロッパ経済統合の象徴として聖域化される根拠を有していた。実際そうしたなかで工業の労働生産性上昇を上回る農業の労働生産性上昇がみられたことは上述したとおりである。

すなわち、間接統制による農民の経営展望性は一挙に開けた。この間接統制の保護がなければ限界経営の農業離脱は大規模になっていたはずである。その意味で可変輸入課徴金による鉄壁のガードと補助金つき輸出の過剰処理バッファを非関税障壁の国境調整措置とする手厚い所得補償的価格政策の展開は自然の成り行きであった。アメリカの農業保護の先例に追随しつつ、EU独特の堅固な保護システムが形成されたというわけである。ここにはEUのしたたかな国際的農業戦略がある。戦後構築すべき新たな社会的公共性として公認されている経済統合の枠組みにおいて、CAPはまさしく介入的自由主義を体現するシステムとしてナチス農業政策とは歴史的な一線を画すことになる。一九七〇年代、あるいは少なくともその後半頃まではこのような「創られた」CAP聖域化を謳歌するなかで所得補償的価格政策が絶頂期を迎える――もっとも所得補償的価格政策が制度的に運用開始されるのは一九六〇年代末であるから、過渡期を含めても絶頂期は意外に短いものであった――。この場合、所得補償的価格政策は公序の核心をなしており、その下で経営の裁量性が容認される仕組みであった。自由と公共性は運よく並び立ったのである。

そこで、CAPの行き過ぎた所得補償的価格政策は農業の技術革新、農産物の生産性上昇を促すとともに供給力の鋭角的な増大を生み出し、穀物、牛肉、牛乳など主要農産物が軒並み自給率一〇〇%を大幅に超え、構造的な過剰問題が深刻化する。(7) その結果CAPは買い入れ介入費、貯蔵管理費、輸出補助金の膨張を招いてEC財政の最大の圧迫要因となる。一九八〇年代前半には早くもEC財政危機は切迫した問題となった。CAPはヨーロッパ経済統合の象徴から一転金食い虫との厳しい評価を下される。またここには大規模層に傾斜した所得分配効果の歪みがあった。つとに指摘されるように、二〇%の大規模農民が八〇%の所得支持を占めるという問題点が浮かび上がってきた。ヨーロッパ経済統合の柱であったCAPは信用を失墜させ、社会的連帯ないし社会的包摂の論理としてのレーゾン・デートルを問われる事態に直面したわけである。

間接統制はむろん先にも述べたように多元的利害の調整として圧力団体の存在を前提にするが、過剰問題と政策価格の需給調整機能、所得分配効果の歪みをめぐって各国の農業利害も大きく揺さぶられることになる。そこでここでは詳述しないが、様々な対症療法的な改変が繰り返されていく。(8) それにもかかわらず肝心の過剰問題は鎮静するどころかむしろなおさら激化する。そのなかでCAPに関わる抜本的改変への内圧はEC財政危機のあおりをまともに受けて予想以上に強まるわけである。セット・アサイド措置（耕種部門）、クォータ（生産割当）［超高率賦課金 superlevy］制度（牛乳部門）にみられるように経営への制約が課せられることになり、これはかつて手厚い価格政策の温床になってきたものの、自由と公共性に関する関係性の変容のなかでもはや改変への縛り以外の何物でもなくなってきた各国農業利害の瀬戸際折衝というCAPに随伴する大きな障害が溶解しかける契機となる。

問題はむろん、それだけではない。一九八〇年代の時期から徐々に農業の環境に対する負荷効果が問われ、この外部不経済に関わる新たな社会的公共性をめぐる問題状況の変化からもCAPは大きな試練にさらされる。つまり、環境保全型農業がクローズ・アップされる今日まで続く大きな流れが出来上がる。その点でも所得補償的価格政策が農業保護としての限界に達した。所得補償的価格政策に代わる公序が要請されるに至った。一九九二年のマクシャリー農政改革はその歴史的画期を記す。ここには農産物貿易自由化を錦の御旗に掲げケアンズ・グループを自陣営に取り込もうとするアメリカのCAP解体戦略を主因として一九三〇年代以降における農業保護の「内部化」を是正しようとする国際的な環境変化が存在した。以上がCAPの直面した試練との関係で留意されねばならない第五の論点である。

4　CAP改革と農村開発政策

そこで一九八六年のプンタ・デル・エスタ宣言に始まるウルグアイ・ラウンド農業交渉においては各国の農業政策の中身自体を吟味することが争点となり、非関税障壁の包括的関税化（tariffication）――この動きは介入的自由主義が農業分野において制度化する以前の時代に先祖返りすることを示すが、時計の針を元に戻すこの変化に一九三〇年代前半より五〇年余の時を経て手をつけられた点がなお特筆されるべき事実であろう――とともに各国国内農業政策の許容、非許容の厳しい選別が「赤の政策」（red box――後に破棄）、「黄色の政策」（amber box）、「緑の政策」（green box）として具体化したのは周知の事実である。これがCAP改変にまつわる外圧となる。そしてこの外圧をテコに歴史的な改変に着手される。この経緯を抜きにしてマクシャリー農政改革は語れない。しかもEU独特の硬軟自在なプラグマティズムの展開としてマクシャリー農政改革が国際的なそれを先導するかたちで進行し、その結果CAP解体を推し進めようというアメリカの世界農業戦略は暫時棚上げされ、輸出大国どうしのEUとアメリカとの間で利害の一致をみて支持削減を執行猶予的に免除される「青の政策」（blue box）入りの妥協が合意されるという、もうひとつの重要な経緯が付け加わる。現在、この「青の政策」の存続ないし認知（正式措置への格上げ）をめぐりその内容修正とともにWTO農業交渉の水面下で激しい駆け引きが展開されているところである。

ここでマクシャリー農政改革に立ち戻ると、そこではこれまでの間接所得補償から直接所得補償への歴史的転換がなされ、新たな農業保護の局面に入る。政策価格のドラスティックな引き下げに伴う市場原理の活用が農業保護の基本線となり、価格政策的に薄められた農業保護を穴埋めするために農村開発政策が展開されるようになる。価格政策が投機回避に向けた価格変動防止機能のセーフティ・ネット機能にシフトする傾向が強められるなかで「多機能性」（multifunctionality）に集約される農村社会の多面的機能論が「ヨーロッパ農業モデル」(a European model of agriculture) のスローガンの下に打ち出されていく。リーダー (Liaison Entre Actions de Développement de l'Economie Rurale: LEADER) と呼ばれる「農村経済開発活動間の相互交流」の連携事業や「適切な農業・環境条件」(good agricultural and environmental condition) の維持を謳った義務的クロス・コンプライアンスがその典型例であるが、このように価格政策が簡素化というかたちに衣替えしていこうとする反面で、農村開発政策といった空間的な誘導政策の余地が拡がっているのが今日的なＣＡＰの姿である。過剰問題の圧力を受けた価格政策の改変の積み増しが、結局は環境保全型農業の維持や価格政策の歪みの問題と相俟って、こうした地点にまで農政改革の枠組みの組み替えに帰着したといってよい。実際、二〇〇〇年代に入っても持続するＣＡＰ改革では第一の柱である価格政策から第二の柱である農村開発政策へと重心を移していくことが焦点となっている。農政史上における不可逆の変化が確実に進んでいるわけである。第六の論点として指摘されるのは以上の経緯にほかならない。

ここに働いているのは以下のようなゆるがせにできない重大な要因である。すなわち、「産業としての農業がいかに再生し、生活の場としての農村がいかに自立していくのか」といった長期的かつ本格的な再編問題が鋭く問われるようになったという事情である。農業も農村社会があって初めて成り立つ。価格政策の歴史的な後退の後で改めてクローズ・アップされてきたのはこの点であった。この農業・農村地域再編は条件不利地域や過疎地域に限られるものではなく、広く条件良好地域である平坦部をも含んでEU全体を見通す包括的な施策を要請し、もはや時間稼ぎの発想では済まない問題性を秘めている。価格政策の抜本的改変がおこなわれても本格的な農業再編につながらないのでは意味はない。

したがってなおさら「ヨーロッパ農業モデル」はそれを提唱する欧州委員会からすれば、EU農業の特性を強調するキー・ワードであり、WTO農業協定における非貿易的関心事項（non-trade concerns）に沿うものと考えられているわけである。すなわち、それをスローガンにして別種の体制内スタビライザー装置が模索され、介入的自由主義の屈曲とでもいうべき変質がみられる。農業保護に新たに柔構造的な対応の変異ともいうべき事態が生じたのである。これは従来の介入的自由主義が二〇世紀末の時点において新たな変容過程をたどる歴史的な転換期に入ったかどうかの問題を指し示す重要な一端であり、もしかしたら新自由主義との関連で捉えられる事柄といってよいかと思う。ただし、ここで「もしかしたら」という留保をつけて新自由主義にすべて下駄を預けるのに慎重なのはまもなく触れる理由からである。

むろん、多面的機能論は国際舞台の場では農業保護の変形であるとの批判を受けているが、間接統制の変節のなかで所得分配効果の歪みを正し——この点は今日モジュレーション（減額調整措置）として具体化している——、農民（または村民）を新種の連帯の場に結集させるという意味での社会的再包摂が食糧確保（food security）機能、環境保全機能、景観維持機能、余暇空間機能、文化継承機能としての農村社会といった多様な空間政策の装いの下に推し進められている。これは市場原理では律し切れない公益的な財・サービス機能に着目する農村社会維持政策であるが、他面コミュニティによる新たな管理活動の出現でもある。たとえば、コミュニティの孕む自治機能が抑圧機能として作用することが十分に考えられる。この点はコミュニティの規模が相対的に小ぶりなEUの場合より強く働こう。したがって、管理活動を濃厚にまとっている点で、多面的機能論は外部経済効果への積極的評価とは裏腹にこれまでとは違う公と私の緊張を生むものと思われる。それはボトムアップ型であるにせよ、コミュニティによる経営介入の側面を免れるものではないからである。

たとえば、マクシャリー農政改革により実現の運びとなった直接所得支払いにまつわる卒業の論理についての有無の問題に関して、近年政策選択肢としての認知度を急速に高めつつあるボンド・スキーム構想（廃止を前提とした時限つきの——例としてあげれば一五年から二〇年の期間——証券による直接所得支払い方式(9)）では生産と土地からの二重のデカップリングによって経営に対する介入が排除され、効率的な経営者に向けてその裁量性が完全に自由化されるとの想定に立っているが、他方現在採用・実施されている義務的クロス・コンプライアンスは公共的介入性を強く滲ませる内容となっている関係においてそうした想定とは一八〇度違っている。こうした点にも異なる緊張が鋭く貫き、新たな政策的整合性を保つべき余地が生じるところとなる。つまり、市場原理の活用といった価格政策の新たな公序地平を背景にして、間接統制の変節自体が様々に模索されるなかで自由と公共性の関係性を別次元へと押しやることになるわけである。そうしたなかで上述の関係の折り合いをどうつけるのか、これが問われてくる。

5　農業保護とそのレーゾン・デートル

以上、第一の論点から第六の論点にわたって農業分野への介入・保護に関する議論を進めてきた。そこでまず農業保護に関してそれが一九三〇年代における小農経営危機に端を発して国家的に小農を維持・再生産する公序として資本主義体制に内生化されてきたことを説明してきた。その根拠が戦後価格政策の本格的開花として制度化され、今日変質しながら続いていることをも明らかにしてきた。農民のもつ政治的・経済的な重要性が農業保護に正当化の論拠を与えてきたといってよい。むろん、農業は国民経済的には第二次大戦後一貫して比重を低めるから政治的意味合い（集票基盤）の方が大きくなる。とりわけ冷戦体制下での政治的藩屏《はんぺい》性が大きな意義を有したことは否定できない。したがって、ポスト冷戦期に価格政策の抜本的見直しが図られ、正当化の根拠が農村社会維持政策との関わりに変質してきたのは理由のあることである。しかし、ここで考えなければならないのは、農業保護については究極的な意味での正当化論は成り立たないという点である。「農民であるということだけでなぜ経済支援がなされなければならないのか」といった根本的な疑念が一九九〇年代から今日に至ってEU市民の側から絶えず投げかけられているのがその何よりの証左である。考えてみれば、これは当然の疑問にほかならない。こうした当たり前の問いかけが長年なされずにきたのが不思議なくらいである。それは農民の食糧生産者としての独特な性格に帰すわけにはいかない論点だといえる。

たとえば、非農業分野の中小零細経営者は農業分野ほど明確な保護の対象となっていないばかりか、融資対策の支援があるものの市場の変動リスクに常にさらされている。同じ中小生産者の間で市場淘汰の圧力をじかに受ける者とそうでない者との格差がつけられている。非農業分野の中小生産者が「保護の政策化」に縁遠い存在であるのは明らかだ。そこからどうしても農業分野は特別扱いされているとの議論が出てこざるをえない。その意味において小農の構造的維持・再生産の論理は通常の想定と違い普遍的なものというわけではない。実際直接所得支払いに口ごもり、「政府が毎年、今年はこれだけ補助金を出すと発表する時が一番嫌だ。みんなの嫉妬を感じる」とのストレスに近い複雑な心境を吐露するEU農民がいる。それはこれまでの農政の社会的包摂の論理が農民の側からも問われるに至った証しである。これは営農意欲如何に関わる極めて重要な問題点であり、消費者負担型農政の時代には必ずしも浮かび上がっていなかった懸念すべき問題状況であろう。そうした今日的な問題状況を俯瞰しながら農業保護というものを改めて真正面から検討しようとすれば、従来ややもすると等閑に付されてきたこれらの論点を避けて通るわけにはいかない。こうした問題点をただ新自由主義への思潮変化に帰そうとするだけでは真を逸するであろう。

先に指摘したボンド・スキーム構想は農民に対する直接所得支払いを将来的に廃止すべき内容として提示されてきた。そこには「農業も産業である以上ただ農民ということだけで永続的に直接所得支払いを受給することはできない」という発想がある。一九九二年当時イギリスの農相ガマー

(John Gummer) は率直にこうした趣旨の意見表明をおこなっていた。二〇〇〇年代に入ってのEU市民の最大関心事は食品の安全、環境保全と並んで直接所得支払いのあり方にある。一九九〇年代中葉における過剰補償問題に拍車をかけられて直接所得支払いが恒常的なのかそうでないのかが論議の的になってきた経緯がある。ボンド・スキーム構想はこの問題に抜本的に応える政策選択肢として登場してきた。これは所得補償的価格政策の極限形態からの反転としての歴史的な改変による所得激変を緩和するシステムとして導入された直接所得支払い制度にもついにタガがかけられるに至った厳しい状況変化を如実に反映している。消費者負担型農政から財政負担型農政へのシフトのなかでかえって農政の透明性が求められてきたのが規定因である。これも間接統制の変節の所産にほかならない。

6 おわりに

CAPの改変は前節5の末尾で指摘したような問題方向に対処するかたちで進んでいる。二〇〇三年六月におけるフィシュラー農政改革下でのSPSは生産からのデカップリングに踏み込んだ固定支払いとする点でその具体的な処方箋である。つまり、一九三〇年代から農業保護を半ば聖域扱いにし、それを自明視してきた政策方向からの転換が持続的に模索されている。多面的機能論はそうした方向を切り抜けるひとつの有力な論拠となりうるものだが、これは多面的機能フレンズ国では通用する論理ではあるものの、国際的な合意をみるかどうかはいまだ不透明であり、現時点でははっきりいって万能薬というわけではない。そうした点に鑑みると、現在のEUは実に際どい位置関係に置かれている。農業保護が歴史的に大きな曲がり角に立たされているのがわかる。農業保護を所与の前提として受け入れるような局面は確実に変わりつつある。農業分野への介入にはその経緯とは裏腹に正当化されるのに十分な根拠があるとはいえない。先に新自由主義への転換がもっぱらこうした見直しを迫ったのではないとの留保をつけたのは上に述べた理由からである。

これまでの農政史を通観すると介入の仕方や手法が絶えず流動的であると改めて気づくが、そうした流れをたどるのは以上のせいである。それにより農政という楕円において二つの焦点である自由と公共性は様々な政策方向の狭間で揺れ動くことになる。直近の動向として取り上げれば先に挙げたボンド・スキーム構想での経営の自由と義務的クロス・コンプライアンス下での経営制約といった対極的構図はその端的な事例にほかならない。とくに後者に関しては現在二〇〇三年農政改革の中間見直しとして推し進められている健康診断（Health Check）において気候変動、バイオエネルギー、水資源の管理、生物多様性の保全といった新たな要件が加えられ強化されようとしており、焦点がなお複雑化する可能性が大きくなっている。[10] 農業保護のあり方はこの新たな課題に対処するための農村開発政策の振興をめぐってますます流動化しつつある。こうした事情を全体として勘案すると、新自由主義といわれる問題環境の変化のなかで、必ずしも新自由主義の思想にのみ解消するわけにはいかない農業保護にまつわる根源的なレーゾン・デートルの問題提起がなされているといって間違いないと考えられる。自由と公共性の論点もこの課題を重く受け止めるなかで整理されるべきであろう。議論の最後にこのことを指摘して締めくくりたい。

注

(1) 直接統制、間接統制といっても厳密に規定されている概念ではない。ここでは市場の価格形成機能を完全に否定するのが直接統制、そうした機能を何らかの形で生かそうとするのが間接統制であるとみなせば十分である。

(2) Gay [1968] 訳書九四頁。

(3) もっとも、Marktordnung は戦後西ドイツの農産物価格支持制度を説明する用語としても用いられている。その場合には間接統制を指す。その点からいえば市場統制という表現は割り引いて考えられなければならないが、それにしてもナチス体制下の当時において「市場統制」との形容がなされていたことは注目すべきことなのである。

(4) 周知のようにドイツ農業では小農経済が圧倒的比重を占めるものの、ユンカー経営といわれる農業大経営が存在する。世紀転換期に明瞭に没落傾向を示すこの大経営は一九二〇年代に破綻を鮮明にする。ドイツ農業の全面的な破綻という場合にはこの大経営も含まれる。そして政治的に無視しえない力をなお保持している。穀物価格規制の相対的優遇はユンカー経営にとって有利であったことは否定できない。ナチスは小農保護を表看板に掲げながらも、ユンカー優遇策を展開したのである。農業保護が民生安定の問題と相俟って錯綜する性質を帯びるのはこの点に根差している。

(5) ナチス体制下では一九三五年秋に食糧危機が発生する。穀物調達措置に起因する飼料不足の異常な高進による畜産・酪農品の供給不足が事態の真因である。一九三五年晩夏からの価格上昇と闇市場の叢生として失業急減の経済的成果を台無しにするような経済上の隘路が表面化する。食糧不足は外貨危機下でこの時期以降常態化し、ナチス体制の最大のアキレス腱となる。従来のナチス経済研究では軍事化と経済的アウタルキー化の下での軍需スペンディングに導かれた恐慌からの速やかな回復と失業問題の解消に目を向けられ、この食糧供給の制約がナチス体制に与えた深刻な衝撃は等閑に付されてきた。ニューディール経済との対比が一面的に強調されたためであるが、そこでは失業問題の解消に集約されるナチス体制の「経済的成功」が表層的に語られるにすぎない。この静態的視角ではナチス経済に関する動態的な問題像の全貌はつかめない。古内［二〇〇三］はこうした研究史上のアポリアを意識して書かれた。

(6)　食糧安全保障を英訳すると通常は food security とするのが一般的なのでここであえて用いたが、ヨーロッパの場合これが必ずしも合致しないのではないかというのが筆者の考えである。そこで一度は food safety を充てようとしたが、この語は最近の文脈では食品の安全という狭義の意味で使われるのが通例であることから不適当だと判断した。food security はヨーロッパ的文脈で正確に訳すと「食糧確保」以上の内容を意味するものではないと思われる。ナチスの体験とそれへの歴史的反省からいってもこのことは当然の帰結といってよい。後に改めて food security に「食糧確保」との訳を付すのは以上の事情による。些細なことのようだが、留意すべき点と考えるのであえて注記する次第である。

(7)　一九八〇年代初めにこうした事態はＥＣ委員会によりＣＡＰの危機的段階（a critical phase）と形容された。需給調整に向けた取り組みが検討の対象とされ、政策価格のあるべき均衡価格探しが対症療法的ではあれ始まる。間違いなく現行政策価格は市場実勢価格を上回っていたのである。これはすなわち、現行価格政策が構造的な過剰問題を否定していることを意味していた。制度と運用の矛盾はこのうえなく深まったのである。

(8)　穀物価格政策に関して一九七〇年代中葉以降における対症療法的な改変の動きについては、拙著古内［二〇〇六］を参照されたい。なお拙著ではマクシャリー農政改革、アジェンダ二〇〇〇農政改革下における穀物価格政策の歴史的な改変も合わせて明らかにされている。しかし、注9で示される直接所得支払いの新たな動きに十分な注意は払われなかった。拙著にはその点での限界がある。

(9) この構想は元ゲッティンゲン大学教授で現在OECDの貿易農業局長を務めるタンガーマン(Stefan Tangermann)が一九九〇年一一月に提唱したものである。その影響のもとに一九九一年一一月の農相理事会でマクシャリー農政改革案への耕種部門における対案としてボンド・スキームがデンマークから提起された。この提案は退けられたが、やがて欧州委員会から政策選択肢の検討対象として一九九九年第五次フレームワークプロジェクトにもとづき研究総局に提案され、承認された。そこで始まったイギリスのレディング大学を中心的な拠点とする欧州委員会財政支援の委託共同研究が『CAP改革にとってのボンド・スキーム』として商業出版された。Swinbank and Tranter [2004]。タンガーマンはこのなかでスウィンバンクと共著で二〇〇三年フィシュラー改革下の単一支払いスキーム(Single Payment Scheme, 以下SPSと略記)と関連づけてより精緻なボンド・スキーム構想を展開している(第四章)。なおボンド・スキームを考察したものとして、古内[二〇〇八a~d]を参照されたい。

(10) 健康診断の中身については、古内[二〇〇九]を参照されたい。

参考文献

古内博行[二〇〇三]『ナチス期の農業政策研究一九三四―三六――穀物調達措置の導入と食糧危機の発生』東京大学出版会。

古内博行[二〇〇六]『EU穀物価格政策の経済分析』農林統計協会
古内博行[二〇〇八a]「直接所得支払いとボンド・スキーム問題(1)」『千葉大学経済研究』第二三巻第一号。

古内博行[二〇〇八b]「直接所得支払いとボンド・スキーム問題(2)」『千葉大学経済研究』第二三巻第二号。

古内博行[二〇〇八c]「直接所得支払いとボンド・スキーム問題(3)」『千葉大学経済研究』第二三巻第三号。

古内博行［二〇〇八d］「EU農政におけるボンド・スキーム構想」『農業と経済』九月号

古内博行［二〇〇九］「CAP改革の健康診断（Health Check）」『千葉大学経済研究』第二三巻四号。

Gay, Peter [1968] *Weimar Culture. The Outsider as Insider*, New York（亀嶋庸一訳［一九八七］『ワイマール文化』みすず書房）.

Swinbank, A. and Tranter, R. (eds.) [2004] *A Bond Scheme for Common Agricultural Policy Reform*, Wallingford（塩飽二郎訳［二〇〇六］『ヨーロッパ直接払い制度の改革――証券化をめざして』社団法人畜産技術協会）.

第5章　現代日本のコミュニティ政策から見た「公共」問題

名和田　是彦

1　課題の設定と限定

筆者は、法社会学的な観点からコミュニティとコミュニティ政策を研究しており、経済史の分野は全くの門外漢である。法思想史的な関心も強く持っているので、一九世紀から二〇世紀にかけての、公共や自由をめぐる思想史的展開についてては、若干の勉強をしてきはしたが、本書の基礎となっている二〇〇八年度春季総合研究会での報告と討論に参加してみて、自分の知見程度の水準では専門的見地から十分に貢献できる議論を展開できるとは到底思えなかった。

そこで、現代日本のコミュニティとコミュニティ政策を題材に、研究会当日は時間の制約から十分に話せなかったことを、系統立って一つの文章にしてみる程度のことで責めをふさぐことにしたい。

企画当初からいわれていたことだが、筆者のコミュニティに関する議論の中には、「公共」という言葉は頻出するが、「自由」という言葉はほとんど出てこない（結局のところ、本章もそうである）。したがって「公共」と「自由」という今次の総合研究会がテーマとしたことに対して有意味に参加するためには、一工夫が必要であった。本書の寄稿に際しても筆を執るまでに難渋してきた。総合研究会への参加とその後の編集担当の小野塚知二教授とのやりとりを反芻することを通じて、次のように考えて、本書の寄稿論文を作成することができるのではないかと割り切ることにした。

現代日本では、少なくともコミュニティ政策に関する限り、「公共」の名において「自由」を制約する理論的根拠がどこにあるのかといった問題を、問題として意識して定立する思想的営みがあまり見あたらない。例えば、近年のコミュニティ活動においては、防災が一つの重要分野になっているが、独居高齢者、障害者、外国籍市民などのいわゆる災害弱者をどのようにして災害時に救うのかといった問題において、個人情報保護との関係で苦労している話はたくさん出てくるが、そもそもそういういわば「お節介」がどうして正当化できるのか、といった問題は、この問題を考えるときに活動者の思考回路の背景をなしているはずだが、表だっては出てこない。いや、出てきてはならないという雰囲気さえある。「地域や隣人にお節介を焼いてもらってまで助けてほしくない、というなら、そんな人は放っておいて、災害時には勝手に死んでもらえばいいではないか」というような発言は、非人間的な感じがするのか、なかなかできない雰囲気がある。こうした思想的格闘の中から、個人情報保護の問題をクリアできる防災活動の基本的な考え方を確立するというのではなく、災害弱者はすべて救うのが当たり前、というところから出発しているのである。

このことは、コミュニティに限ったことではないのではないか。総合研究会での小野塚教授の問題提起にいうような、「介入的自由主義」をめぐる思想的苦闘、すなわち「自由の二通りの制約（多数の利益ための制約、当人の利益のための制約）がかつて一九世紀末〜二〇世紀初頭の世紀転換期にいかに正当化され、政策、制度、運動として定着し、現在に至っているのか」といった学問的関心を満足させるような議論は、現代日本ではそのような形では見いだしにくい。

したがって、こうした思想史的文脈の上に現れる現代の「排除」と「包摂」をめぐっても、現代日本では、なかなか直接的な形でヨーロッパと切り結んだ議論が立てにくい。

例えば、「排除」と「包摂」という政策思想が現実に作用していくためには、そのような現象が見られる地域を特定する必要がある（ヨーロッパでは広く行われている）が、日本では、そうした特定自体が当該地域への差別であり差別的偏見を生むという心配をするためか、そうした政策的制度枠組ができない。都市計画分野の木造密集市街地に関する仕組みにおいても、社会的貧困の問題抜きに指標を立てて（というより、貧困の問題を意識してはいるが、そうした問題への言及抜きにも成り立つ指標を選定して）地区指定するために、意外にリッチな地区が指定されたりする。福祉分野の地域福祉計画策定（二〇〇〇年の社会福祉法改正で市町村に策定が義務づけられている）においても、問題が集中している地域を大胆に指定して重点投資するなどといった取組はついぞ聞かない。

これはなぜであろうか。

小野塚教授の総合研究会の企画趣旨説明では、「近代の市場社会が市場のみによって万全に調整されたわけでなく、地域社会、家、企業や職業世界に成立するさまざまな共同性によって支えられ担保されてきたことはよく知られている。介入的自由主義はこうした隠し資産の機能が市場社会に発生するさまざまな失敗を担保するには不充分な機能しか果たし得ていないことが判明した十九世紀末以降に登場するとともに、地域、家、企業などを介入的・保護的な秩序のなかに再編した。しかし、いまや、現代の福祉国家のような介入・保護の制度もこれらの隠し資産も衰退を露わにしている。この衰退がネオ・リベラリズムの伸張との関係で理解されていることに表されているように、二〇世紀末以降の現在は自由と公共性の緊張・調和の問題が再び露呈している時期である」と述べられている。

この基本的様相はおそらく日本でも同様であろう。しかしおそらく日本の近代化・工業化の開発主義的性格により、家族や地域社会といった「隠し資産」の力はより自覚的系統的に活用されまたてこ入れされてきた。その一環として、介入的自由主義のもとで「地域、家、企業などを介入的・保護的な秩序のなかに再編した」という場合でも、「地域」に関する限り、制度的な「秩序」の外に放置して、地域の側の自主的対応を利用する、というやり方が行われたりもした。今日に至るまで三度も大きな全国的合併運動を行いながら、「秩序の中に再編」された自治体が合併によって再び消滅させられる（「秩序」の外に放り出される）のに対して、この旧合併市町村を自治体内分権制度などによって再度制度の中に取り込んで「秩序の中に再編」する試みを丁寧に行ったドイツと比べて、日本では何らの制度的な手当もしないできた（今次の「平成の大合併」では事情が若干異なるが、ここでは詳述できないので、本章の以下の論述の中で汲み取っていただくほか、名和田［二〇〇九ｂ］の第一章及び第二章をご参照いただきたい）。したがって、間接税の税率や公務員数、いわゆる国民負担率などの数字にも見られるように、「現代の福祉国家のような介入・保護の制度」がそもそもそれほど発展したわけではない（中福祉・中負担）。そのため、なぜ中程度の福祉をめざして中程度の負担をすべきなのかといった思想も十分には深められなかったのであろう。

そして、「いまや、現代の福祉国家のような介入・保護の制度もこれらの隠し資産も衰退を露わにしている」一九九〇年代以降においても、コミュニティの質的強化が追求され、そのための財源も、「行政に頼らない」ことが是とされ、コミュニティ・ビジネスといわれる特異なやり方が奨励されたりしている。こうした政策的方向性は、「協働」という名前で呼ばれているのであるが、これに対して日本国民は、警戒感を持ちながらも、例えばヨーロッパにおける同様な地域政策の動向と比較しても（名和田［二〇〇七］および［二〇〇九ｂ］）、スムーズにこうした方向性を受け入れているといえる。

小野塚教授は上記引用文に続けて、「ネオ・リベラリズムの伸張はグローバリズムと組み合わせて議論されることが多いが、それは決してグローバルな資本の都合だけで力を得たのではなく、介入的自由主義への広範な忌避感と自己選択の渇望こそがネオ・リベラリズムの基盤を形成している。公序（public order）あるいは社会秩序（social order）の変化はその大衆的な共鳴板とともにとらえられなければならないのである。現代的な公共性が素朴な「自由」（「自己選択・自己責任」）の名において浸食されているのだとするなら、社会的再包摂の試みは素朴な「自由」を静かに浸食する危険性を免れていない。こうした状況を自由主義と現代的公共性との対立的性格という相のみでとらえるのではなく、介入的自由主義のありえた可能性と限界とに注目しつつ理解してみようというのが、この研究会の今日的な狙いである」と述べられている。

コミュニティに限定して眺めた場合、この「大衆的な共鳴板」は、国家介入を解体しようという素朴な自由への渇望とともに、市民社会における自助・共助のほうを信用しようとする国家忌避意識も構成要素としているように思われる。よく日本人は「お上依存意識」を持っているといわれることがあり、この言説はまた現在の「協働」の政策志向の中でもイデオロギー的に動員されているのであるが、しかし、むしろ日本国民は、「お上」への警戒感と過度な依存を避けようとする行動様式とを古くから発達させてきたように筆者はとらえている。

したがって、「介入的自由主義のありえた可能性と限界とに注目」しようにも、そうした思想的格闘が不十分なまま現代に至っているのではないであろうか。以上は、筆者が念頭に置いている仮説に過ぎないものであり、とんでもない見当違いがあるかもしれないが、本章の問題関心を本書の文脈においてわかりやすく示すためにあえて書いてみた。

そこで本章の具体的な論述方針を定めるとすれば、「公共」と「自由」とのせめぎ合いという前の前提段階で、「公共」というものについての思想形成が改めて問題化している、というのが現代日本の思想状況ではないか、ということを軸に論じてみたい。これをコミュニティとコミュニティ政策に即して述べてみることを本章の課題としたい。

このほかにも、総合研究会でのキーワードだと思われたものに「市民社会」があり、これも実は現代日本の「協働」という政策体系の中で重要なイデオロギー的機能を果たしている概念なのであるが、紙数の関係から、本章では独自にこれを扱うことは断念した。論述の随所に登場するところからお酌み取りいただきたい。

2　現代日本における「新しい公共」思想の特異性

(1)　「公共」に関する近年の言説

近年次のような言説をよく見る。

「日本では今まで市民社会が未成熟で、公共を官が独占してきた。しかし日本でもようやく市民社会が成熟してきて、制度疲労をおこした官に替わって、公共を担う力がついてきた。その証拠に阪神淡路大震災の時に、多くのボランティアが集まって復興を支えた。こうした機運を受けてNPO法が議員立法によってでき、ますます新しい公共を担う受け皿が整いつつある。こうした新しい公共と従来の行政の公共とが協働してこれからの公共世界をつくっていかなければならない。云々」。

このような言説には（少なくとも筆者には）いくつか奇異なところがある。

まず、この言説は、市民社会の中にある公共を「新しい」と言っているのであるが、これはヨーロッパ思想に多少なりともなじんでいる人間にとっては、特に新しくはない、本来の意味である[1]。ヨーロッパで、「協働」にあたる言い方（"coproduction"）もあり、「市民社会」はキーワードといってよいが、「新しい公共」という言い方は見られないのは、そのためであろう。

次に、ここで言われている「公共」が、実は主として公共サービスのことを念頭に置いていることに注意すべきである。もちろん、NPOが政策提案活動をするといった、公共的意思決定の文脈（後述）にある中身も一部に含んでいることは大いに注意せねばならないが、ほとんどの場合「新しい公共」という言説における「公共」とは、具体的には公共サービスを指しているといってよい。「新しい公共」という概念は、「公共」という言葉の豊かな思想的伝統に照らしてみる時、あまりにも限局された意味にのみ用いられているのである。そして、これとの関連で近年の政策におけるキーワードである「協働」という言葉が語られている。すなわち、「協働」とは、政府部門と民間の公共的意識を持った諸主体との連携・協力によって、公共サービスの質と量を保持していこうとする政策的試みであり、一個の社会構想である。

さて、この種の言説が奇異に感ぜられる三つ目の点は、これまではすべての公共サービスを行政が担ってきたという認識がしばしば語られることである。二〇世紀の後半期、特に高度成長期に、日本においても行政サービスが拡大したことは事実であるが、ヨーロッパの充実した福祉国家体制の国々とは異なって、日本では公共サービスがすべて行政サービスとして提供されたことはないといってよい。比較的軽易な身近な公共サービスは、例えば自治会町内会のような地域組織や福祉のボランティア団体などによって、担われてきた。道路事業（「道普請」）などをやっている自治会町内会はもはや多くないとはいえ、広報の配付とか、防犯灯の管理とか、高齢者のための配食・会食サービスとか、公園や道路の清掃とかいった公共サービスを、自治会町内会をはじめとする地域のボランティア団体はたえることなく行ってきているのである。これらの活動が行政からの委託という形式をとり、したがってこれらの団体が「行政の下請け」と言われるかどうかは、この際どうでもよい。ここで問題なのは、形式ではなく、行政ではない民間の主体が公共サービスを現に行なっているという事実である。こうしたことを無視するかのように、日本人はすべての公共サービスをお上に頼ってきたと述べるのは、市民社会の側の公共サービス提供機能を再建しさらに強化するために、ことさらに今まで行政サービスが肥大化してきたというイメージを語ろうとしているためであろうと想像される。この点においても、「新しい公共」という言説のターゲットが、実は公共一般ではなく、主として公共サービスにあることが注意されなければならない。

このように、これまでは政府が行っていた公共サービスの組織と提供を、民間（＝「市民社会」）に移行させようという政策は、周知のようにヨーロッパ福祉国家においても日本においても一九八〇年代以降取り組まれてきたが、日本に関する限り、「協働」というキーワードのもとに政策的系統的に追求され、かつコミュニティをも動員しつつ本格的に取り組まれるようになったのは、バブル経済崩壊後の不況と財政危機の時代である一九九〇年代以降である。これに伴ってコミュニティ政策にも大きな変化があった。

(2) 一九九〇年代以降のコミュニティ政策における「公共」言説

そもそもコミュニティ政策というものが、国際比較的に見てどれほど普遍的なのかということからして、現代日本の状況の特異性を測るための重要な論点かと思うが、ここでは措いておこう。日本では、コミュニティ政策は、経済の高度成長によってそれこそ「衰退」した「隠し資産」である身近な地域社会をてこ入れするための政策として、一九七〇年代から国や各自治体によって取り組まれてきた。しかし、一九九〇年代からは、「協働」の考え方のもとに、コミュニティを公共サービスの提供主体として動員する傾向が本格化した。

「公共」に関する思想という観点から、このことを手っ取り早く示すために、第二七次地方制度調査会答申（二〇〇三年一一月一三日）を見よう。

この答申は、「地域においては、コミュニティ組織、NPO等のさまざまな団体による活動が活発に展開されており、地方公共団体は、これらの動きと呼応して新しい協働の仕組みを構築することが求められている」というふうに現状をとらえた上で、次のような方向を提言する。

まず、「基礎自治体は、その自主性を高めるため一般的に規模が大きくなることから、後述する地域自治組織を設置することができる途を開くなどさまざまな方策を検討して住民自治の充実を図る必要がある」として、平成の大合併で住民から遠くなる自治体のもとでも、民主主義の身近さが保たれるような制度的な工夫が必要であるとしている。これは「公共」思想としては、後述する公共的意思決定の文脈にある。ドイツなどヨーロッパ諸国でも、合併後の身近な民主主義を保持するために、答申のいう「地域自治組織」のような仕組み（自治体内分権制度）を整備してきたのである。

しかし答申はこれに続けてこのようにいう。「また、地域における住民サービスを担うのは行政のみではないということが重要な視点であり、住民や、重要なパートナーとしてのコミュニティ組織、NPOその他民間セクターとも協働し、相互に連携して新しい公共空間を形成していくことを目指すべきである」と。

見られるように、「地域自治組織」制度は、「住民自治の充実」のためという狙いとともに、公共サービスの担い手が「行政のみではない」との考えから、その担い手を「住民や、重要なパートナーとしてのコミュニティ組織、NPOその他民間セクター」にも求め、行政とこれら民間の担い手との「協働」によってこれからの公共サービスを確保するという「新しい公共空間」の社会構想を示している。これは「公共」思想としては、公共サービスに関わる問題であり、まさに一九九〇年代以降各自治体が追求してきた「協働」の政策を法律上の制度として整備しようとするものである。

自治体内分権制度にこうした「協働」の役割を求めるという発想は、ヨーロッパにはこれまでのところ存在しないといってよい。上記のように、自治体内分権制度は、ヨーロッパにおいては、もっぱら身近な民主主義を保持する仕組み（次節の言葉で言えば「参加」の仕組み）であり、公共的意思決定の文脈にある仕組みなのである。具体的にいえば、日本ではこの制度のもとで新たに設置されるコミュニティ組織（「地域協議会」と称する）の構成員が、単に地域の諸問題を審議して議決するだけではなく、その議決を執行するために自ら汗を流すことが期待されているのだが、ヨーロッパのこの種の住民代表組織の議員が地元でボランティア活動に汗を流すなどということはほぼあり得ないことである。なぜならば、充実した福祉国家体制のもとで、住民代表組織の議決を執行して実際に公共サービスを提供するのは、もっぱら行政の役割であるからである。

このようにして、「協働」の政策動向のもとに、日本初の法律上の自治体内分権制度である「地域自治組織」は、ヨーロッパの類似制度と比べても特異な性格を持つものとして制度化されることとなった。（この点はもはや述べる余裕がないので、名和田［二〇〇九b］を参照していただきたい）。

ここにも見られるように、現代日本の「公共」に関する思想は、公共サービスにほぼ限局した形で問題にされたため、本書がテーマとしている介入的自由主義における「公共」と「自由」の緊張という問題に向き合う以前のところに止まっているようである。

しかし、本当にそれにつきるのだろうか。お尻に火がついたような状態でともかく政府としては国民に従順にボランティア活動などをはじめとして行政サービスの補完を行ってもらいたいというのが本音であるにしても、仕事をしてもらう以上一定の権限も渡さねばならず、公共的意思決定の問題は議論されないではすまされまい。現に、上記地方制度調査会答申は、「住民サービス」の「協働」による提供ということとともに、「住民自治」の充実という問題を提起していた。

そもそも公共サービスとは、国民に共通するニーズを満たすために国民がだれでも利用できるサービスであり、公共サービスをめぐる議論は、どんなサービスを、個人の力では調達不能ではあるがどんな個人にもアクセスできねばならないサービスとして、公共サービスと認定するのか、等々、という問題を必ず扱わざるを得ず、全国民的なそれこそ公共的議論に結びつかざるを得ない。問題をサービスそのものだけに押し込めることは本来できないはずである。

公共サービス論に限局した「協働」の取組でも、それを契機として、豊かな公共思想が議論されることにつながることは不可能ではない。

では現実はどうであろうか。

3　公共的意思決定に関する民主主義という論点はどの程度意識されているか

(1)　自治基本条例における「参加」と「協働」

二〇〇〇年に北海道ニセコ町が「まちづくり基本条例」を制定して以来、自治体運営の基本原則を宣言するいわゆる自治基本条例の制定が、一種のブームになっている。

本章の観点から注目されるのは、ほぼどの自治基本条例も、その基本理念として、「協働」とともに「参加」（ないし「参画」）を謳っている点である。例えば、杉並区の「自治基本条例」では、「住民の行政への参画及び行政と住民との協働」というように並んで出てくる（前文、第一条、第九章の標題）が、第二条の定義規定によると「参画」とは、「政策の立案から実施及び評価に至るまでの過程に主体的に参加し、意思決定に関わることをいう」とされ、「協働」とは、「地域社会の課題の解決を図るため、それぞれの自覚と責任の下に、その立場や特性を尊重し、協力して取り組むことをいう」とされているので、前者が公共的意思決定にかかわる概念であり、後者が公共サービスの組織と提供にかかわる概念であることが推測されよう。実際、区がつくっている条例の説明チラシにおいても、区民について、「区政への参画や区政の情報を知る権利、住民投票を請求する権利が保障されています。また、負担を分かち合い、区と協働して地域社会の発展に協力するよう努める義務も定められています」と、それぞれ説明されている。

「参加」は、一九七〇年代以来自治体運営の基本理念であったといってよい（この理念が果たしてまたどのように実践されていたかはここでは問わない）。一九九〇年代以降はこれに加えて「協働」が基本理念として唱えられるようになったのである。その意味するところは、右に見たように、参加は公共的意思決定に関与できる権利であるのに対して、協働は公共サービスの組織と提供に関与するべき義務・責務を意味している。

バブル経済崩壊以降の状況の下で、国から「自己決定・自己責任」を突きつけられた自治体が、その基本的運営原則を宣言しようというときに、「協働」即ち公共サービスの民間（コミュニティを含む）と行政の連携による提供、とともに、「参加」即ち公共的意思決定における市民社会の側の関与の充実、についても基本理念として謳ったということが、注意されるべきである。

自分たちに関わるサービスは自分たちで行うという公共サービスにかかわる公共思想とともに、自分たちに関わる決定は自分たちで行うという公共的意思決定に関する公共思想が、現代日本においてもたしかに意識されているのである。「公共」と「自由」の関係を問う意識や思想が生ずるための前提的基礎がここに見いだされよう。

しかもこのことは、コミュニティに関しても見いだされるのである。というのは、自治基本条例は、初期の頃は、コミュニティについて、これを尊重するべしといったやや抽象的な規定を置くに過ぎないものが多かったが、近年、伊賀市、川崎市、薩摩川内市などの条例に見られるように、自治体の内部をさらにいくつかの区域にわけ、そのそれぞれに設置されるコミュニティ組織の権限等について具体的な制度設計を示すものが登場してきている。それは前節で見た「自治体内分権」の仕組みである。第二七次地方制度調査会が提言し、その後法制化された「地域自治組織」制度に飽きたらず、それぞれの自治体が独自のコミュニティ政策とコミュニティの制度化とを追求していることの表れである。

では、各自治体において行われているコミュニティ政策において、コミュニティは、どの程度「協働」のパートナーとして（部分的には「行政の下請け」として）の位置づけのほかに、「参加」の主体としての位置づけを与えられているであろうか。

(2) 自治体内分権の事例における「参加」と「協働」

近年の日本における自治体内分権の事例の中に、「参加」と「協働」のバランスのありようを探るという場合、様々な興味深い事例がある。

「参加」のほうにもっとも傾斜した事例は、なんといっても新潟県上越市であろう。上越市は、法律上の地域自治組織（法律上は「合併特例の地域自治区」というのが正確である）を導入したが、その住民組織（「地域協議会」と称する）を選任する（これは法律上は市長の権限である）にあたって、当該地域自治区の住民から立候補を受け付け、住民による投票を行い、その結果を尊重して市長が選任する、という手続をとっているのである。地域協議会の議決をなるべく制度上強いものにしようという政策的志向の表れである。一方、「協働」への志向は地域自治組織運用においては弱い。しかし、他のより「協働」志向の強い自治体でも、この「参加」の側面、即ち公共的意思決定の文脈への意識は、割に強く見いだされる。

これもたくさんの事例があるが、ここでは、やはり法律上の地域自治組織制度を導入した宮崎市の事例を簡単に見ておこう。

二〇〇六年一月一日に宮崎市は、佐土原、田野、高岡の三町を編入合併し、人口約三七万人、面積五九七平方キロメートルとなったが、編入合併した三つの町に合併特例区を置くとともに、旧宮崎市内に一般制度としての地域自治区を設置した。(2)

地域協議会は地域の各種団体から派遣された委員と公募委員とからなる住民組織ではあるが、法律上のつくりに規定されて、制度上は行政の末端機構（地域自治区に付帯されている審議機関）であり、地域の事柄を審議する機関である。したがって、日本の場合、とりわけ一九九〇年代以降の「協働」の政策傾向の中では、地域協議会の議決を執行するのは、一部は行政であるけれども、他の一部は住民自身であるということにならざるを得ないのであるが、地域協議会自身はその役割を担うことができない。そこで、地域協議会の議決を執行するための住民側の実働部隊が必要であるということになり、「地域まちづくり推進委員会」という住民組織が設置されることになった。このように住民組織が地域協議会と実働部隊とに二重化するというふうになるのが、ドイツなどではあり得ない（議決を執行するのは行政の役割だから）、日本的特質といえる。実際、同様に法律上の地域自治組織制度を採用している飯田市でも「まちづくり委員会」という実働部隊ができているし、上記の上越市でも実はやや性格は異なるが「住民組織」とよびならわされている実働部隊が組織されているのである。このように、「協働」の文脈、公共サービスの文脈を強く意識した運用、より具体的にいえば、いかに住民に公共サービスの担い手になってもらうかということに腐心した運用になっているわけであるが、しかし、「参加」の文脈、公共的意思決定の文脈も同時に意識されている。

何といっても、決定は地域協議会、執行は地域まちづくり推進委員会、というように組織が二重化したことによって、公共サービス（地域まちづくり推進委員会）のほかに公共的意思決定をも住民自身（地域協議会）が担うのだ、ということが明確になる。この点、例えば飯田市では、上記「まちづくり委員会」（「協働」）がどうしても前面に出てきて、地域協議会（「参加」）はやや忘れられがちであるようだが、宮崎市の場合は当局の政策的態度もあって、二つの組織が車の両輪としての存在感をもっている。

宮崎市は激論の末、住民税への一律五〇〇円の超過課税によっていわゆる「地域コミュニティ税」を二〇〇九年四月から徴収することにしたが、議会の付託を受けて各地域に配分されたこのお金の使い道を決めるのは各区の地域協議会である。これもコミュニティ組織の決定権限という問題を否応なく意識させる仕組みである。逆に、コミュニティ・レベルに地域協議会という決定組織をもっているからこそ、激論を経て地域コミュニティ税という仕組みを導入することもできたといえよう。

以上、宮崎市を中心に地域自治組織制度の運用を素材として、現代日本のコミュニティ政策における「公共」思想の現象の仕方を見た。すなわち、公共サービスの文脈のほかに、公共的意思決定の文脈も否応なく現れ出てきているのである。

それでは、こうしたコミュニティ・レベルの変動を通じて、「介入的自由主義」における「公共」と「自由」のあり方を意識的に問い直し再定位するような思想が日本で形成されていくのであろうか。

筆者には、スムーズにそこへと展開していくのではなく、そこには一定の障害物があると思われる。

(3) コミュニティの民主主義は政府の民主主義に接合しているか

第一節で、日本人が国家忌避意識を歴史的に強く持ってきたのではないかとの憶測を述べた。このことはコミュニティという場、ないしコミュニティ政策においても、現れているように思われる。日本における単位自治会町内会の区域の起源をたどると、新規開発住宅団地はもちろん別として、多くの場合自然集落がもとになっていることがわかる。この区域は、多くの場合藩政村（大字）よりも小さく、日本の近代地方自治制度の中で市町村としての地位を得たことはないのであるが、明治、昭和、平成の大合併の波を乗り越え、いまだに住民生活の基礎単位として民間的原理のもとで組織されている。

また、連合自治会町内会の淵源は、昭和の大合併に際して消滅した旧町村であるといってよいが、これまたその後強固に住民の間に根を張り、その後のコミュニティ政策に際して基本的なコミュニティ・エリアとして扱われてきた。平成の大合併に際しても、合併されて消滅する町村ではなく、それよりも小さいこの連合自治会町内会（昭和の大合併に際して消滅した旧町村）のほうが住民にとって重要な区域として受け止められていたのである。例えば三重県伊賀市は、二〇〇四年一一月一日に上野市、伊賀町、阿山町、大山田村、島ケ原村、青山町の六市町村が対等合併して、人口一〇万人、面積五五八平方キロメートルの自治体として誕生し、それに対応して、自治体内分権を制度化したが、地域自治組織の区域が合併市町村の区域に縛られる法律上の合併特例の地域自治組織制度を適用せず、独自の自治基本条例で、「住民自治協議会」と称する自治体内分権を組織している。

そして、この「住民自治協議会」の組織エリアは、連合自治会町内会のエリア、すなわち昭和の大合併の時の旧町村なのである。

日本において、住民が親近感を持っている地域エリアは、かつての自然集落と明治の大合併の時にできたエリア（これは明治の大合併が小学校経営主体としての自治体を創出するプロセスであったことから、［多くの地方では今でも］小学校区でもある）の二つなのである。少なくとも昭和の大合併後の自治体は、住民にとってやや疎遠な「お上」であり、そこにおける住民の代表者である議会をはじめ公式の政治の世界にはやや冷淡なまなざしが注がれている。合併に際して逡巡する議員たちを自治会長がどやしつけて合併に至ったケース、有名な農民運動を展開しながら自分の自治体が他の市に編入されることに対しては全く冷淡であったケース、合併されるのはどうでもいいが「行政区」（これは農村部における連合自治会町内会のようなものである）はどうしてくれるのかと住民が合併協議の過程で発言するケース、などなど、平成の大合併の中にもこうした冷淡さはふんだんに見られるのである。

このような、コミュニティ・レベルにおけるいわば国家と市民社会の乖離意識のもとでは、コミュニティ・レベルで培われる公共的意思決定への関心は、そのままストレートに政治社会における民主的議論の質的進化にはつながらないのではないであろうか。

そこで日本における「公共」なるものの構築においては、市民社会の側における何らかの動向なり運動なりが必要だと思われる。

以下、それを言い当てているかどうかわからないが、自分のフィールドワークの中から思い当たるものを探してみよう。

4　コミュニティにおける「公共の場」づくり

(1)　公共の場の再建

「公共」というものの構築に現代日本で必要なものは、不特定多数の、それ自体としては共同体的な信頼関係が存在しない人とも、それなりの仕方でつきあうという、「公共」世界の根源的な意味を再認識することではなかろうか。そのことを考えるために、「共同」というよく似た別な言葉を取り上げてみよう。

フェルディナンド・テンニースは『ゲマインシャフトとゲゼルシャフト』において、「ゲマインシャフト」（「共同」）と公共を区別して次のように述べている。

「我々の理解によれば、信頼が置けて、気楽で、排他的な共同生活はゲマインシャフトの生活であり、ゲゼルシャフトは、公共（Öffentlichkeit）であり、世間である。ゲマインシャフトでは、人はその仲間とともに幸も不幸もすべて分かち合って生まれたときからそれに結びついている。ゲゼルシャフトに入っていくのはあたかも他人の中に入っていくようなものである」（Tönnies [1935] 訳書三五頁）。

公共は、共同（ゲマインシャフト）とは対立するゲゼルシャフトに属するというのである。現在よく使われている表現でいえば、「公共」は「不特定多数」であり、「共同」は特定多数、いわば「顔のみえる関係」を意味している。

この箇所でテンニースがイメージしているように、「公共」とはもともと不特定多数の人々が集う場を指していた。ヨーロッパの酒場文化を描いた社会学者クレーマー＝バドーニは、次のように述べている。

「飲み屋はきわめて生き生きとした場だ。飲み屋は友人にとっても他人にとっても出会いの場である。飲み屋では、政治が議論され、延々と雑談が交わされ、飲み、笑い、遊び、食う」（Krämer-Badoni & Dröge［1987］p. 13）。

「飲み屋は、カフェやダンスホールや、さらには裁判所やマスコミなどと同様、基本的には公共の場である。つまり、飲み屋は法的には誰でも入場でき、誰も人種や宗教や性別によって入場を拒絶されることはない。しかしこれらの場ごとにその公共の「質」は大きく異なっている。今日でも文芸的なカフェや芸術家カフェなどがいくつか知られているが、このようなものは二〇世紀の初頭以降のウィーンやベルリンの文化生活にきわめて特徴的であった。……このような場の公共の質が、誰でも入場でき文芸的な議論ができるという点にないのは明らかである。そうではなくてここで文化的な世論形成をするのは常連の客なのであって、この世論はこのカフェの場を超えて文化政策的な雑誌や文芸作品などに結実していくのである。これは一例に過ぎない。すなわち、公共の質は世論形成のプロセスに結びついており、したがってまたこの場で行なわれる論議の形式と内容に結びついている」（Krämer-Badoni & Dröge [1987] p. 281）。

ここでは、飲み屋などが「公共の場」として、政治を含む議論の場となり、世論形成の場となっていることを述べている。もちろん、その場に参与する人々は必ずしも常に単純に「みんな」ではなく、社会階層的に規定されている場合があることが注意されているのであるが。

また、Sennett [2003]（訳書）は、一八世紀から現代に至る、大都市（ロンドンとパリ）の公共の場における人々の行動様式の変化を分析し、現代人の公共的判断能力の自信喪失状況を描いたユニークな社会心理学的労作である。すなわち、一九世紀以降の人々が公共の場における振る舞い方に自信を持てなくなり、自らはじっと沈黙しながら公共世界の指導を特定の傑出した人物に託すようになっていった、というように近現代史を描いている。それに対応して、不特定多数の人々とのつきあい方が分からなくなった人々は、公共的に開かれているのではない、共同の場であるコミュニティの中では、排他的で不寛容になる（「コミュニティは不作法になる」）、と分析している。

この歴史像があたっているかどうかはここでは問わない。人間の共同生活の中に、見ず知らずの不特定多数の人々が一定の作法（これをセネットは「礼儀正しさ（civility）」とよぶ）を共有して交流する世界と、気心の知れた者のみで閉鎖された世界とがある、という先にテンニースにしたがってみた区別が、「公共」の概念にかかわって示されていることに注意しよう。

これらの業績に示唆を得て考えると、「政治的に機能する公共」（ハーバーマス）が回復されるためには、基盤として、不特定多数の人々が一定のエチケットなりルールなりを共有しつつ自由に入り合う公共的な場が必要である。

現代日本のコミュニティにそのような志向性はあるだろうか？

(2) 全国に広がる交流拠点づくりとその意味

現代日本のコミュニティでは、しばしば「顔の見える関係づくりが重要だ」という声が聞かれる。例えば、第一節にもふれた地域福祉計画の策定のための住民懇談会などではよく聞かれるキーワードである。

「顔の見える関係」とは、要するに「共同」の関係である。よく見知って信頼関係を構築しようというのである。これでは「不作法」な閉鎖的コミュニティができるのではないだろうか？

しかし、筆者の観察は少し違う。

地域福祉計画の策定主体は市町村だが、多くの場合市町村をいくつかの区域（多くの場合連合自治会町内会の区域）に区分して地区別計画が策定される。そしてそこで、防災や見守りの活動と並んで、地域住民が気軽に集うサロンづくり（多くの場合は、後で述べる常設の交流拠点までは行かず、自治会館などを利用した月に一、二回程度の集まりである）が、広く取り組まれている。これは、特定のよく見知った人だけが集まるという趣旨ではない。むしろ、普段の活動では全然知り合えない地域の中の人を呼び込もうという取組である。顔の見える関係「づくり」は、見知らぬ人へのアプローチなのである。つまり、広く「公共」世界に間口を広げて人を呼び込み、その中から次第に「共同」の関係をつくろうというのである。コミュニティを閉鎖的で不作法なものにするのではなく、公共世界に開かれた礼儀正しいもの（civility）にしようという試みである。この発想の延長上にあるのが、現在全国的に見られる、コミュニティ・カフェや居場所づくりなどの交流拠点づくりである。（以下に見る事例を含め、交流拠点づくりについては、名和田［二〇〇九a］を参照していただきたい）。

生活に根ざしたアイデアで有名になった新潟市の「うちの実家」は、会員制なので、一見すると、不特定多数の人が自由に出入りするのではないから、いわゆる「公共性」がないように見えるのであるが、しかし「うちの実家」では、相手のことを詮索しないという掟があるそうである。すなわち、一定のエチケットやルールを共有しさえすればどんな人でも受け入れられる、まさに「公共の場」なのである。そこでは個別の属性を問われることなく誰もが人として尊重されるのである。

このようにして再建される「公共の場」が、クレーマー＝バドーニのいう「政治が議論され、延々と雑談が交わされ、飲み、笑い、遊び、食う」ような「生き生きした場」になるかどうか、「政治的に機能する公共」になるのかどうかは、しかし現時点では明らかではない。

筆者自身、横浜市港南区の「港南台タウンカフェ」というコミュニティ・カフェに関わっており、実に気軽にいろいろな人が訪れて、ほんの井戸端会議やスタッフのちょっとした声かけから、いろいろなアイデアが生まれ、様々な市民活動の取組に発展したりしている様子を観察しているし、また、地元の自治会や商店会、あるいは市民活動団体などが会議を行うスペースとしても利用されていて、地域のつながりをつくり出す場として機能している様を見てきているが、ここから政治社会のありように関する公共的論議が醸し出されるかどうかは定かではない。

5　おわりに

コミュニティに関する限り、地域自治組織制度や自治基本条例によって、コミュニティが公共的意思決定の主体として制度化されても、あるいは市民たちの公共の場の再建の試みが行われても、現代日本において国家と市民社会の乖離感が解消される展望は、今のところ不透明である。

介入的自由主義における「公共」と「自由」のせめぎ合いの構図が現代日本でどうなっているかという問題について、少なくとも筆者が研究している身近な地域社会のレベルにおいては、そのせめぎ合いの前提となる「公共」が未確立であるという認識から、「公共」世界を再建するどのような動きがあるかを本章で論じようとしてきた。

バブル経済崩壊後の不況と財政危機の中で、「公共」サービスの担い手としてコミュニティが着目され、「協働」という政策が追求される中で、コミュニティを「公共」的意思決定の主体としても認知する必要が出てきたが、ここに形成されつつある公共圏は、たしかにコミュニティにおける「意思決定」なのであるから、多数の意思として少数者の意思を、そしてまた、公式に決まった意思として決定の日に賛成した人々の翌日以降の意思を[3]、拘束する志向性を本来的にもつものではあるが、法律上の地域自治組織も含めて、公式の拘束的決定を行う法的権限をもっていないこともあって（この点については、名和田［二〇〇九b］第二章を参照）、「自由」に介入するという緊張感をコミュニティはまだ十分には自覚していないように見える。また、この公共圏は、国や自治体といった政治的世界での公共圏に接合する志向を今のところあまりもっていないので、日本社会全体として、介入的自由主義の問題が自覚的に政治論議の対象となるコミュニティ的基盤になっていないように思われる。足下の日常生活で人々は、「公共」の名における「自由」への介入が果たしてまたいかなる条件の下に是認されるのかといった問題を心底自分の問題として考える用意が必ずしもないようである。

また、不特定多数の人々の間でルールやエチケットに関する薄い信頼を確立していこうとする試みが、コミュニティ・レベルに見いだされるが、このような「公共の場」を再建する試みもまた、国家と市民社会の乖離感を解消する方向に進むのかどうか、現時点でははっきりしないといわざるを得ない。

本章の論述は、現在進行形の事態を、一研究者として狭い範囲で観察してきたところに基づいて組み立てた議論であり、全く的外れかもしれないが、日本における「公共」論議への何らかの問題提起となっていれば幸いである。

注

(1) 例えばこの問題に関する古典中の古典である、Habermas［1990］でも分析されているように、「公共」はまず市民社会の側の場や仕組みを表す言葉であったのであり、その後国家の側のそれを表す方向へと推移していった。国家が公共を独占している方がむしろ新しい現象なのである。

(2) ここで出てくる「合併特例区」、「一般制度としての地域自治区」、それに先ほどの上越市のところで出てきた「合併特例の地域自治区」の三つが、第二七次地方制度調査会の提言を受けて法制化された法律上の仕組みであり、これを総称するいわば講学上の概念として「地域自治組織」といっている。もともと「地域自治組織」という言葉は、第二七次地方制度調査会が使用した言葉だが、法制化後はこのような講学上の概念に転用されていると思われる。

(3) この点で、日本のコミュニティ・レベルでよく行われている全員一致の議決といえども、個別の私的な意思とは異なった公共的意思として、拘束性をもつことに注意すべきである。名和田［一九九八］参照。

参考文献

名和田是彦［一九九八］『コミュニティの法理論』創文社。

名和田是彦［二〇〇七］「協働型社会構想とその制度装置」（名和田是彦編著『社会国家・中間団体・市民権』法政大学出版局。

名和田是彦［二〇〇九ａ］「『協働』の時代の地域コミュニティの再生」（財団法人地域活性化センター『平成二〇年度　地域活性化ガイドブック』）。

名和田是彦編著［二〇〇九ｂ］『コミュニティの自治』日本評論社。

Habermas, Jürgen [1990] *Strukturwandel der Öffentlichkeit*, 2. Aufl., Suhrkamp（ハーバーマス、ユルゲン［一

九九四］『公共性の構造転換 第2版〈市民社会の一カテゴリーについての探究〉』細谷貞雄ほか訳，未来社）．
Krämer-Badoni, Thomas & Franz Dröge［1987］*Die Kneipe*, Suhrkamp.
Sennett, Richard［2003］*The Fall of Public Man*, Penguin Books（北山克彦・高階悟訳［一九九一］『公共性の喪失』晶文社）．
Tönnies, Ferdinamd［1935］*Gemeinschaft und Gesellschaft*, 8. Aufl（杉之原寿一訳［一九九八］『ゲマインシャフトとゲゼルシャフト　上』岩波文庫）．

第6章　スーパーキャピタリズムとアメリカの消費者

秋元　英一

1　ライシュの「スーパーキャピタリズム」論

本章では、春季総合研究会でコメンテーターの立場から取り上げた、近年のアメリカ経済について活発な評論活動を続けているロバート・ライシュのスーパーキャピタリズム論を立論の手がかりとして、[1]金融危機の重要な構成要素であるアメリカの消費者の住宅売買に絡む行動を見ることで、この問題に対する切り口を考える一助としたい。

もとより、新自由主義は、一九・二〇世紀転換期のニュー・リベラリズムと一九三〇年代以降のネオ・リベラリズムを区別しなければならない。[2]よく知られているように、一九・二〇世紀転換期に各国でニュー・リベラリズムが大きく浮上した背景には、一九世紀の資本主義が巨大企業の登場によって変質し、自由市場と競争が危機に瀕していると認識された事情がある。アメリカではセオドア・ローズヴェルトが「ニュー・ナショナリズム」を語り、反独占法をどう生かすかに努力し、企業局（Bureau of Corporations）を新設した。ウィルソンは「ニュー・フリーダム」のもとで連邦取引委員会（FTC）を設置し、「不公正」な競争を規制し、また労働改革を推進した。アメリカではその後、第一次大戦における計画的資本主義の実験の後に、それを永続化することなく、ビジネスの時代へと舵を切り、一九二〇年代は三期に及ぶ共和党政権の時代を迎える。共和党大統領三代にわたって財務長官を務めたアンドリュー・メロンは第一次大戦遂行のために引き上げられていた所得税の減税を繰り返し、法人税も下げた。金本位制のもとで小さな政府が実現したが、株式市場の急速な上昇はその最終局面で海外からの資金をも吸収し、一九二九年一〇月のニューヨーク証券取引所の株価暴落以降、大恐慌の世界への拡散を助長した。

一九二九年大恐慌は、創設間もない連邦準備理事会（FRB）による金融引き締めとその後の拡大政策の欠如によって激化したと解釈されている。フーヴァーとちがって金本位制に対する物心崇拝をほとんど持たなかったローズヴェルト（のニューディール）はリフレーション政策によって景気回復の手がかりをつかみ、当時困窮の極にあった農家に対する金融支援や債務の借り換え措置は金融恐慌対策（銀行休日政策に始まる）と相まってデフレーションを和らげる役割を果たした。

行論との関連で重要なのは、ローズヴェルトが恐慌の原因の一つを一九二〇年代までに政策的に冷遇されてきた労働者の購買力の欠如だと判断し、労働者の社会的・経済的立場を強化するために、産業再建法（NIRA）からワグナー法に至る過程で労働三権（団結権、団体交渉権、ストライキ権）を明白に承認して労働者寄りの政策スタンスを取ったことである。財政政策面でも、原理的に赤字財政を容認していたわけではないが、大量失業によって生活が脅かされていた人々に対して、生活保護費の支給、失業対策事業、公共事業などを矢継ぎ早に実行に移して、乗数効果にしてみればそれほど大きくないとはいうものの、当時のタブーを結果的には無視して、事実上の赤字財政をしばらく続けたことである。ローズヴェルトが財政の赤字化を懸念して支出の縮小に踏み出すと、アメリカ経済は一九三七～三八年恐慌というローズヴェルト恐慌とも呼ばれた景気後退に陥ることになった。

ここまではよく知られているが、第二次大戦中に創設された戦時労働委員会がローズヴェルトの指導下で行った賃金統制が、「産業間、そして産業内の賃金格差を縮小させた」ことを経済史家のクラウディア・ゴルディンらが明らかにしている。(3) もともと、大恐慌による株価の暴落と富の喪失によって富裕者階級は彼らの資産を大幅に縮小することを余儀なくされたのだが、それに加えて、ニューディールによる増税と戦時下での所得平準化は、拡大する一方であった国民経済規模での所得格差を縮小させる効果をもち、一九二九～六四年間の所得分配は平等化の方向に向かったのである。(4) より詳しく見ると、ゴルディンとマーゴによれば、一九四〇年代に賃金格差が相当程度狭まったのは、不熟練労働者に対する戦時の需要増加という短期的要因があるが、戦後の一九四〇年代にＧＩ法（復員兵援護法）が労働者の大学進学を促進したために、その後しばらく教育歴のある労働者が急増した事情が反映している。もともと、大恐慌下では労働時間の減少の違いから、事務系の労働者のほうがブルーカラーよりも賃金減少幅が小さかったのだが、失業者は不熟練労働者と教育歴の短い労働者において高率だった。戦中の賃金政策は戦時労働委員会によって管理されたが、戦争遂行という目的と下層労働者を優遇せよとのローズヴェルトの方針によって、賃金はおおむね産業間、産業内において平等化したのみならず、高賃金職や戦争に関連しない職種でも賃金の平準化が進行した。

ニューディール政策が支援した労働者たちは、基幹製造業を中心に強力な労働組合をつくり、それらの組合は第二次大戦後に企業側と交渉して、毎年の生産性上昇分を賃金や諸手当の増加に比例的にあてる協約を承認させた。じっさい、一九七三年頃までは生産性の上昇と労働者賃金の上昇カーブはほぼ並行していた。こうして、巨大企業寡占体制は安定し、アメリカ国民はアメリカ的生活レベルを実現するために消費生活に精を出した。自動車、鉄鋼などの基幹産業では、製品価格と労働者の長期雇用が安定し、ブルーカラー労働者はしだいにアメリカ中産階級として年々の生産性上昇の果実を賃金や諸手当の上昇という形で手にした。しかも、この時期、所得階層別のシェアを見ると、所得分配が平等化していた。この時代は、これまで「資本主義の黄金時代」と呼ばれてきたが、ライシュは「黄金時代というわけではない時代[5]」(The Not Quite Golden Age) と呼び、「民主主義的資本主義」(democratic capitalism) のアメリカ版が実現したと主張する。[6]

一九七〇年代に入り、オイル・ショックを契機に先進資本主義体制はおしなべて持続性の高い不況の時代に突入した。石油をはじめとする原材料費の高騰以外で目につく傾向は、前の時期に比べて、生産性の年間上昇率が目立って鈍化したこと、しかしながら、賃金の名目的上昇率は著しくは鈍化しなかったことである。こうして、コスト・プッシュの物価高によるインフレ率の上昇と失業率の高止まりというスタグフレーションの局面に入った。スタグフレーションの持続は、それまでの不況に際して赤字財政を行ってきたケインズ政策の正当性を失墜させた。賃金購買力を上昇させて需要面から経済をサポートし、ややインフレ気味の福祉国家を維持するというケインズ政策によっては、とくにインフレをコントロールすることができなかったためである。経済政策の主流は、供給の経済学や、ミルトン・フリードマン流のマネタリズムに依拠する新自由主義へと交替した。同時に、イデオロギー的にも大組織労働をはじめとする労働者寄りの路線が後景に退き、労働者の非正規化、福祉の見直し、企業の規制緩和を特徴とする新自由主義が本格的に姿を現す。アメリカ経済のサービス経済化が本格的に進展し、製造業は雇用者数を減らし、企業の海外展開がふつうのこととなり、国内製造業の「空洞化」や「非工業化」(deindustrialization) が主張されるようになる。今日グローバル化と呼ばれるようになる変化がじつは一九七〇年代から一九八〇年代にかけて本格的に開始されていたと見ることもできる。

今日から見てアメリカ経済にとって「不幸」だったことは、貿易の支払い手段として(世界的)本位貨であるドルの価値がアメリカ自身によって支持できなくなり、ドル切り下げの試行錯誤の後、固定相場制を放棄して、変動相場制に移行するという「解」を見つけてしまったことである。変動相場制の下では、基軸通貨であるドル自体の価値が変動するために、かつて固定相場制下のポンドが過大評価によって輸出財の競争力を弱めるプロセスを通じてヘゲモン・イギリスの衰退を導いたような解決策がとれなくなった。ドルは延命したのである。通貨自体が世界的に「市場」で取引されることになったから、それは、ちょうどこの頃から本格化した金融市場の自由化、グローバル化と並んで、今日の金融資本主義への移行を加速させる要因ともなった。

労資の力関係も組織労働にとって不利な形に変化した。規制緩和によって業種間の垣根が取り払われると、労働者間の競争も激化するから、労働者個人も組合に加入して経営者と対峙するよりは、自らの労働力としてのクオリティを高める方が手っ取り早いと感じる。こうして、組織労働が後退すると、労働者にとっての雇用と賃金の安定もしだいに過去のものとなる。これはいくつかの原因の複合的結果である。

こうして、ライシュによれば、「民主主義的資本主義」は衰退し、「スーパーキャピタリズム」が出現する。その著しい特色は前の資本主義システムにおいて、その安定に寄与していた主要なアクターが力を弱めたことである。寡占型巨大企業、大組織労働、規制機関、企業政治家などがかつてのような力を発揮できなくなった。それに代わって、消費者と投資家が権力を握り、経済はより一層競争的な市場で満たされた。ライシュは新自由主義政策の貢献をほかの論者ほどは重視しない。彼はとくに、一九七〇年代までに広く普及して多くの人々が自在に操れるまでに発展した技術革新の役割を重視する。それらの多くは、冷戦時代に国防総省ではぐくまれた軍事技術が発端であった（一例として、コンテナ、貨物船と貨物輸送機、光ファイバーケーブル、人工衛星通信システム）。かつての重厚長大型技術は巨大な資本力を有する企業のみが大量に導入することができたが、コンピュータ・ソフトウェアによる技術は巨額の資本を必要とせず、規模の経済を必要としなかった。そこで、参入障壁が低くなり、起業家が跋扈《ばっこ》し、市場は競争的になった。整理すると、新しい資本主義をもたらした要因は、テクノロジーと規制撤廃とグローバリゼーションである。

多くの論者は、一九七〇年代に始まるアメリカ企業の競争力低下を、ドイツや日本との比較で論ずるが、ライシュは、じっさいに起きていることは、純粋にアメリカ国内だけで活動する企業を失いはじめたと解釈すべきだとしている。もはや、アメリカ人が所有する企業の業績とアメリカ人の業績とのあいだに自動的因果関係はなくなったのだ、と。このあたりの解釈は、日本や西ドイツとの競争でたとえば、アメリカ自動車産業が敗れたことを認めたくない、といった姿勢が感じられる。

ライシュも金融業に注目している。各業界で規制撤廃が進行したが、とりわけ重要なのは、金融業界のそれである。一九七四年の被雇用者退職収入保障法により、年金組合や保険会社が株式を含めてその基金を市場で自主運用できるようになった。金融規制の撤廃は、個人をたんなる預金者から投資家に変えた。企業はこれらの株主（集団）を誘い出して引きつけるために、自社の「株主価値」の創造に全力を傾けなくてはならなかった。こうして企業の収益性は増大し、連動して株価も上がり続けた。

ところで、民主主義的資本主義の時代に課題の中心だったと考えられる、経済上の安心、社会的公正、地域社会、ともに暮らす環境、世間の常識のような価値は、スーパーキャピタリズムにおいては影が薄くなったが、「市民」としてのわれわれにとっては、それらの価値はなお大きな関心事であり続けている。消費者や投資家としての選択が厳しくなるにつれ、かつての組織労働者が得ていたような高賃金は実現が難しくなり、したがって所得分配のシェアにおいて中産階級が獲得する分け前は縮小している。他方で、株主価値を高める経営努力が求められる経営陣、とくにCEO（最高経営責任者）などは平均在職期間が短くなったものの、報酬はうなぎ登りとなり、一般従業員とCEOとの収入格差はこれまでにないほど増大した。CEOの報酬の急上昇について、ライシュは優秀な人材に対する需要が高いためと説明しているが、クルグマンは「経営者としての才能に対する需要が高まったからではなく、CEOの巨額な給与に対する怒りにも似た反発――株主、労働者、政治家、または一般大衆からの激しい反発――が消え去ったからである」としている[7]。かつての企業は知名度が高く、カリスマ性のある経営者が必要だとは考えていなかった。一九八〇年代以降、CEOは会社の顔になり、CEOは一種の著名人ないし有名人となり、ロックスターのような存在になったのだと。

「スーパーキャピタリズム」の問題に対するライシュの処方箋の一つは、以下の命題に現れている。「私たちの内なる市民が、内なる消費者・投資家に打ち勝つ唯一の道は、購入や投資を個人的な選択ではなく、社会的な選択にする法律を作ることである」[8]。というのも、スーパーキャピタリズムが勝利を収めれば収めるほど、その結果に対して不満が高まり、社会的ないしは公的支援の領域が増大するからである。しかしながら、じっさいには、たとえばワシントンに蝟集する企業ロビイストがこの三〇年ほどで急増したことに見られるように、企業サイドは競争相手を出し抜くために、ますます多くのお金を使って政治の世界に参入することになり、その陰に隠れて、市民としての声は政治に届きにくくなっている。資本主義が民主主義を侵略してしまっている。偽の民主主義が資本主義を侵略してもいる。政治家や活動家は、企業が責任をもって行動した、といっては称賛し、そうしなかったといっては非難する。しかし、称賛も非難も責任ある行動を定義した法律や規則に基づいているわけではなく、そうした称賛や非難はすぐに忘れられる。その間、真の民主主義的プロセスは競争上の優位を求める企業や業界の勝手にされるままになっている。

それでは、解決策はあるのか。強調すべき真実は、企業は人ではないということだとライシュは主張する。企業は法的擬制であり、契約書の束以外の何物でもない。集団を特徴づけるスタイルや規範などの「企業文化」はあるが、企業そのものは物体の形としては存在していない。企業は契約書の束以上の発言の自由や、法の適正手続き、民主主義における政治的な権利を持つべきではない。このような権利を持つのは、「生身の人間」のみであるべきだ。企業が擬人化された特質を持つことにしてしまうと、人々は企業を人間のような存在だと勘違いしてしまう。誤った人格化の結果、正確には人間に帰属しているはずの義務と権利が企業にも与えられている。このことが資本主義と民主主義の境界をあいまいにし、悪い公共政策につながっている、と彼は主張する。

法人税は、一般に企業が支払っていると思われている。しかし、税金を払うことができるのは、人間のみである。現実には法人税はその企業の消費者や株主や従業員が払っているのである。法人税を撤廃することで、資本市場の効率を高めることができる。また、法人税を廃止し、すべての法人所得を株主の個人所得と同じように扱うべきである。レスター・サローは法人税を廃止し、所得が企業によって留保されるか、配当として支払われるかにかかわらず、企業が株主を代表して獲得した収益全体についてそれぞれ株主が個人所得として支払うという案を発表している。裁判においても企業の刑事責任を追及する慣行はやめるべきだし、企業でなく人間だけが告訴の権利を持つとすべきである。また、株主が同意しないかぎり、投資資金を政治活動に使われないようにするのは、合理的である。

ライシュのスーパーキャピタリズム概念はどの程度有効であろうか。アメリカ経済史を研究する立場からすると、一九七〇年代を境目にして、アメリカ経済の構造が大変動したという立論は色々な立場の人々によって異なる用語をもって同種の結論が導かれている、いわば通説と言っていい。しかしながら、民主主義的資本主義とスーパーキャピタリズムを峻別するに足るだけの証拠がライシュによって提出されているか、となると、必ずしも肯定できない。ただ、ライシュが *Future of Success*（邦訳『勝者の代償』）でキー概念とした「ニュー・エコノミー」は、本書では一語も出てこないことなどから考えると、スーパーキャピタリズムという用語も、本書全体の論旨をより明快にするための道具立てにすぎない、と見ることも可能である。

ベンジャミン・バーバーによるライシュの本の書評では、私的な自由（私が欲するものを選ぶこと）と公的な自由（われわれがコミュニティとして必要とするものを選ぶこと）のあいだには深遠な差異が存在する、のであって、それはたんに公共財と私的な嗜好とのあいだのバランスをとるという次元の問題ではない。しばしば些細で不十分な個人（消費者）の自由が、はたしてほんとうに公共的で規制的な政治的自由の代替物たり得るか、という問題である。民主主義的主権の本来の意味は、民主主義的な「われわれ」がつねに、かつ必然的に私（個人の自由）に勝つという点にある。[9] したがってバーバーにとってはスーパーキャピタリズムとそれ以前の資本主義とはそれほどちがわない。国家はたいていいつも市場に従属しがちである、ということになる。ただ、立論の新鮮さという観点から見ると、第二次大戦後の資本主義発展にあえて段階を設け、ひとすじ縄ではいかない政府介入の問題次元を通して、企業と市民の緊張的関係をいわば原理的に剔抉して見せた点ではライシュを評価すべきであろう。

企業から法人格を剝奪すべきとの提言は、あまりにも正論すぎて実現の見込みがない。[10] ライシュは企業の社会的責任とか、慈善事業とか、そうした「善行」に価値を置かないので、金融資本主義によって富を築いたスーパーリッチたちにより多く課税することで、国民皆保険の原資の一部にしようという、クルグマンのような解決策は抜け落ちてしまう。結局、ライシュの議論は、われわれの頭の中を整理する以上の効用を見出しにくいのであろうか。

2　消費者の消費行動とサブプライム問題

ライシュの体系においては、消費者は最大効用を求めて市場に参画するとされているので、住宅をすでに所有している、あるいはこれから所有しようとするアメリカの消費者のやや特異と見られる行動にも目がいかないうらみがある。むろん、これはたんに消費者の行動と言いきれる問題ではなく、連邦準備理事会（ＦＲＢ）の政策、貸し手金融機関、そして住宅所有希望世帯の相互の関係が生み出したものである。

二〇〇〇年から二〇〇五年半ばまで、アメリカで住宅ブームが起きた。住宅の市場価格は五〇％以上上昇し、猛烈な勢いで住宅が建設されている。チャールズ・モリスによる次の解説を引用しよう。「……長期的にみれば、住宅価格の上昇率はインフレ率と密接に連動している。住宅の購入は貯蓄の手段として信頼できるとされており、ふつうの消費者が資金の大部分を借り入れて（つまり、高いレバレッジをかけて）資産を購入する唯一の機会であることがその背景になっている。……五年間で価格が五〇％も跳ね上がれば、見方も行動も違ってくる。二万ドルの頭金があれば、二〇万ドルの住宅を九〇％の借入で誰でも買える。五年たって三〇万ドルで売れれば、当初の頭金が五倍の一〇万ドルに増えている。そのうち半分を頭金にして五〇万ドルの住宅を買い、同じことがもう一度起こるのを待つ[11]」。

以下、もう少しモリスの説明を聞こう[12]。一九九〇年代前半、長期金利が低下傾向を辿ったので、大手銀行は「モーゲージ借り換え」事業に猛然と取り組んだ。「キャッシュ・アウト借り換え」と呼ばれるその方法は、借り換えにあたって借入を増やし、差額を現金で受け取る方法である。金利が下がっていたので、月間の元利返済を増やすことなく借り入れを増やし、古いモーゲージ・ローンを返済し、その差額で新車を購入できた。

さまざまな新種商品が開発された。変動金利モーゲージ（ARM）は、金利が下がり続けると予想する消費者が、予想どおりになったときに利益が得られるようにしたローンである。ピギーバック・ローンは、頭金を支払う貯金がない消費者向けに、頭金と取引経費を融資するローンである。通常の貸し出し基準を満たせない借り手向けで、金利が高く、手数料の高いサブプライム・モーゲージが増えた。貸し手のほうは、一年ほどで転売することだけを目的に住宅を買う借り手も歓迎した。二〇〇五年には、住宅購入者の四〇％が転売目的か、セカンドハウス購入目的になった。

略奪的な行為も横行した。「負の返済」型ローンがあり、当初の返済額を利子に満たない金額に抑えていて、未払いの利子が猛烈な勢いで元本に加わっていく。借り手が気づかないようにして、とんでもなく高い手数料とブローカーの報酬を元本に加えている場合もあった。借り手は毎月の支払額を誤解し、すぐに保険料と税金が支払えなくなる。しかも、犠牲になる借り手は貧困層とは限らなかった。サブプライム・モーゲージの借り手のうち、豊かな層の比率は高い。バブルで高くなった住宅や二件目の住宅を無理をして買い、景気が悪くなれば、ローンを返済できなくなる人が多い。

住宅市場が高騰を続けていたために、仮りに借り手が返済不能になっても、全額回収が可能であった。担保価値が上昇を続けるから、融資額が担保価値を下回ることはあり得ない。「貸し手は、もちろん、住宅市場の継続的な上昇を予想していた。予想というよりも、それが大前提となって、住宅ローン会社のビジネスモデルが成立していたのである」[13]。借り手は、貸し手が望んだように、繰り上げ返済による完済を行った。完済後、借り手には利益まで残った。売却しないで同じ家に住み続ける場合には担保価値が上昇しているため、ローンを借り換えることによって、以前よりも多額のサブプライムローンを組むことが可能だった。こうして借り手の手元に現金が残る。借り手はその現金を消費支出に当てた。「大型液晶テレビなどの高級家電や新車などを買ったのである」[14]。サブプライムローンは、元々三〇年間継続して返済することができにくいものだったことにも注意が必要である。当初二、三年のあいだは毎月の返済額は少額だが、その後、返済額が急増する構造になっていたからである。こうして、「貸し手も借り手も、住宅価格の継続的な上昇に依存したビジネスモデルやライフスタイルを確立していたのである」[15]。

このローンでは、収益の多くが長期の返済に依存するのでなく、ローン供与時の高額の手数料や、住宅を販売したときに発生する住宅販売会社からの手数料（キックバック）から生じていた。

われわれがここで注目したいのは、借り手の側がじつは借金の一部にすぎない中途で発生する「現金」を新車購入や液晶テレビの購入にあてていた点である。これは、健全な返済計画でローンを組んで住宅を購入した時点で、新築住宅に必要な家具調度、カーテン、照明器具などを別途購入するのとはわけがちがう。アメリカの消費者に特有な借金に頼る消費である。換言すれば、二〇〇〇～二〇〇五年間のアメリカ経済の消費の堅調さはまさしく、サブプライムローンをその大きな部分として含む住宅市場の価格上昇による、このような消費に支えられていたのである。

住宅価格の上昇が止まり、やがて大きく下げる局面では、サブプライムローンを含む証券を購入したアメリカおよび世界の投資ファンドや投資銀行などが損失を膨らませるのみならず、住宅市場には一部でも資金を回収しようとする借り手が住宅を売りに出すから、住宅価格は一層下落し、さらに、贅沢品購入のための現金の払底によって、自動車や高額商品が売れなくなり、金融危機が実体経済の不況に波及するのが避けられない。

3　グリーンスパンとFRBは危機の兆候を見逃したのか

『ニューヨーク・タイムズ』紙によると、一九九七年、連邦商品先物取引委員会はデリバティブの規制について検討を開始した。委員長はブルックスレイ・ボーンという女性弁護士であった。彼女は束縛を受けない、不透明な取引は市場の脅威となりうるので、取引のより一層のディスクロージャーが必要だと議会で証言した。ボーンの見解はグリーンスパンと当時財務長官のルービンの猛烈な反対を惹起した。財務省の法律家たちは、新たな規則を議論するだけでもデリバティブの市場を脅かすと結論づけ、グリーンスパンは、多すぎる規則はウォールストリートに損害を与え、投資家の海外への逃避を促進すると断じ、ボーンに対してあなたは自分のやろうとしていることがわかっていない、それは金融危機をもたらす、と警告した。一九九八年初頭、これと同じ調子の忠告をサマーズ財務次官がボーンに対して行った。

一九九八年秋、ロングターム・キャピタル・マネジメントが破綻の危機に瀕し、銀行団の融資による救済が実行された。この、ボーン提案を補強するような出来事にもかかわらず、議会は商品取引委員会の規制権限施行を六カ月も凍結した。一九九九年、ボーンは委員長を辞した。一九九九年一一月、グリーンスパンと財務長官ルービンらは連邦取引委員会のデリバティブに対する規制権限を恒久的に奪うべきだと議会に勧告した。当時株価は歴史的な強気相場の入り口にあり、それはまさしくグリーンスパンのFRBのお蔭だというのが支配的雰囲気だった。グリーンスパンの名声のおかげで、かのニューディールで禁止された商業銀行業務と証券業務の兼務が再び許可された（一九三三年グラス＝スティーガル法の規定の解除）のである。グリーンスパンは、彼が言うことに対して相手に疑問を投げかけることを許さないように話すことができたという。

二〇〇〇年に上院議員トム・ハーキンがグリーンスパンに対して、「この例外措置をとることで、何か予見できないことが起きた場合、誰がそれについて対処するのですか」と質問すると、グリーンスパンは、ウォールストリートは信頼されるべきだし、「あなたの考えるタイプの経済では、大変な量の規制をかけることができるが、何も間違ったことは起きないと私は保障します。しかし、いいことも何も起きませんよ」と答えた。

二〇〇〇年の遅い時期に合併ブームについての議会公聴会で下院議員バーナード・サンダースがこう質問した。「こんなに富の集中が拡大していることを心配しないのですか。これらの巨大な組織の一つが破綻したときには、全米の、そして全世界の経済に対して恐ろしいインパクトを与えるのではありませんか」。グリーンスパンは、「いいえ、大組織の全般的な成長は多くのより大きなリスクの多くが劇的に、完全にと言うべきかもしれない、ヘッジされているような市場構造の文脈で起きたのです」と答えた。こうして下院は商品先物委員会がデリバティブに対して監督しないとする法案を通過させた(16)。

二〇〇四年に、住宅バブルのことを聞くに及んで、グリーンスパンは恐れなしとした。ウォールストリートは他の企業とリスクをシェアするために、デリバティブを用いているのだと話した。

グリーンスパンは二〇〇七年に自伝『波乱の時代』を出版し、その後サブプライム危機が深化するに及んで、過去の自分のリバタリアン的姿勢に対する風当たりが強くなるのを自覚してか、原著ペーパーバック版が出版されるのを機にエピローグを追加して今回の危機に対する見解を披瀝している(17)。

彼はまず住宅ブームの世界的な傾向を強調する。「インフレ率が低下するなかで長期金利が幅広い地域で低下したことから、資産価格が急激に上昇することになった」。「先進国で、そして一部の開発途上国で、何億人もの住宅所有者にとって、このトレンドはまさに僥倖《ぎょうこう》だった。自宅の価格が急騰したのだ。住宅ブームになった国は二〇を超える。イギリス、アイルランド、スペイン、オーストラリア、インドではとくに大規模なブームになっている。アメリカでは、住宅価格上昇率が極端に高かったわけではない。住宅ブームになった国のなかでは、平均に近い(18)」。

彼の基本認識は、サブプライム・モーゲージを裏付けとする証券化商品が世界の金融システムの弱い環として混乱のきっかけとなっていなければ、他の金融商品か市場がきっかけになったのは間違いない、というものである。「しかしわたしが徐々に確信を強めてきた点だが、政府と中央銀行はブームの進路を大きく変えることはできない。陶酔感の芽を摘み取れるほどの景気後退を引き起こす意志があれば別だが、現代の民主主義社会で、実現しない可能性もある将来の問題に対応して、そのような厳しいマクロ経済政策をとろうとするとき、有権者が許容することを示す事実はみあたらない」。

「したがって、こう主張したい。投機の波を効果的に抑えることはできないので、最善の方法は市場がいつも十分な柔軟性と回復力をもち、保護主義や硬直的な規制にしばられておらず、危機のショックを吸収し緩和できるようにしておくことだと[19]」。そして彼は結果論になることを恐れず、こう言ってのける。「今回の危機では、生活に直接の打撃を受けた有権者が多いので、議員はとくに強い圧力を受けている。歴史が指針になるのであれば、新たな法規では主に、今回の危機に焦点があてられることになろう。住宅融資の慣行が緩すぎ、詐欺的ですらあったこと、信用商品が見境なく証券化されたこと、長期資産の購入にあたって高リスクの短期資金に頼りすぎる傾向があったことなどである[20]」。

二〇〇八年一〇月二三日、『金融危機と連邦規制者の役割』にかんする下院公聴会で以下のようなやりとりがあった[21]。マサチューセッツ州議員のスティーブン・リンチは、証人として呼ばれたグリーンスパンによる、「ほとんどのデリバティブは適切に機能している」との証言に「少し驚いた」

と述べ、さらに「われわれは、多くの複雑なデリバティブがこのシステムを台無しにしている」と述べた。グリーンスパンは「それら多くの複雑なデリバティブはなくなってしまったので、再び姿を現すことはないでしょう」と答えた。下院議員は「私は、あなたが正しくて、それらが再び姿を現さないといいと思っているのだが、確信は持てない」と述べた。

グリーンスパン「私はそれらの手段――たとえば、構造化された投資手法のことですが――を規制するのについてたしかに反対ではないのだが、私は、ちょっとわからないのは、誰がそうしたものを買うのだろうかということです」。

彼はこう付け加えた。「あなたが、あまり意味をなさない多くの手段があると教えてくれるなら、私はあなたに同意します」。

リンチはこう切りかえした。「興味深いことに、それらの七二％はヘッジファンド――この部屋にいる最も頭のいいひとたちです――によって所有されています」。

グリーンスパンの答はこうだ。「そこが私が非常に悩ましい点です。われわれは間抜けな人々を相手にしているのではないのです。われわれが相手にしているのは、市場がどう動いて大きな問題を引き起こすのかについてはるかによく知っている人々を相手にしているのです」。

同じ公聴会のその後、グリーンスパンが金融問題の兆候を見逃したかどうかについての議論となった。オハイオ州民主党議員のデニス・クシニチは住宅バブルがあるとわかったのはいつかと彼に質した。グリーンスパンはこう答えた。「住宅バブルが私に明瞭になったのは、回想してみて二〇〇六年初頭のいつかの時点です。私は価格の相当の下落が一度もなかったので、相当規模の〔住宅市場の〕縮小を予測しなかったのです」。

カリフォルニア州民主党のヘンリー・ワックスマンはグリーンスパンに向かって、「おそらくあなたは規制緩和の代表的な提唱者だと思います」と述べ、グリーンスパンが政府の規制は不必要だと示唆したいくつかの事例を引用して、こう質した。「あなたは間違っていたのですか?」グリーンスパンの答は「部分的に」というものだった。

グリーンスパンは最初の声明のなかで、金融システムは一世紀に一度あるかないかの信用危機の津波のただ中にある、と述べ、二〇〇五年には「リスクの価格が過小な状態が長引くと、もしも歴史が何らかの示唆を与えるとすれば、恐るべき結果に導くだろうとの関心を抱いたと述べた。しかし、現在の危機は、私が想像したどんなものよりもはるかに広汎な影響を持つものになってしまった、と述べた」。

一九九四年に制定された自宅所有者資産保護法のもとでは、連邦準備理事会は詐欺的貸出手法を禁止する広汎な権限を有していたが、長期に及ぶ住宅ブームの間にほとんど権限は発動されず、全モーゲージの一%のみが禁止されただけである。

4　住宅バブルの破綻と消費者行動の変化

アメリカの住宅価格は二〇〇六年にピークをつけた後下落に転じ、二〇〇八年八月現在では、前年比一六・六％の下落率であった。住宅着工件数も新築、および中古住宅販売件数もローラーコースターのような急落ぶりである。新築住宅在庫率は一一％を超え、中古住宅在庫率は九％前後で推移している。もっとも、住宅差し押さえとそれに伴う競売件数も増加しており、中古住宅の値下がりに応じて、売買益を求めて購入する人々も多いので、在庫が減少する兆しも見えている。

住宅価格が値上がりしている間は、消費者の多くは、積極的な消費に動くが、住宅価格の値下がりは逆の資産効果をもつ。価格が一〇％下落すれば、二兆ドルの逆資産効果となるといわれ、五％の消費減少効果となれば、一〇〇〇億ドルの消費減退に結びつく[22]。また、「あなたの家のそばにATMを設置しているようなものだ」としばしば形容される、消費をファイナンスするための、住宅資産価額からの取り崩し（home equity withdrawal, HEW）は、消費のために住宅担保から借金できるという点ではフレキシビリティが評価されるが、他方で、アメリカの家計は消費のために住宅価値を減らし、債務負担を増やしているとも批判された。これはアメリカの消費者による可処分所得を超えての消費を可能にすることにより、個人貯蓄率の減退を招いた[23]。

HEWは、二〇〇五年に七〇〇〇億ドルでピークに達し、二〇〇七年第2四半期には、一五〇〇億ドルまで減少した。論者により消費の落ち込み額の推定に差があるが、二七五〇億ドルから一四〇〇億ドルである。ただ、HEWの消費にたいする影響は時差を伴うので、これから真の影響が現れるとも主張される。(24) 次に、サブプライムローンはもとより、プライムに近いAlt-A市場も危うくなり、総じて消費者ローンの延滞率や焦げつき率が増加しているので、消費者信用全体に悪影響が出ており、ローンが取得しにくくなっている。これが消費支出の増加に歯止めをかけ、消費の減少にみちびく。これは、ローンの供給の減少と、家計の支出よりも貯蓄といった方向転換の両面から考える必要がある。自動車販売が落ち込んでいる理由の一端はここにあると考えられる。

こうしてミシガン大学の消費者信頼感指数は、二〇〇七年一〇月には八〇・九だったものが、二〇〇八年九月には七〇・三、そして一二月には、五九・一まで下がっている。GDP統計で見ると、二〇〇八年第1四半期では、GDPは〇・九%の増加、個人消費支出は〇・六一%の増加、住宅固定資本投資はマイナス一・一二%だった。それが第2四半期では、GDPは二・八%の増加、個人消費支出は〇・八七%の増加、住宅固定資本投資はマイナス〇・五二%となった。しかし、第3四半期には、速報値でGDPマイナス〇・三%、個人消費支出はついにマイナス二・二五%、住宅固定資本投資はマイナス〇・七二%となった。(25) GDPに占める個人消費支出はほぼ七〇%なので、それが金融危機の影響でマイナスに転じる第3四半期にGDPがマイナスの値をつけることは十分に首肯できよう。失業率は、二〇〇八年八月に六%台（六・一）に乗せ、一一月にはついに六・七%に上昇した。

以上、消費者と企業と現下の金融危機との接点を探る作業を試みてきたが、住宅ローン危機から始まった金融危機がアメリカの消費不況を生み出しているとしても、現在危機はアメリカの自動車産業の破綻の可能性を含む実体経済へと広がっている。議会主導で設計されたビッグスリー救済法案は上院共和党の支持するところとならず、廃案となった。妥協を困難にした一因が全米自動車労組（UAW）が賃金などの削減を飲まなかったことだとも報じられている。トヨタなどの外国メーカーと比べてビッグスリーがコスト面で不利なのは、健保負担や退職者の健保を含むレガシー・コストが膨大なものになるという点もある。アメリカの自動車産業はライシュの言う「黄金時代に似た時代」、戦後四半世紀の労資協調と労働者の絶えざる生活レベルの改善、したがって中産階級化を担った産業であった。石油や小麦などの資源産業に軸足を置いたブッシュ・ジュニア政権は終り、UAWや労働組合を重視する民主党のオバマ政権に途を譲る。オバマ次期大統領の提唱する公共投資を大々的に行う新しいニューディールは正しい選択であろうが、自動車という「オールド・エコノミー」の抱える課題をどう解決するのかも、腕の見せどころではある。

注

（1）Reich［2007］訳書。

（2）後者については、権上［二〇〇六］という成果をわれわれは共有するに至った。なお、秋元英一、書評［二〇〇七］を参照せよ。

(3) Goldin & Margo [1992] 1-34. Krugman [2007] pp. 43-44.
(4) 秋元［一九八九］三七五頁。
(5) 雨宮・今井訳［二〇〇八］では「黄金時代」のようなもの、としている。
(6) Reich [2007] 訳書六頁以下。
(7) Krugman [2007] 訳書一〇二頁。
(8) Reich [2007] 訳書一七四頁。
(9) "Benjamin Barber on 'Supercapitalism' http://www.truthdig.com/arts_culture/item/20071213_benjamin_barber_on_supercapitalism/
(10) ライシュの提言に似たスタンスをとるのが、わが国の奥村宏である。彼はこう述べる。「犯罪を犯しても刑事責任を問われない法人としての株式会社が社会的責任を果たすというのは矛盾した話であるが、しかし、そういわなければ会社の存在自体が危なくなる、という危機意識から企業の社会的責任論が主張されるようになったのである。一方、このような株式会社の危機対策として打ち出されたのが新自由主義の主張であった。〔イギリスのサッチャー政権、アメリカのレーガン政権により〕国有企業の私有化、規制緩和が大規模に行われたが、これはいずれも危機に陥った株式会社を救済するためのものであった」。奥村宏［二〇〇八］七四頁。奥村はさらに、半世紀にわたる自分の研究から言えることは、「株主資本主義論やコーポレート・ガバナンス論、あるいは企業の社会的責任論（CSR）は問題の解決にならないどころか、事の本質をはぐらかすだけのものであり、せっかく高まってきた企業改革の動きを阻止し、後退させるだけのものだということである」とする。同著、二五四頁。
(11) Morris [2008] 訳書一〇三〜一〇四頁。
(12) Greenspan [2008] 訳書一〇四〜一一〇頁。
(13) 小幡［二〇〇八］六七頁。

(14)　小幡［二〇〇八］六九頁。

(15)　小幡［二〇〇八］七一頁。

(16)　Peter S. Goodman, "Reckoning: Taking Hard New Look at a Greenspan Legacy," *The New York Times*, October 9, 2008.

(17)　日本では翻訳版が上下二巻本として（グリーンスパン、山岡洋一訳『波乱の時代』（上・下）（日本経済新聞出版社、二〇〇七年一一月）出版され、原著のペーパーバック版に追加されたエピローグは『波乱の時代』特別版として別刷りで出版された。山岡洋一訳［二〇〇八］『波乱の時代』特別版。

(18)　Greenspan［2008］訳書一五～一六頁。

(19)　Greenspan［2008］訳書四〇頁。

(20)　Greenspan［2008］訳書四四頁。

(21)　"Greenspan, Snow and Cox on the Hill," *The New York Times*, October 23, 2008.

(22)　Nouriel Roubini, "The Coming US Consumption Slowdown that Will Trigger an Economy-Wide Hard Landing." http://www.rgemonitor.com/blog/roubini/226072/

(23)　Vladimir Klyuev and Paul Mills, "Is Housing Wealth an "ATM"? The Relationship Between Household Wealth, Home Equity Withdrawal, and Saving Rates," IMF Working paper # 162 June, 2006. http://www.imf.org/external/pubs/ft/wp/2006/wp06162.pdf

(24)　Roubini, ibid.

(25)　US Dept. of Commerce, *Survey of Current Business*, October, 2008; November, 2008. online.

参考文献

秋元英一［一九八九］『ニューディールとアメリカ資本主義――民衆運動史の観点から』東京大学出版会。

秋元英一［二〇〇七］書評「権上康男編著『新自由主義と戦後資本主義——欧米における歴史的経験』」『社会経済史学』第七三巻四号、二〇〇七年一一月、一〇七〜一一一頁。

奥村宏［二〇〇八］『会社はどこへ行く』NTT出版。

小幡積［二〇〇八］『すべての経済はバブルに通じる』光文社新書。

権上康男編著［二〇〇六］『新自由主義と戦後資本主義——欧米における歴史的経験』日本経済評論社。

Greenspan, Alan [2007] *The Age of Turbulence*, Penguin Press（山岡洋一・高遠裕子訳［二〇〇七］『波乱の時代』（上・下）、日本経済新聞出版社）.

Greenspan, Alan [2008]（山岡洋一訳［二〇〇八］『波乱の時代』特別版）.

Goldin, Claudia & Margo, Robert A. [1992] "The Great Compression: The Wage Structure in the United States at Mid-Century," *The Quarterly Journal of Economics* Vol. CVII, 1 (February 1992) 1-34.

Krugman, Paul [2007] *The Conscience of A Liberal* (W. W. Norton)（三上義一訳［二〇〇八］『格差はつくられた』早川書房）.

Morris, Charles R. [2008] Public Affairs（山岡洋一訳［二〇〇八］『なぜ、アメリカ経済は崩壊に向かうのか——信用バブルという怪物』日本経済新聞出版社）.

Reich, Robert B. [2007] *Supercapitalism: The Transformation of Business, Democracy, and Everyday Life.* Alfrec A. Knopf（雨宮寛・今井章子訳［二〇〇八］『暴走する資本主義』東洋経済新報社）.

（二〇〇八年一二月稿）

第7章　二一世紀発展構想・ビジョンと〝共生・公共性〟

島崎　美代子

一九九〇年代以後、急速にさまざまな新事態が現れているが、とくに、二〇〇〇年代に入って新しい動向が著しい。その過程を、キーワードとして拾ってみるならば、情報化社会の進展、脱市場主義、ＩＴ技術・ナノテクの新展開、循環型社会、共生・公共性システムの創出、持続的発展、参加型開発、社会的格差の増幅、自然環境保全、グローバル化と地域社会、などなどをあげることができるであろう。これらのキーワードについては様々な意見があるだろうが、一八～一九世紀に展開した産業革命を基軸において新しい世界史の段階に達成した「市民社会」が、二〇世紀をへて二一世紀には、新しい生産力システムの出現・展開を見て、それと関連して構造転換の出現を進める新しい産業構造が興り、「世界史の段階」を次へと移行しつつある時期が到来したことを示すものとして検討する必要がある。すなわち、現在、世界経済が直面している「景気の減速」を、「景気循環の一局面」として「景気変動のデータ」を検討することに留めず、「世界史の段階」の転換への「新しい動向」をこれらのなかに探索することである。

そこで以下、第1節では新事態の出現と二一世紀の発展構想ビジョンをまず検討し、新しい生産旋回をになう推進軸と思われる〝共生・公共性システム〟の出現――第2節農業分野における〝集落営農〟、および、第3節、工業分野における〝CSR企業〟に注目したいと思う。

このテーマ、論点に関する私の探求はまだ途上にあり、また、学会・研究会のなかで取り上げられることも開始されたばかりである。そこで、論争中の意見交流を追いながら私なりの見解を提起していく、という流れになることを予め了承していただきたい。

1　新事態の出現と二一世紀の発展構想ビジョン

二一世紀のキーワードとして、とりあえず前頁に次のようなキーワード――情報化社会、脱市場主義、IT技術・ナノテクの新展開、循環型社会、共生・公共性システム、持続的発展、参加型開発、社会的格差の増幅、自然環境保全、グローバル化と地域社会――を列挙した。このなかで、まず社会構造の型に基礎的に関わると思われる概念として、

(1)　新しい生産力＝ナノテク・IT技術と情報化社会

(2)　「共生・公共性システム」

(3)　「自然環境保全」

の三つを中心に検討したいと思う。

(1) 新しい生産力＝ナノテク・IT技術と情報化社会

第二次大戦後の日本においては、一九六〇年代に「重化学工業段階」が達成され、その後八〇年代に「ME化（メカトロニクス化）」が展開した（島崎［一九八四］）。その後、一九九〇年代から二〇〇〇年代に入る時期には、「量子物理学が技術の中に自然に入り込んだ技術革新」を受けてナノテクノロジーが進展している。ナノとは一〇億分の一のサイズを表す用語であり、超微小なもの、すなわち原子・分子のサイズにあたり、ナノテクノロジーは「原子・分子を操作する技術」であると述べられている（石川［二〇〇二］）。この新しい生産力の進展に対応して、産業社会段階が情報化社会へと移行する論議はすでに盛んである。この新段階への移行とともに、労働力構成、労働時間、労働時間帯、科学者・技術者の増大と専門分野の多様化、労働市場の柔軟化と労働契約の独立化・自立化など、前段階とは異なる階級・階層構成・構造が出現することに注目したい（島崎［二〇〇八］）。

その概略を図7－1、表7－1に示す。

(2) 「共生・公共性システム」

市民社会では、多様な市民が社会的に平等な位置関係を占め市場の場で対置している。男女・年齢別、所得の大小、専門分野の差異、出生の地域差、そして階級・階層の差異、などは市場においては社会的位置の差異をもつ形式的平等の社会を構成している。だが、実質的には大きな不平等があ

図7－1　IT・ナノテク革命と情報化社会の構成

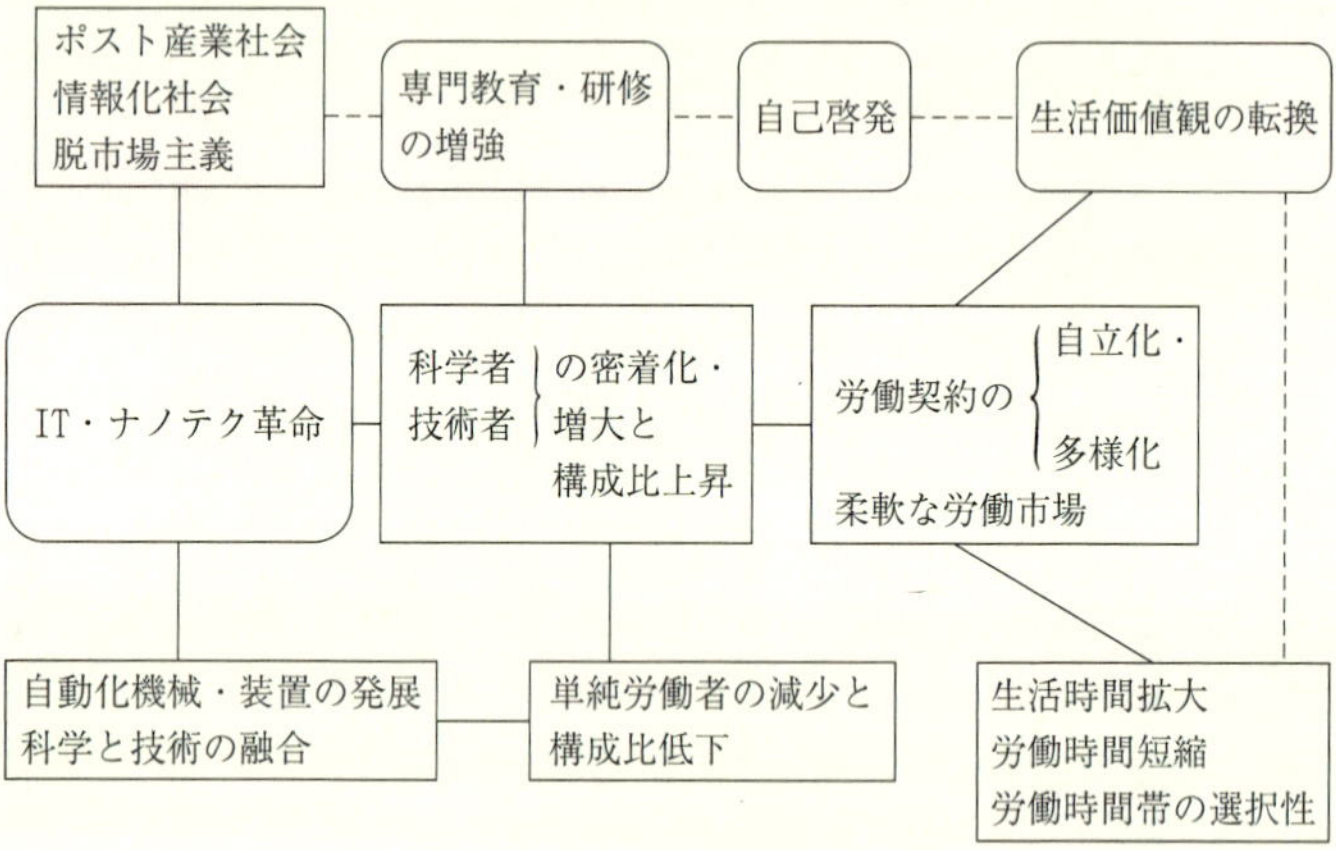

表7－1　職業別就業者数・構成比

（単位：万人、％）

年次／産業部門別	2000		2007		2007／2000×100
総数	6,446	100.0	6,412	100.0	99.5
生産工程	1,930	30.0	1,820	28.4	94.3
事務的	1,285	19.9	1,262	19.7	98.2
専門的・技術的	856	13.3	938	14.6	109.6
販売	911	14.1	888	13.8	97.5
保安・サービス	677	10.5	787	12.3	116.2
農林漁	321	5.0	269	4.2	83.8
運輸・通信	221	3.4	205	3.2	92.8
管理的	206	3.2	173	2.7	84.0
不明	39	0.6	70	1.1	182.1

注：専門的・技術的職業（技術者、教員、その他）。保安・サービス職業（家庭生活支援サービス、保安職業、その他のサービス職業）。

出典：総務省統計局『労働力調査年報Ⅰ基本集計』2007年、128、188頁により作成。

り、〝階級・階層社会〟である。しかし、二一世紀に入ると、生産力の新しい進展――分子レベルの次元で展開されるナノテク・ＩＴ技術――が出現し、これに対応して産業部門構成がポスト産業部門としての〝情報部門を中心とする情報化構成〟へと展開する。この段階で、「持続的発展」、「持続可能な社会」を目標にすえて「競争主義」・「生存闘争」に代わって「共生」概念が主張されるようになった、と言われる（矢口・尾関［二〇〇七］）。

「共生」概念は、もともと生物学で云われてきた“symbiosis”、すなわち、「異なる種の生物が生活を共有すること」を意味するものであった。ダーウィンの「自然淘汰の法則」から、今西錦司の「棲み分け論」への転換が指摘されるところである。人間社会への適用にあたっては、「人間と自然との共生」、および、「異民族・異文化」間の共生、この二つの視野が関わってくる（矢口・尾関［二〇〇七］一八～三七頁）。

次項および第２節で具体的事例をあげて検討するが、「人間社会の共生」概念には、コミュニティ、そして、自然的空間の広がりをもつ「公共圏」、この両者が関連をもつことになろう。コミュニティによる公共圏・地域的自然資源の管理は、権力の所在により〝トップダウン〟と〝ボトムアップ〟という対立する二型に分かれるが、「共生・公共性」が軸となるのは、後者＝〝ボトムアップ〟型であることは言うまでも無い。〝トップダウン〟型においては実質的平等が成立しないのである。

(3)「自然環境保全」

市場主義経済が、自然環境を「外部経済」としてその保全を視野の外においてきたこと、利潤動機を優先させて自然環境破壊を顧みなかったことについては、すでに多くの報告・論議が行われてきたが、最近、「エコロジー」に関する論議は盛んである。それは、中央・地方政府の政策論議ばかりではなく、企業レベルにおいても、「エコ・生産力」、「エコ・ビジネス」、「循環型企業」、などなどが議論されている(矢口・尾関［二〇〇七］)。その推進力に関する議論も多いが、ここでは、「共生・公共性」と組み合わせた「自然環境保全」に着目したい。

というのは、前項で見たように、「共生・公共性」は、「公共圏」、すなわち、地域的空間のもとに成立し、ボトムアップ型の地域自然資源管理をになう社会関係として成立するから、である。最近、日本では〝共生農業システム〟と呼ばれる新しい集落営農が、全国各地に見られるようになり、その紹介も多い。そこで、その事例にそって、「共生・公共性」システムと「自然環境保全」とが関連的に実現・推進されている実態を次に検討したいと思う。

2 〝共生農業システム〟の出現と「自然環境保全」の課題

市場社会での〝都市型ライフスタイル〟では、人間と自然との共生は消失し、そのもとで〝人間崩壊〟が深刻化することが多い。そこで、共生空間公共圏の具体事例として都市ではなく、まず農村地域で集落営農が取り上げられている。〝共生農業システム〟と呼ばれるこれらの事例について要約・紹介したい。

集落営農に関する農林水産省の調査によれば（『集落営農実態調査報告書』二〇〇五年五月一日現在）、総括的な型として認定されているものは次の二類型である。

(1)　集落内の営農を一括管理・運営＝一四八〇（全国合計）

(2)　認定農業者、農業生産法人等に農地の集積を進め、集落単位で土地利用、営農を実施＝一五〇五（全国合計）

両者合計で二九八五を数えるのである。地域としては、北海道から九州・沖縄にいたるまで散在しているが、地域別には、東海・北陸地域に、そして(2)については東北地域に高い比率が見られる（農林水産省［二〇〇五］）。

この種類の〝営農〟のシステムの構成を示せば、以下のように概略化できるであろう。

「公共農業システム」には多様な具体例が含まれるが、「環境および生態系に統合され市場原理に基づいて経済活動をする日本型『持続可能な農業』モデル」と位置づけられ、「団地化された大区画圃場（五〇アール～一ヘクタール区画）のもとで、当時代の科学技術を踏まえたリーズナブルインプットの輪作構造をもった農業生産様式である」とも説明されている。さらに、「地域複合農業」および「資源管理型農場制農業」は「地域農業経営体」とも呼ばれる（矢口［二〇〇六］第Ⅰ巻、二三～三五頁）。そのモデル図を私なりに整理したものが図７‐２である（同右、二四頁、図０‐３により

図7－2　資源管理型農場制農業の推進態勢・略図

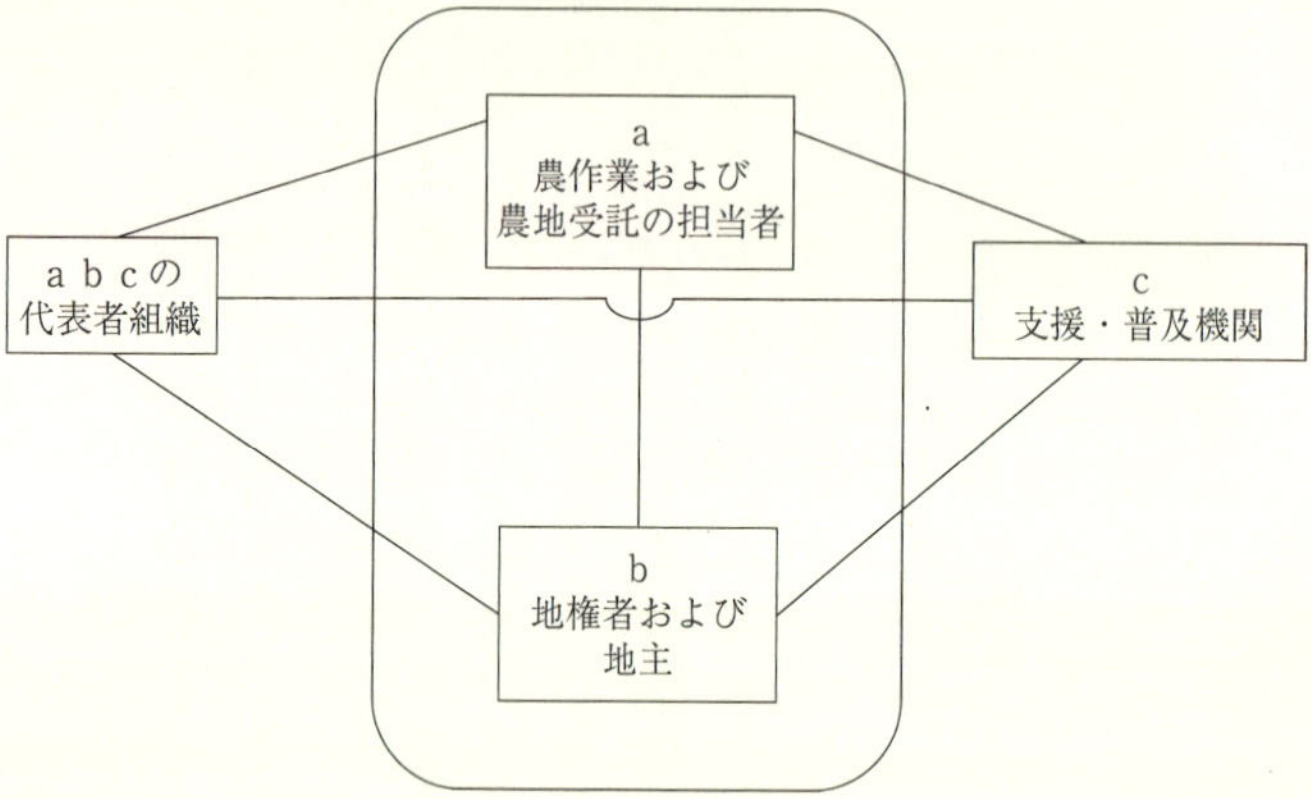

作成）。

この大区画圃場として現代農業の科学技術を利用することになる。その際、協議のうえ決定・推進する順序で実施されるが、これら組織の内部関係は、個々として規模的差異をもっていても、実質平等の連携であり、「共生・公共性」による連携のもとに、推進される、といえるのである。また、規模の大小の差異があっても、ひとつの〃大区画圃場〃を単位として決定・推進されるゆえ、〃地域自然環境〃の管理――例えば、水・用水路、土壌、農道、里山、など――を踏まえて、作付け体系、輪作形態、肥料・農薬利用の内容・方式などについての協議が必要になるのである。ここに、現代農業の〃持続的発展〃という目標が据えられるとするならば、自然環境保全が検討されることになるであろう。

そこで、多くの具体的事例のなかから、愛知県十四山村における広域営農システムを選んで紹介したい。

十四山村は名古屋市の南西の近郊水田農業地帯にあり、

耕作面積五二四ヘクタール、水田四八一ヘクタールをもち、兼業が深化（兼業化率九三・四％）している。全村を四ブロックに分けた広域営農体制＝資源管理型農場制度を一九八七年に確立した。確立にあたっては、十四山村農業協同組合が「推進の中核」をなしていたが、「村あげての度重なる話し合いとそれに基づく理解と納得が」あったと指摘されている。

その体制は集落営農の典型的な三組織——農作業担当、地権者、調整担当の農協＝現代的農業機械・施設を受け持つ農協——およびこの三組織の代表者組織から成り立っている。四ブロックに分けられた広域営農体制はそれぞれに営農組合を結成し、およそ一ヘクタール区画の圃場のもとに、集団転作・用排水管理の統一・品種・作付け・施肥・防除・収穫など栽培管理を統一実施しているのである。内部でのパートナーシップが確立しているのみならず、外部・消費者との交流も幅広く、地域のボランティア組織とも、地域環境保全・農業体験などを通して、交流を深めてきた（矢口［二〇〇六］第Ⅰ巻、八七～九二頁）。

3　脱市場主義と「共生・公共性」

市場主義を脱却して新しい世界史の段階へ移行するダイナミズムについての確定が、最近では多数提起されているが、そのなかから次の二つの型——⑴市場価値と社会価値との差異・分離、および、⑵地域循環型共生社会の構築——に整理し、さらに、⑶この二つの型をになう新しい経営形態

図7－3　市場価値と社会価値の分離と市場・脱市場

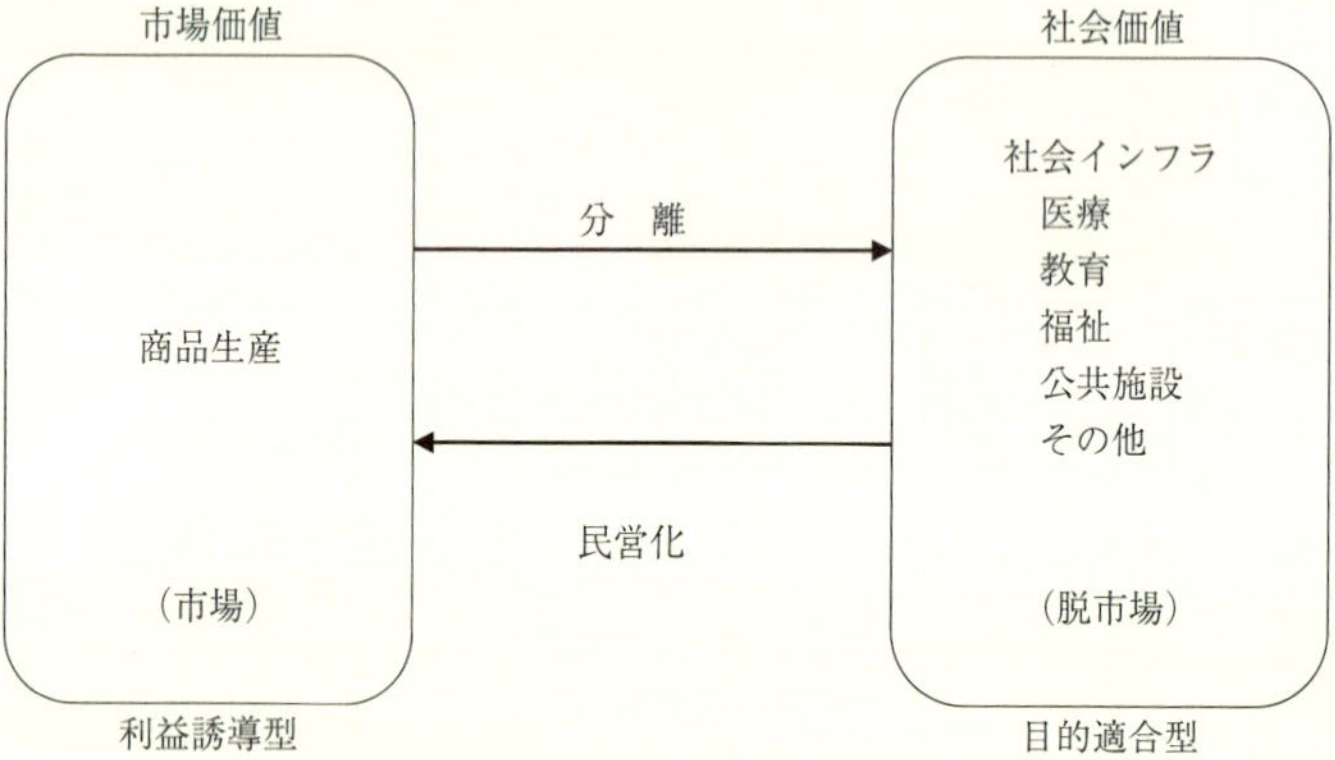

出典：Soros［2000］訳書182-209頁により作成。

″CSR企業″を紹介・検討したい。

(1)　市場価値と社会価値との差異・分離

G・ソロスは、利益誘導型によってはその機能が実現し得ない分野があることを指摘している。それらは、多くの社会インフラストラクチュア（以下、社会インフラと略記）であり、その実施は直接に社会的目的に関連して推進されなければ目標の実現はできない。例えば、研究・教育、医療、福祉など。これにたいして、大多数の産業分野、サービス業の幾つかの部門においては、市場のメカニズムのもとで利益誘導型の競争関係に立つことによって目標の達成・改善が推進されるのである（Soros［2000］訳書）。社会的インフラ分野はIT・ナノテク技術革命と情報化社会への移行のもとで、新しい内容・形態をもって増強されることが必要になり、非市場分野が拡大する。市場分野も対応して変化・展開することは言うまでもない。この新しい段階の社会インフラを選定し構築するとき、ボトムアップ型で推進するならば、「共生・公共性」システムが機能することになる（図7-3）。

(2) 地域循環型共生社会の構築

「資源循環型地域システム」が注目されている。というのは、「地産地消」を目標に自然環境保全と「持続的発展」を「共生・公共性」の視野をもって実現していくこと、を意味する。バイオマス・エネルギーの生産・利用を軸とする「地域循環型社会」への志向が、近年、全国各地で積極的に実践されるようになった。

ここでは、生活排水による水質汚染の対策からスタートした市民運動が、諸団体提携を進めるなかで、菜の花栽培―菜種油の製造を軸にして、エコライフ・水質保全を実現していったプロジェクトである「菜の花プロジェクト」を取り上げたい。その発端は、廃食油の垂れ流し―琵琶湖に大規模な赤潮発生―生態系の攪乱、という一連の県内全域に広がった「公害」対策の市民運動であった。一九七八年にまず「琵琶湖を汚さない消費者の会」が結成され、「住民主導ゴミ回収システム」へと発展し（一九九〇年）、地域の生協が「環境生協」として活動を展開して、菜種油を原料としてBDF（バイオ・ディーゼル油）の精製・利用に乗り出した（テストプラントの開発開始、一九九四年）（図7-4）、（矢口・尾関［二〇〇七］二〇二～二一五頁）。

(3) 新しい経営形態 〝CSR企業〟

CSRとは、"Corporation of Social Responsibility"（企業の社会的責任）の略語である。東洋経済新報社では、「企業の社会的責任」という新しい視座を設定して、全上場企業、および、主要未上場企業（二〇〇八年調査時点では、それぞれ三九一二社、七〇社を対象として調査票を送り、このうち回答があった、一〇二三社、六一社のデータを整理している――東洋経済新報社［二〇〇八］および東洋経済新報社［二〇〇九］）。この調査は二〇〇五年に開始され、二〇〇八年に実施された第四回調査データによるものである。GDP分析にとどまらず、"Human Development" の視座のもとに指標が拡大・進展されてきた経緯をさらに展開し、企業の社会的責任を基本軸にすえて八〇をこえる調査項目をたてて、現在の日本企業の新しい型と動態を把握しようとする、この実態調査の意義には注目すべきものがあると思う。そこで、概要を紹介して検討したい。

調査は次の四分野にわたり、その各々に約二〇項目が設定されている。その四分野、および、そのもとに置かれる調査項目（主要なものに限るが）は次のようになる（東洋経済新報社［二〇〇八］）。

1　雇用・人材活用――女性社員比率、同・管理職比率、同・役員の有無、障害者雇用率、育児休職取得者、介護休職取得者、など

2　環境――環境担当部署の有無、環境方針文書の有無、環境会計の有無、ISO14001取得体制、など

3　企業統治――CSR担当部署の有無、内部告発窓口設置、情報システムのセキュリティに関する監査の状況、など

4　社会性――消費者対応部署の有無、社会貢献活動支出額、NPO、NGOとの連携、ボランティア休職、など

以上のような調査実施データを掲載した「企業総覧」、および、全項目評価の総合得点によるランキング表（上位二〇〇社）が刊行されている（同右、資料）。このランキング表により上位五社を列挙すれば、シャープ、トヨタ自動車、パナソニック、リコー、NEC、である。

調査の項目を見れば、そのいずれもが「内生・公共性」概念を含むことが明白だが、とくに第三分野（集計表では第三と第四とを合せて第三分野＝企業統治＋社会性、としている）が直接的に「内生・共生性」の指標を含んでいるのである。

以上のように、日本の大企業は「共生・公共性」の特質を実態としてもつばかりではなく、統計として確定する作業が行われている。ということは、この特質が企業の目標・進展・方向として重視されていると考えられるのである。

図7-4 「菜の花プロジェクト」の共生システム構造

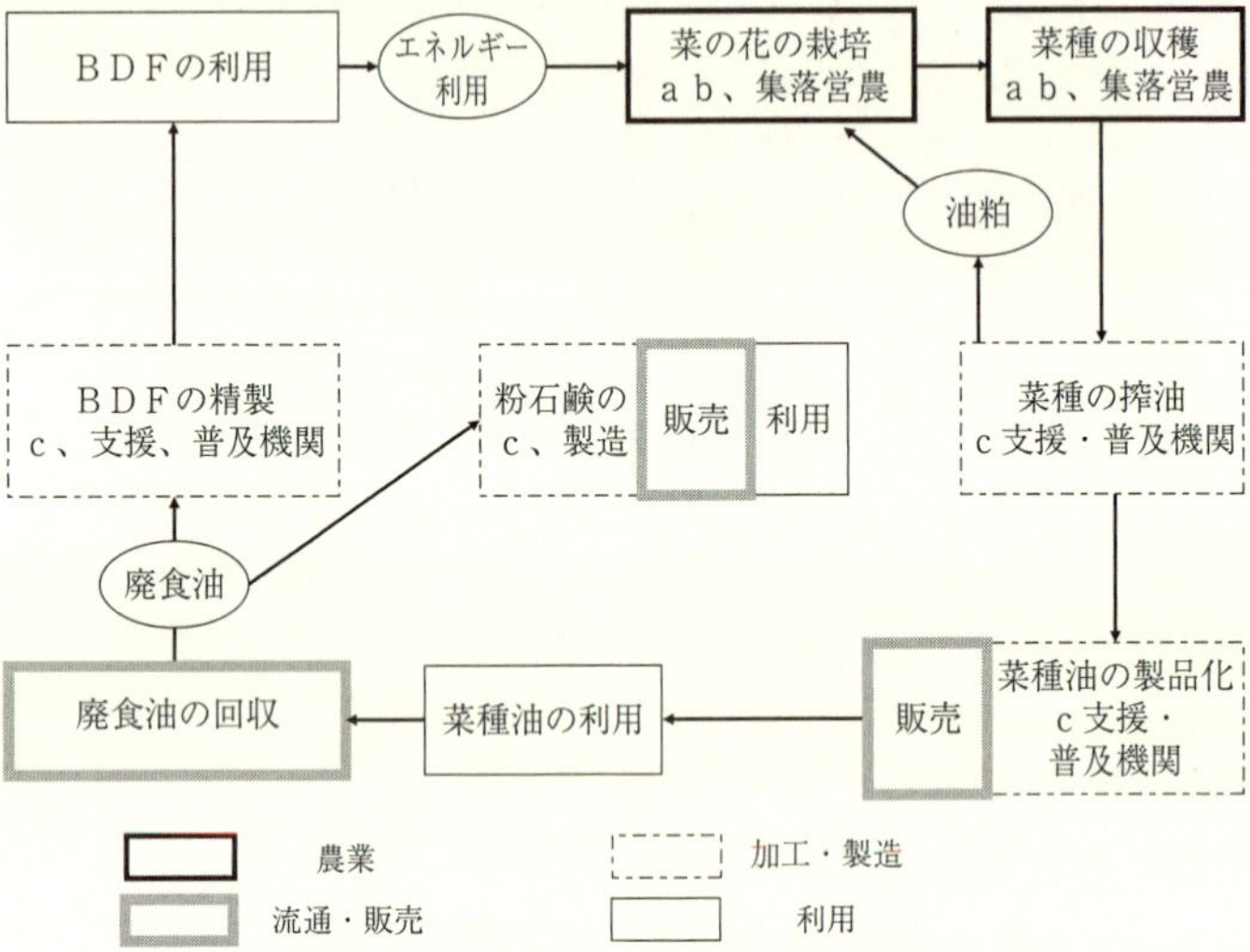

注：BDF＝Bio Diesel Fuel、abc については図7-2を参照。

4 おわりに

最近、この数年のあいだに、〝新しい社会主義〟論や〝二一世紀社会主義〟論が提起され、その動向をめぐって論議が展開されるようになった（日本科学者会議［二〇〇九］）。しかし、それらの論議は開始されたばかりであり、一般的な試案の提起にとどまっているように思われる。ここに私が提示したのは、二一世紀に出現・展開し始めた〝新しい生産力と生産関係〟の萌芽を明示し、〝新しい社会主義〟を担う〝新しい経営体〟とそのもとで成長しつつある〝新しい推進主体〟との検出である。〝萌芽〟と言わなければならないとはいえ、ナノテク・ITという新しい領域を開き、それに適合する生産関係としての〝共生・公共性システム〟――農業分野における〝集落大圃場〟推進体制と工業分野を中心とする〝CSR経営体〟とそのもとに活用され始めている新しい人材構成・企業統治・自然環境対応部署の創設など――に注目・探索につとめた。

今後、市場経済に終止符を打って、〝新しい社会主義〟を打ち立てる見通しは、まだない。さしあたって私の探索では、市場経済から徐々に抜けだして、その領域を狭めているという意味を〝脱市場主義〟と表現して、二一世紀の発展ビジョンの萌芽を確定することに、目標をすえたつもりである。厳しい批判・反論に期待したい。

参考文献

石川正道編著［二〇〇二］『ナノテク&ビジネス入門』オーム社。

新日本出版社［二〇〇八］『経済』二〇〇八年九月号No.156（特集1と2の1：企業の社会的責任を問う）、新日本出版社。

島崎美代子［一九八四］「戦後労働者階級と科学技術革命」『研究所報』第二九号、日本福祉大學社会科学研究所。

島崎美代子［一九八八］「手つくりのシンポジウムを終えて――ME革命と地域開発、脱工業化社会の労働組織と未来――、シンポジウム帰国報告」『研究所報』第四六号、同右研究所。

島崎美代子［二〇〇八］「モンゴル国・遊牧社会と地域発展計画」現代社会構想・分析研究所『現代社会の構想と分析』第六号、二〇〇八年度年報。

東洋経済新報社［二〇〇八］『CSR企業総覧二〇〇九、Data Bank Series ③』（『週刊東洋経済』臨時増刊）。

東洋経済新報社［二〇〇九］『東洋経済統計月報』二〇〇九年三月号。

日本科学者会議［二〇〇九］『日本の科学者』二〇〇九年三月号44-3（特集：二一世紀社会主義論——新しい社会主義を目指す国々の胎動）。

農林水産省統計部［二〇〇五］『集落営農実態調査報告書』。

農業問題研究学会編［二〇〇八］『現代の農業問題』全四巻、筑波書房。

矢口芳生編集代表［二〇〇六］『共生農業システム叢書』第I～II巻、農林統計協会。

矢口芳生・尾関周二編［二〇〇七］『共生社会システム学序説——持続可能な社会へのビジョン』青木書店。

Soros, George［2000］*OPEN SOCIETY: Reforming Global Capitalism*（山田侑平・藤井清美訳［二〇〇一］『ソロスの資本主義改革論——オープンソサエティを求めて』日本経済新聞社）.

第8章　ウェルフェア、社会的正義、および有機的ヴィジョン
——ブリテン福祉国家の成立前後における概念の多元的諸相

深貝　保則

1　はじめに——福祉国家の世紀、その出口から入口への遡及*

二〇世紀終盤の先進国では、経済的パーフォーマンスの停滞のなかで、国家財源の逼迫という事情に活力の衰退という雰囲気の蔓延も加わって、市場原理主義による経済統治のプログラムが唱えられ、二〇世紀型福祉国家を標的とした批判が展開された。現実的な政策論争としては、役所・役人ばかりではなく業界団体や組合をも含む諸セクターの既得権を害悪視する「世論」にも後押しされて、小さな政府への動きが加速された。思想的には、素朴に市場メカニズムへの信頼を語る議論と並んで、リバタリアニズムの政治哲学が注目された。なかでも、一九六〇年代までは自身はシカゴに拠点を置きつつもモンペルラン・ソサイエティに集うマイナーなグループの中心人物の観があったハイエクが、一九八〇年代半ば以来急速に関心を集めた。そしてハイエクは、ロールズの正義論と対抗的にロック的所有論を大胆に読み替えて権利論を展開するノズィックとともに、自由尊重

主義的な議論の厚みを提供した。しかしこの数年、ワーキング・プア、格差社会といった判りやすい新たなキー・ワードとともに、富の偏在のもとでの貧困の深刻化が問題視されるようになってきた。とくに二〇〇八年秋の金融危機以降は、市場原理主義に対しての批判こそが新たな潮流のようにもなってきている。

一見すると単純に、産業育成型の成長経済と福祉国家との結合からグローバル化と新自由主義との結合へと揺れ動いたのちに、逆の方向へと振り子が揺れているようにも見える。しかし、成長や発展を軸にしながらその恩恵を社会構成員に配分することを旨とした枠組みに、振り子の揺れのなかで自ずと舞い戻るようなものであろうか。今日にあって福祉や貧困に表出している問題は、市場原理主義の看板を取り外して福祉国家にもよいところがあった、などという宗旨変えや回帰をすれば片付くようなものではない。あるいはまた、国家の機能と市場の役割との間でのウェイトづけをめぐって重心移動したり、さまざまな実効的政策プログラムを工夫したりすることによって処理できるような、一般的な経済問題のレヴェルに収まるものでもない。むしろ、人の内面に押し寄せる不安や自尊のあり方において、そしてひとびとの間の社会的な関わりの質の深みにおいても、問われるべき事柄である。さらには、この種の社会的問題について誰がどのような資格において発言・関与でき、あるいはすべきなのかもまた、注意が払われるべき問題である。(1) 発言・関与をめぐる領域を扱い損なうならば、たとえばハイエクが『自由の条件』(一九六〇)第三部で展開したような、福祉国家的な枠組みが諸個人の選択や自由に対して阻害的になりうるという議論に対して、応答できないという事態に陥るであろう。

このように見てくると、たとえば二〇世紀初頭以来のいわゆる福祉国家もしくはそれを支える思想の生成・展開という歴史局面をめぐる掘り起こしの作業は、結果的に成立したものについての生成史的な再現にとどまるわけにはいかない。多少なりと現代的な関心を投影させるのであれば、それらの二〇世紀型の枠組みの生成に当たって実現には至らなかった諸構想が持っていたはずの可能性についても、その危険性をも含めて見据えることが必要であろう。あるいはまた、このテーマへの接近は福祉国家もしくは福祉思想への愛着や賛美の表明でとどまるわけにはいかない。人間観や社会像の特質に迫ることが必要であろうし、実態もしくは思想の歴史的諸相についてのアプローチも、規範的、倫理的、政治哲学的な領域との接点を持ちつつ進められるべきであろう。

本章は一九世紀末から二〇世紀初頭にかけてのブリテンの思想状況を素材に、社会的および倫理的な「よきありかた well-being」がどのように考えられたのかをめぐって、その議論の交錯状況を類型的に提示するものである。この作業に当たって、二〇世紀型福祉国家のメイン・ストリームに結果的に連なる系譜よりも、むしろ、当時は活発に発言しながらも実行プログラム化されるには至らず、いまや歴史の古層のうちに眠ったかに見える諸思考の存在に目を向ける。この狙いは、むろん単なる落穂拾いや詮索趣味ではない。結果的に主流になりえたもののみに着目するのは、俗な意味でのウィッグ史観とでも呼ぶべきものであるが、この流儀を避けるにとどまるものでもない。交錯し沸騰した議論の状況から諸概念が絞り込まれていく次第を明るみにすることで、いわば反転して、二〇世紀的な学問分類のなかで固定化した用語法のみに寄りかかることの制約を問い直す。こうして、思想史的アプローチと現代的課題との往反という迂回路を介して、今日の状況を念頭に思考を進めるための手がかりを——むろん問いのスタイルの性質上、即効性と混同してはならないそれであるというわきまえのもとに——探りたい。

ここで作業に着手するに当たって、あらかじめ留意すべきことがある。今日では馴染みの福祉国家（welfare state）、社会福祉（social welfare）、厚生経済学（welfare economics）、社会的厚生（これも social welfare）などの用語は英語ではいずれも welfare を含む合成語であるが、このウェルフエアという用語が今日知られるような意味で使われ始めたのは、一九世紀最終盤以降のことなのである。第3節でこの状況を概観するが、本章においては「福祉国家」など今日的な用語の意味で登場する場合を除き「ウェルフェア」と表記する。

以下、第2節では二〇世紀最終盤から十年ばかりの経緯のなかに見られる市場的、社会的状況の顕著な変化について、その意味を思想史的な観点から考える。第3節、第4節ではそれぞれ、一九世紀後半から二〇世紀初頭に至る時期における「ウェルフェア」および「社会的正義」概念の旋回状況を概観し、第5節においては、当該の時期に重要な役割を果たした進化論的、有機体説的な社会ヴィジョンの諸類型のうちで特徴的な議論をいくつか紹介する。そして第6節で、われわれにとっての「いま」に寄せる関心のもとにおいて、二〇世紀型枠組みの生成状況に遡って交錯した構想の諸パターンを探ることの意義を、確認する。

2　分水嶺としての二〇〇五年前後――ウェルフェアを語る思想史的な課題へ

小さな財政国家を志向し「ヴィクトリア的諸価値」の復興を語るサッチャリズム[2]から、規制緩和を標語に公的セクターの役割解体を求める小泉改革に至るストーリーは、強い競争主体のもたらす活力が有効に働くはずだとの信念に支えられたものであった。むろんこれには、経済における主導的役割をめぐる国際的な競合関係やグローバル化のうねりのなかにあって、国民的活力をもたらすスキームが求められるという事情があった。顧みると、高度経済成長に代表されるいわゆる右肩上がりの傾向に希望が重ね合わされた時期には、進歩と成長がお馴染みの語り口であった。これに対して、停滞局面において顕著に現われた活力を軸とする社会風潮は、一九世紀末には典型的に見られたような適者生存を標語とするいわゆる社会進化論と少なくとも表層的には似た響きがあった。

二〇世紀最終盤にはこのような特徴的な傾向が見られたのではあるが、しかしながら、一挙に強さに託すスキームに収斂するものではなかった。まず実態的には、社会を構成するすべての人々が強い主体になりうるはずもない。社会構成員の幸福を著しく損なわないためには、また社会的な安定性の観点からみても、実際の政策プログラムとしては福祉を担う公共的機能を丸ごと撤退するわけにはいかないのである[3]。そこで、福祉機能の撤廃ではなく市場的領域への組み込み（福祉のビジネス化）が政策的に誘導され、公的年金を補充する自立救済型の将来設計プランの設定が促された。

NGO、NPOなど非市場的枠組みによって自立支援を語る試みや、貨幣的な力の面で「弱者」の立場にある人々の間での相互ネットワークをひき出す地域通貨の試みも展開した。ボランタリーな自立支援や地域通貨の試みは、公共セクター後退という政策傾向へのオールタナティヴとして提起されるとともに、結果的には、公共的な福祉機能が弱まる際の受け皿として、いわば下からの補完役割をある程度果たす側面もあった。また、社会のあり方をめぐる思想的な領域、とりわけ政治哲学においてはリバタリアニズムの隆盛が見られるとともに、ロールズ正義論の圧倒的な影響力をはじめセンやドヴォーキンら自由と不平等、厚生の問題を掘り下げるいくつかのパターンの議論と並んで、ウォルツァーやマッキンタイアー、テイラーを中心とするコミュニタリアニズム（共同体主義）のように、社会的なネットワークの質を問う議論も展開された。

さて、二〇〇〇年代に入ってから、とりわけおおむね二〇〇五年あたりを分水嶺として社会的な緊張をめぐる構図のあり方に顕著な変化が生じつつある。これを二〇世紀後半以来の段階的変化として位置づけておくと、社会主義との体制並存にあった二〇世紀第三・四半世紀までの先進国の側においては、成長型経済のもとでの富裕増進のなかに国民的安寧を包含することがまずは模索された。そして、とりわけ分配関係をめぐる政治的対立が体制問題に進展する可能性を回避するという内政面の必要からも、国家財政によって福祉スキームを維持することの重要性がほぼ自明視された。これに対して二〇世紀の第四・四半世紀、とりわけその最終盤から二〇〇〇年代初頭にあっては、グローバル化のもとでの一国経済の浮沈如何に焦点が移るとともに、「九・一一」が象徴的であるように、体制間の対立に替わって宗教の違いをうまく共存可能なものとして受け止めることができないなかで生じうる緊張・コンフリクトといかに向き合い、「自由」の領域を構えるのかが焦点となった。

しかし、体制並存のもとで自由主義的な統治と国民的な富裕の再分配を巧みに組み合わせた段階や、その後のグローバル化のもとで競争的枠組みへの没頭とそこでの成功物語が謳われた状況とは異なって、二〇〇五年前後からは、社会諸構成員のあいだに横たわる不平等の存在や人格的承認のあやうさ、そして生きるものとしての尊厳をめぐる問題に目が向けられるようになった。いまや社会的ネットワークの質的な弱さが問われ、異質な者たちの間の共存と複数性をめぐる問題がクローズ・アップされるようになりつつある。――たとえばアメリカにおけるワーキング・プアや日本における格差などで語られ始めた事象は、経済的な所得分配の問題であるとともに、人並みのチャンスにアクセス可能かどうかに端的に現われる社会的承認の問題でもある。「先」の見通しの不透明さのみならず、果たして「いま」を人間的に生きうるのかさえ心もとない状況は、しばしば人格的な尊厳をも深刻に脅かすものである。一九九〇年代に入ってからこの国においては、いわゆる日本的雇用関係を問題視する傾向が強まった。その後、結果的には、よかれ悪しかれ家族主義的、集団主義的色彩の濃厚な日本型企業社会が持ちえたはずの、仕事を通じた仲間形成の場を少なからず切り崩した。地域や家族の性質の変化も相まって、いまや日常的な会話の領域を匿名化されたネットワーク上にのみ求め、さらにはヴァーチャルな空間にしか安らぎを見出し得ない人々も少なくない。

あるいはまた、二〇〇五年のパリ近郊の移民暴動やロンドンでの地下鉄テロ、カルフォルニアでのヒスパニックのデモなどの事例は、グローバル化によって一段と促進される国際間人口移動のもとで、コミュニティと文化のあり方をめぐる共存可能性の難しさを新たな深みにおいて表出させた。人種に限らずセクシュアリティ、宗教、信条など多元的なアイデンティティのもとにおいて、いかに相互的な寛容と承認を適えるのか。この点は、非対称な社会文脈のもとで恵まれない境遇におかれがちの人々にとっての幸福それ自体についてはいうまでもなく、社会の安定的な存続可能性を探るうえでも重要なテーマになっており、いまや極東のこの国においても無縁なことがらではない。

3 ユーティリティからウェルフェアへ——概念転換とプロジェクトの多様性

スミス以来の古典派においては、交換価値と対概念の使用価値つまり「有用性」の意味でユーティリティの語が用いられるとともに、ベンサムやミルに典型的な功利主義においては個人にとっての幸福、快苦という次元とともに社会的な望ましさの次元においても「功利性 utility」概念が用いられた。しかし、この用語は、ジェヴォンズを転機として経済的な意味での効用関数を表わす語となった。これに対応して、経済学のうえではピグーの段階に至ると社会的に望ましい経済の状況を表現するために「経済的厚生 economic welfare」が用いられるようになる。だがここで、一九世紀後半の用語法をめぐる展開のなかで見落としてならないのは、utility の用語が「功利性」から「効用」へと方法概念として変化したのにちょうど入れ替わる形で、welfareがにわかに経済的な用語として定着したわけでは決してなかった、という事情である。そしてこのことは単に用語法にとどまらず、どのような社会構想を抱くのかという理念的な領域と密接に結びついている。

さらに、ウェルフェアの用語それ自体もまた、曲者である。二〇世紀においてはsocial welfare、welfare economics、welfare stateなど合成語として固有の意味内容を持つウェルフェアの用語は、一九世紀までにおいては異なった含意を持っていた。まず、ベーコンやホッブズからヒュームやスミスを経てベンサムに至るまで、「幸福とウェルフェア」、「安全とウェルフェア」、「人類のウェルフェア」など、生存や平穏のために望ましい状況を一般的に現わすものであった。時には「全般的ウェルフェア」、「公共的ウェルフェア」などの表現がマンデヴィル、バークリー、ニューカッスルのジョン・ブラウン、スミス、ベンサム、リカードウらによって用いられるが、概念上は特段の意味が持たされているわけではない。

しかし一九世紀後半になると、「ウェルフェア」は人の生存や社会の平穏、繁栄などを支える一般的なことがらに加えて、倫理的な目標と関連づけて、また人の生きるあり方へと関わらせて論じられるようになる。たとえばシジウィクは『倫理学の方法』（一八七四）のなかで、従前の「幸福とウェルフェア」という言い回しに加えて「善とウェルフェア」という組み合わせを持ち込んだ。さらにシジウィクは『倫理学の歴史概要』（一八八六）ではアリストテレスやゼノンへの言及としてではあるが、「ウェルフェア」を「ウェル‐ビーイング well-being」（つまり「よい状態」もしくは

「よい生き方」）および「エウダイモニア eudaimonia」と同義だとして用いた。一九世紀後半の用語法をここで包括的に取り扱う準備はないが、少なくともマーシャルやとくにピグーが行なったような「経済的厚生」への絞込みによって促された二〇世紀的な用語法とはまったく異なった意味空間が存在していたのである。ちなみにミルは「ウェルフェア」の用語はあまり用いず、個性の重要性を説き起こす『自由論』（一八五九）の第三章などにおいて、倫理的精神的な側面を含む「望ましさ」を論ずる際に「ウェル-ビーイング」を用いた。

　ウェルフェア、ウェル-ビーイングおよび「エウダイモニア」（幸福主義）はシジウィクによって同義語扱いされたのではあるが、一九世紀後半において事柄はそれほど単純ではない。この事情を概観するために、カント、ミル、グリーンの間での「完成」イメージを対比しよう。ベンサムをとり巻くようにこの三者を配置することによって、効用と経済的厚生に象徴される二〇世紀的な用語法とは異なるウェルフェア概念のバックグラウンドを示すことができるからである。さて、カントの義務論においては『人倫の形而上学』（一七九七）の「徳論」に見られるように、道徳的な責務を備えるという徳の観点で自己の完全性が問われた。これに対してミルにおいては下層の人々の向上と並んで、『功利主義論』（一八六三）におけるナザレの黄金律の記述の前後にあるような、いわば一種の達人倫理的な「完成」が展開された。カントが幸福の追求それ自体を倫理的な目標の中心に置く発想（エウダイモニア）を斥けていたのに対して、ミルは古典古代的なエウダイモニアに通ずる完成のイメージのもとで陶冶を主題化したのである。[4] そして社会の有機的な組成に着目したグリーンにおいては、単に個人の向上や完成ではなく、一種の社会的結合の成熟をめぐる完成が主題となる。公共善を語る場合にあって、個々の利害の全体への融合、調和が軸とされているのである。なお、グリーンの議論を歴史的な局面転換のスタイルに置きかえて整理したものとして、バーナード・ボザンケット『国家の哲学的理論』（一八九九）を挙げることができる。それによると、国民国家のもとでは古典古代的な社会にはあった一体性が失われた結果、諸個人・諸階層のあいだの人格的な絆が損なわれており、この一体性を回復することが倫理上の目標であるとともに政治的実践の課題でもあるとされた。

シジウィクやグリーンを中心とした倫理学的、政治哲学的な次元での検討と並んで、一九世紀後半においてはウェルフェアのあり方をめぐってある種の社会的メッセージを備えた議論も登場した。マーシャルからピグーに連なる議論はそのひとつではあるのだが、ここではウェルフェアの用語を明示的に掲げる他の諸類型を挙げておこう。

レズリー・スティーヴンは『倫理の科学』（一八七四）の「道徳的な法」に関する章において、勇気の徳、節制の徳、真実の徳などを挙げながら、これらがどのように「社会的なウェルフェア」に適うのかに言及する。ここでいうsocial welfareは二〇世紀に馴染みの意味ではなく、社会が何がしかうまくいくことにつながる事柄を、ゆるやかに表現したものである。なお、スティーヴンは社会の段階的な進展を論じるなかで「勇気の徳」、つまり「強くあれ」とする徳のあり方に言及し、とくに軍事的な段階ではこれこそが社会の活力を支えるものであったとしており、この点などに当時のスペンサーに典型的な進化論的な議論の影響をみることができる。

一九世紀末にはさらに、ウェルフェアの内実を人間的な存在の内面的な発展と結びつけて捉える議論が存在していた。ミルの個性論は陶冶を促す舞台を示したものでもあるという点で、M・アーノルドとともにこの系譜への先駆である。ラスキンは芸術的な仕事の営みを内面的な達成の場のひとつとして位置づけたが、そのラスキンの把握を活かして、産業化のもとで切り崩されそうな「人間的なウェルフェア human welfare」の領域をいかに再建するのかという問題次元で捉え直したのが、ホブスンであった。第5節で示すように、ホブスンは『近代資本主義の進化』（一八九三）において、産業についての有機的進化論的な歴史ヴィジョンの観点から、人間と機械との関わり合いの変化やコミュニティなど社会的諸組織の変容、そして機械設備の大規模化を支える金融機構のもたらすダイナミズムを描き出す。そして『仕事とウェルフェア』（一九一四）などにおいて、ルーティン・ワークをいかに人間的な仕事に切り替えるのかという領域を見据えている。

4 「社会的正義」の主題的展開

ハイエクは「競争の意味」など一九三〇年代の思索以来、人知による設計的なプランニングに対して懐疑的な見方を培い、一九六〇年の『自由の条件』などにおいて「社会的正義」概念を批判した。またノズィックは『アナーキー、国家、ユートピア』（一九七四）において、「超最小国家」の想定に加えて、権原理論（エンタイトルメント論）を活用して「分配的正義」概念を論理的に批判し、さらに、再分配を求める主張のなかに嫉妬の動機を読み取る議論を開陳した。これらリバタリアニズムの論調は、所得再分配政策を不可欠な要素として組み込む二〇世紀に典型的な福祉国家型スキームに対して、規範的なレヴェルで批判するうえでの装置として活用されるものとなった。

こうして現代のリバタリアンの立場からは社会的正義や分配的正義が斥けられるのに対して、近年の社会哲学において社会的正義へのある程度の回帰が見られつつある。社会的正義への関心が再び登場しつつある経路のひとつは、いうまでもなくロールズ『正義論』（一九七一）からの系論であり、概念の論理的構成としてアプローチするバリーなどはこの流れのうちにあるのだが、いまひとつ重要な考察として、概念の歴史的な生成に留意して類型的整理を行なったミラーを挙げることができる。ミラーは『社会的正義』（一九七六）において、この観念を支える枠組みとして権利(rights)、相応の取り扱い(deserts)、必要(needs)の三つの類型に整理した。[5]

さて、アリストテレス以来の厚い議論の系譜をもつ「分配的正義」もしくは「配分的正義」とは異なり、「社会的正義」については後世の側から見て類似の議論を歴史的に遡及することは不可能ではないにしても、古典古代から一八世紀に至るまで主題的に論じられることはない。用語は一八世紀において散見されるが偶発的なものにすぎず、表現、内容の両面にわたって明瞭な形をとるのは一九世紀になってからである。「社会的正義 social justice」が書物のタイトルに登場する最初のケースは、おそらくはT・シモンズ・マッキントッシュ『野蛮的正義、市民的正義および社会的正義から演繹された責任の性質に関する探究』（一八四〇）である。一種の段階論的な設定のもとで正義の射程を語るマッキントッシュは、身体生命の保全以上に正義が問われることのない「野蛮的正義」の状況では責任の重みは乏しいとしつつ、約束ごとや契約のなかでお互いに責任を負う「市民的正義」の枠組みのなかに責任概念の本格化を見出す。そして「社会的正義」の領域をその一層の高度化として位置づけた。マッキントッシュによれば、市民的正義と社会的正義はいずれも「功利性 utility」に基礎をおくのだが、犯罪に対して刑罰を加えて功利の実現を図る市民的正義の段階とは異なって、社会的正義の段階においては犯罪に至る原因を取り除くので刑罰の必要性すら消え失せるとされる。

次にJ・S・ミルは『経済学原理』（一八四八）や『女性の解放』（一八六九）において、ある状況が相応しくない結果を恒常的に派生させている際に「社会的正義に反する」と表現した。たとえば『経済学原理』第四篇の共同組織の可能性を論じた部分で、階級間および両性間の不平等を取り除くという設定を社会的正義に適ったものと捉え、第五篇の課税に関する議論では、働くことのない地主の過大な富裕は社会的正義に反するとする。これに対してミルは『功利主義論』の第五章において、ヨリ積極的な意味を込めてこの用語を登場させ、社会構成員それぞれの貢献や功罪に応じた等しい取り扱い（desert）を行なうことが「社会的および分配的正義のもっとも高度な抽象的基準」であると論じた。ここでは社会的正義がすぐれて規範的な意味を持つことになる。このようにミルは、貢献、功罪をめぐる処遇のうえでの不平等をなくして相応しく扱うという意味で「社会的正義」や「分配的正義」という表現を用いたのだが、重要なことは、ミルがこれを、「功利性」という究極目標の要素として位置づけたことである。ベンサムがその快苦原理に基づいて個人にとっての功利を軸にしつつ、計算可能性という方法的措置を介して社会的な幸福の実現に繋げたのに対して、ミルは社会的功利性という究極的目標を軸に自由、個性、多様性など二次的な諸価値を配置し、正義をもまた同様に位置づけたのである。

ウェルフェアと社会的正義をめぐっての一九世紀後半における議論の重層的な展開を念頭に、ホブハウスの『社会的正義の諸要素』（一九二二）を取り上げよう。ホブハウスは『進化するモラル』（一九〇六）では歴史的な展開をベースとした説明を行なったのに対して、この書物では社会的正義という主題に関わる諸要素についての論理的・機能的関連を検討した。その広範な諸論点のなかから、ここでは、社会的正義とウェルフェアとの関連という観点からホブハウスの議論を特徴づけるうえで最低限必要な事柄として、調和的なヴィジョンのもとでのウェルフェアの位置づけと、正義と平等に関する考察に着目する。

ホブハウスは有機的な社会ヴィジョンのもとでの「調和の原理」に基づき、公共善は諸個人の善と対立するものではないとしたうえで、権利と義務との間の相補的な関係のもとで社会的なウェルフェア（social welfare）の実現を探る議論を組み立てた。公共善と個々人の善とを調和的に描く点ではグリーンの設定と似通っているのではあるが、「完全性」を語ることはない。むしろ社会的な諸ファクターの間の調和を重視するホブハウスは、有機的な社会ヴィジョンのもとで自由と正義を中心としたプログラムを提供した。

正義と平等をめぐる根拠づけをめぐってホブハウスは、二通りの議論のタイプを整理することから始める。第一は、平等な機会や平等な自由など、等しい取り扱い条件のもとで平等な権利を考える設定である。第二は、人々のあいだに違いや差異が存在することを認めたうえで、それぞれの人の違い自体と、その人がいかに処遇されるのかをめぐる違いとのあいだで、適切な比例的関係があるという意味で平等が実行に移される設定である。そしてホブハウスはこの後者に関連して「相応の取り扱い」についての主題的検討を行なう。ここではその検討手順のみを確認しておくと、まず、アリストテレス的な正義論の枠組みから近代以降の経済思想による貨幣という共通尺度に委ねる枠組みまでを考察対象とするとともに、必要（needs）と相応の取り扱い（desert）という二つの概念のあいだの関係に及び、さらに法のもとでの平等の取り扱いの意味などにも検討を加える。この作業を通じてホブハウスは、「調和の原理」と表現される調和的社会ヴィジョンのもとで、貢献と並んでとくに「必要」についての比例的な配慮をいかに反映させて「相応の取り扱い」を適えるのかという点に注意を払ったのである。

5　有機的な、および進化論的な社会ヴィジョン

チャールズ・ダーウィンの『種の起源』が刊行された一八五九年時点で、ハーバート・スペンサ

ーがすでに『社会静学』（一八五一）以来の議論を提示し、コントの段階論的な実証主義の議論もブリテンの思想界にある程度浸透していた。遡れば一八世紀後半のエラスムス・ダーウィンによる植物分類や一九世紀初頭の地質学の革新などによって、単線的な進歩観とは異なるスタイルで変化を捉える思考が用意されていた。また、一九世紀初頭のコールリッジらロマン主義の系譜は、ヘーゲルに代表されるドイツの有機体説的な社会把握を取り入れていた。こうして、ブリテン思想界では一九世紀半ばに至るまでに、進化論や有機体的な社会ヴィジョンを受け止める素地ができていた。

デカルトやホッブズなど以降の近代の思想においては、神による宇宙（ユニヴァース）の創造を賞賛しつつその謎を解き明かす人智の営みとして科学を捉えるかどうかはともかくとして、機械論的なヴィジョンのもとで自然や社会を捉える思考法が主流になりがちであった。そのなかでは、中世までにおいて典型的に見られた有機体説的なヴィジョンは後景に追いやられたのではあったが、それでもしばしば、とくに社会を捉えるうえで特徴的な見かたが現われた。第一に、生命界の新陳代謝や世代交代に擬して社会を捉える、重農主義に典型的な見かたがある。第二に、生命において諸器官が有機的に組み合わさって生命が維持されていることに着目し、社会についても諸役割の間に秩序が備わっているとするもので、中世の秩序論的な社会観に典型的に見られるとともに、ドイツの有機体説的な社会把握はこのパターンのひとつである。そして第三に、生物進化の認識に重ね合わせて社会の変化を理解するという一九世紀後半に顕著な傾向がある。ヴィクトリア後期のブリテン思想界にあっては、Ｔ・Ｈ・グリーンが主として第二のパターンに対応したものであり、ボザンケットら政治哲学の議論はその影響下にあった。しかしそれにもまして、第三の進化論的な思考のなかからさまざまなスタイルが族生した。以下、特徴的なものをいくつか紹介する。

まず、この時期の経済思想において進化論から影響を受けた代表例は、マーシャルであった。マーシャルは経済の理論的な把握の面では力学的方法の有効性を認めつつ、社会発展のダイナミズムについては生物学的、有機的なヴィジョンを活用し、「自然は飛躍せず」という評語を使って連続的な進化を描き出した。生産要素論においても、資本、労働、自然という古典派的な三要素に加えて産業組織という第四の要素を重視し、多数の経済諸主体のなかにネットワークとして培われる相互的な関係に着目する議論を提示した。

マーシャル『経済学原理』における国民分配分の議論はその初版刊行（一八九〇）から間もない一八九〇年代において、経済理論そのものとして継承するものとは別方向に、二通りの反応を受けた。ひとつは、進化論的なヴィジョンのもとで進化の対極としての退化の問題を重視する議論である。のちにバーナード・ボザンケット夫人となるヘレン・デンディーは、貧困の累積に陥っていく残滓階級（residuum）に着目した。またシドニー・ウェッブは進化の裏面に退化のおそれを見据えながら、下層の生活境遇を国民分配分の再分配を通じた解決策を模索するアイデアを持っていた。つまり、のちの一九〇九年前後の救貧法委員会における多数派報告、少数派報告のそれぞれに連なる人物が、一八九〇年代において貧困問題に焦点を当てつつマーシャルの国民分配分の議論を受け止めていたのである。いまひとつ、狭義の経済学からはまったく畑違いであるために従来の思想史研究においては見落とされているものの、オックスフォード出身の文人ウィリアム・H・マロックは社会的な階層秩序の安定性を志向する観点から、国民分配分の分配をめぐるマーシャルの議論に対してユニークな反応を示した。その経緯をかいつまんで見ておくと、『進歩と貧困』（一八七九）の著者ヘンリー・ジョージは一八八〇年代初頭にブリテンを訪れ、財産権の根拠づけをめぐって土地所有を告発するキャンペーンを始めた。これに対してマロックは『所有と進歩』（一八八四）を著し、地主的な所有のもとにこそ社会秩序の依って立つべき場があると論じた。またマロックは『労働と大衆的なウェルフェア』（一八九三）において、国民分配分の再分配を図るマーシャル『経済学原理』の議論をある種の平等主義的なプロジェクトであると見なし、「大衆的なウェルフェア popular welfare」を志向するものだと呼んでこれを拒絶した。マロックはのちの『アリストクラシーと進化』（一八九八）のなかで本格的に展開するように、貴族主義的な社会秩序のもとにおいてこそ英雄的な精神に導かれた進化が可能であると考えていたのである。(6)

T・H・グリーンの影響を受け、オックスフォード大学の論理学の教授であったバーナード・ボザンケットは一八八二年にその職を辞し、ロンドンのCOS（Charity Organisation Society）に加わった。有機的な社会ヴィジョンと文明論的な比較の観点のもとで貧困問題に発言したボザンケットは、実践面のリーダーシップをとったチャールズ・ロックと対をなすかのように、COSの理論的な支柱であった。ボザンケットは『国家の哲学的理論』（一八九九）において、古典古代ギリシアに典型的な「都市国家」（City-State）から近代に典型的な「国民国家」（Nation-State）への移行に促されて政治哲学が新たに展開したとし、政治的な義務と自己陶冶の可能性や、一般意思の論点などについてまず考察をする。そして後半で、自由や義務、権利に配慮しつつ、個人と社会的な絆との関係について検討を進めた。

ボザンケットは、家族、地域、近隣を軸にした社会状態と、規模の大きな、階級を含む国家(state)とを対比して議論を進める。その含意を整理すると――役割分担が自ずと決まっていく小さな家族では、構成員は互いに助け合う。家族よりは少し規模を広げた比較的プリミティヴな社会でも、地域、近隣(neighbourhood)に住む人々の間で役割分担が自ずと決まりながら、(むろんそのもとで相対的に生活水準のよし悪しがありつつも)互いに助け合う気風を備えることになる。困窮した者がいる場合に、各自の役割の守備範囲を越えて顔見知り同士が助け合う家族型社会や近隣型社会に対して、大きな国民国家の段階に辿り着くと、この意味での社会的絆が断ち切られてしまう。救貧税の徴収によって教区単位で扶助の仕組みを制度化するイングランドの救貧法は、困窮した人々を自発的に助ける慈善や相互扶助がもはや機能しない段階、つまり家族型社会や近隣型社会にはあり得た社会的な絆が失われて役割分担を前提とした機能の交換が主軸となった段階において、社会的な関わりにおける一種の冷淡さの埋め合わせとして設けられた産物であった。

ボザンケットはこのような認識のもとで、近代の国民国家のもとにおいてはもはや失われた、自発的に助け合うネットワークを再建することを重視した。ここでは、グリーンに代表されるいわゆる理想主義(Idealism)やデュルケムの有機的なヴィジョンを活用して、社会的な全体性(social whole）を回復することが志向されたのである。

J・A・ホブスンは『近代資本主義の進化』（一八九三）において、機械導入以前と機械導入後、とりわけ大工業制成立後とのあいだで、市場の構造も仕事の現場も大きく変化したことに着目した。近隣でほぼ自己完結した取引圏から地域的特性を持ちつつ都市を中心とした広域的取引へと市場の構造が変化し、機械設備への投資を支える資金調達のために金融が発達するとともに不安定性が増した、などの点である。ホブスンはとくに、機械導入の進展とともに旧来のギルト的な技芸の段階とは雇用の形態が変化したと指摘した。さしあたり、機械に適合的な人材をいかに調達するかが課題となるが、さらに、高賃金がはたして労働のインセンティヴを高めるために作用するのかどうか、高賃金を受け取る人々が有効需要あるいは有効消費の担い手になりうるのか否かという点が焦点となる。すでにマムマリーとの共著『産業の心理学』（一八八九）以来いわゆる過少消費説の議論を提示していたホブスンは、ここでも、機械導入によって労働需要の総和が減退することなどを介して過少消費が生じると見ていた。

ちなみに後半の論点に関連して、『近代資本主義の進化』においては必ずしも書かれていないながら、一九〇五年前後からのホブスンの著作では、人間的価値に見合った仕事への評価を取り戻すという解決方法が提示されていく。機械に合わせて作業をする人材を雇用する大量生産型に替わって、仕事の中身を組み立てる際に機械が使われる（つまり、人間が仕事の主人公であるように編成する）方向への組み替えがそれであった。これは、ラスキン、モリス的な職人的技芸に注目した『ラスキン論』(一八九八)におけるヴィジョンを活かしたものであった。のちにホブスンは、テーラー・システムが展開し始める一九一〇年代アメリカの状況を横目で睨みながら、『仕事とウェルフェア』(一九一四)などの著作において、機械が主人公ではなく人間が主人公であるように製造業を組み立てる方向を模索した。被雇用者を事業体というひとつの有機的組織のなかの重要な構成要素として位置づけて、その力能を引き出しうるように組織はデザインされるべきだ、という。こうしてホブスンは、welfare と illfare の対立語をも散りばめながら、「人間的なウェルフェア」の議論を展開したのである。

スコットランド出身のパトリック・ゲデスは、もともと生物学を中心にハックスリー流の進化論的な議論を展開していた。しかし若い時期から社会事象にも関心があり、一八八〇年代にフランスでフレデリック・ル・プレの議論に接した。チャールズ・ブースの影響のもとで貧困問題の実践活動に関わったオクタヴィア・ヒルとも交流があるなど、貧困の現実に対して社会的解決を求めるグループと人脈上の接点はあったが、ゲデスの論調は、ル・プレ流の社会学的な議論を進化論として展開したものであった。その見方を象徴的に現わしているのが『都市の進化』(一九一五)であり、「コナーベーション」と「二重の工業時代」という把握が特徴的である。——一八世紀には都市と農村との役割分化とそれにもとづく相互緊密な関係が基盤となって、広域的なネットワークが展開した。つまり、人口の増加とともに近隣の地域を巻き込み、居住や食料の調達、水源の利用、さらにエネルギー源としての石炭の供給も含むネットワークとして、中核都市を取り巻く新たな役割分担を形作る広域都市圏が展開したのだが、これが「コナーベーション conurbation」である。また、人類は「二重の工業時代」を経験している。まず、人類の古い歴史においては旧石器時代から新石器時代への移行があったのと同じように、一九世紀から二〇世紀にまたがる時期において、石炭をエネルギー源とする旧技術時代から石油や電気をエネルギー源とする新技術時代への段階的移行が見られる。石炭を小規模の蒸気機関で燃やす旧技術時代においては、エネルギーを社会的に共有することができない。これに対して新技術時代においては、巨大なエネルギー活用装置の導入によって、多くの人々がそのエネルギーを有効に活用することになる。こうして新技術時代においてこそ、産業配置やコナーベーションをうまく適えるような、進化する都市空間の展開が可能である、と。

ゲネスはコナーベーションをマネージするために行政的な役割、つまり都市計画や市政学の力を借り、時間的な距離にも配慮して道路網を整備し交通の利便性を高めると、居住空間としての役割を持つ地域を適正に配置することができる、と論じた。新技術時代のもとにおいて都市生活者の居住空間を整える構想は、都市貧困問題に対するゲデス流の応答でもあった。このように、都市の自生的な進化としてではなく、コナーベーションの円滑な展開を方向づける点で、ゲデスの議論は、人為的な淘汰による進化の方向づけを含むハックスリーの進化論の影響を強く受けていた。

さまざまな傾向を帯びた「進化」を語る諸潮流に関わって、いまひとつ重要な議論がある。それは、統計的な知と進化論的な思考を融合させる系譜の存在である。一八世紀においては、ペティ以来の政治算術が財政問題と並んで人口増減問題の考察に活用され、政治算術の手法によって近代における人口減少傾向という推定を導き出すリチャード・プライスらと、人口増加傾向を描き出すジョン・ハウレットらとの論争が展開した。また、一八世紀末には貧困層の境遇を統計的に把握するフレデリック・モートン・イーデンの試みが展開するとともに、貧困の原因ごとに細分化して状況に応じた処方を提供しようとのジェレミー・ベンサムの構想が登場した。そして一八〇一年のブリテンにおける初のセンサスに続いて、一九世紀前半には社会的な諸実態を統計的な手法で掌握する関心が高まり、各地に統計協会設立のブームが起きた。このような統計的手法をフランシス・ガルに始まる骨相学と結びつけて、優等な資質が世代間に継承される状況を描き出したのが、ダーウィンの従兄弟のフランシス・ゴルトンであった。ちなみにゴルトンによって展開し始めた優生学は一九世紀末に至ると、新たな社会的なプログラムに流れ込むこととなる。それは、スペンサーやダーウィンに見られる自然淘汰の議論を人為的なものに切りかえ、劣等因子を持つ子孫が生まれる可能性を狭めることで社会成員の資質を改善できると考える立場であり、やがて社会ダーウィニズムの名において呼ばれるこの思潮は国境を超えて影響力を及ぼすこととなった。

6 おわりに――それぞれの「いま」と向き合う規範的、歴史的思考の可能性へ

一九世紀末から二〇世紀前半にかけてのブリテン思想界は、その当時の「現代」における社会の

あり方をいかに組み立て直すのかという強烈な課題意識のもとで思考を進めるにあたって、さまざまな形で「いま」を歴史的に位置づける議論を提示した。福祉国家成立史研究など以来の蓄積のなかで馴染みのものでいえば、一八七〇年を分岐点に個人主義から集産主義へと切り替わったものとして描くA・V・ダイシー『法律と世論』（一九〇五）や、公共的にウェルフェアを支える機構をデザインすることを強烈に意識して救貧法の変遷を辿るウェッブ夫妻の『救貧法史』（一九二七～二九）などはその代表的なものといえよう。だが、このいわばスタンダードな参照基準となったものばかりではなく、たとえば、ホブスン、ボザンケット、カニンガムらのものにも注意を払っておこう。

過少消費説や『帝国主義』で知られるJ・A・ホブスンは、すでに見たように『近代資本主義の進化』のなかで、機械導入の前後、とりわけ大工業制的な機械の普及の前後を画期として産業機構の展開や人間的な生活のあり方の変容を描き出した。近隣の取引のなかで何かしらのものを仕上げることで尊重された作業がやがて、機械による大量生産の一部に組み込まれるとともに、信用機構の役割によって加速される蓄積の一層の展開が過少消費の度合いを高めることをホブスンは描くのだが、コミュニティを含むネットワークの変容をもまた、その裏面のストーリーとして見据えていたのである。また、オックスフォードのいわゆる理想主義の系譜にあるバーナード・ボザンケットは『国家の哲学的理論』において、国民国家成立以降に社会的な諸装置の機構化が顕著に進み、これが社会成員のあいだの人格的な絆を一層弱めることになっていたと捉える。自発的なチャリティに依拠したCOSの試みに表出するように、ボザンケットの理念的な議論は諸個人間の人格ネットワークの再建を志向するある種のコミュニタリアン的、共同体論的なメッセージとして読むことができる。(7) さらに、これは本章では触れる機会がなかったが、中世史家として知られるウィリアム・カニンガムは第一次大戦終盤の時期にブリテン労働者協会において、コモン・ウィールを主題的に取り上げる連続講義を行なった（*The Common Weal: six lectures on political philosophy*, 1917）。カニンガムによるとこの標語は一四世紀のワット・タイラーの乱の時期にケントにおいて唱えられ始めたとのことであるが、その後イングランドにおいて公共的な福利厚生を適える統治がどのようにプロデュースされることになるのかを、カニンガムは段階的に論じた。

ここで遡ってみると、イングランドにおいては一六世紀前半にローマの教会およびそれと連なる勢力とヘンリー八世との間の緊張が高まった極限状況のもとで、スターキーの手になる『プールとラプセットとの対話』（一五三三〜三六）が登場した。スターキーは身体の健康と同様に政治体においても、特定の部分の強さではなく全体的な調和にこそ「真のコモン・ウィール」が健全であるための拠りどころがあると論ずる。また、その世紀の後半になると、囲い込みや貨幣の改鋳などの進行のもとでの苦境に立ち向かうことを眼目とした匿名の『イングランド王国のコモン・ウィール』（一五八一）が描かれた。一六世紀にあってウィール（weal）は、のちのスミス『国富論』以降の経済論において典型的に扱われる富（wealth）と、健康な状態、「よきありかた」、「好ましい状態」を概括的に伝える響きを帯びたウェルフェア（welfare）との両面を兼ね備える語であったのである。それからほぼ三百年の時を経て、ウィリアム・モリスは一八八五年以降、自ら主筆を務める『コモンウィール』（*Commonweal: organ of the Socialist League*）誌において社会主義的な傾斜を帯びた同時代批評を展開した。上記二つの一六世紀文献はそれぞれヘンリー八世、エリザベス女王に献呈されたものだが、このモリスの論説活動とほぼ同じ時期に解読、編纂されることとなった。この編纂作業はたしかに歴史的資料発掘の学的営為として進められたのであるが、それとともに、コモン・ウィール論への主題的な着目は、歴史家カニンガムの講演に体現されるように、一九世紀末以降の顕著な新たな社会的変化とそれに伴う緊張のなかで同時代意識を投影させた、すぐれて学的な関心の表出のひとこまでもある。

近代を通じて展開した自由の拡大と能動的な経済行為との結合は、一九世紀末に至って、急激な産業化・都市化のもとでのコミュニティの変容、資本や資源および人口の国際間移動をめぐっての経済圏相互の摩擦の激化、富裕の増進のなかで貧困に取り残される階層の滞留など、深刻な緊張を生み出した。結果的には、国内では先進国に典型的な二〇世紀型福祉国家のスキームと大きな財政規模に支えられた経済的統治による調整に、国際間では多くの国々を巻き込む世界大戦とその後の国際秩序の再編に辿り着くことになったのだが、それに先立つ時期において、実現には至らなかった多くの構想と可能性が存在しており、その存在こそが思考の厚みを与えていたことに注意を促しておきたい。思想的な営みとしてみれば、本章の第3～5節でみたように、ウェルフェア概念の練り直しが進むとともに社会的正義の主題的検討が行なわれ、進化論的、有機体説的な社会ヴィジョンが展開するなかで、世紀末の緊張と向き合う社会ヴィジョンが交錯したのであった(8)。

二〇世紀終盤以来、リバタリアニズムあるいは新自由主義の政治哲学と市場原理主義的、競争至上主義的な時代思潮とが相俟って、大きな財政による統治と福祉国家的なスキームへの切り崩しが進んだ。反転して、二〇〇八年後半からの金融上の混乱が広範な影響を及ぼす経済的苦境をひき起こしているという現況のもとでは、経済的統治の側の主導による回復軌道の模索や福祉のネットワークの再建が、にわかに、あたかも振り子の揺れを戻すかのように関心を集めつつある。だが、本章第2節でかいつまんで触れたように、市場原理主義にとっての影の問題圏は、経済をめぐるパーフォーマンスと分配上の格差にとどまらず、諸個人の尊厳と内面的な安らぎのあり方に、そして社会的なネットワークの質や多元的なアイデンティティの間の相互承認のあり方に深く関わるものであって、その姿は二〇〇五年前後にはすでに明瞭に現われていた。このような「いま」の状況に向き合うに当たって、政治哲学ないし社会哲学の新たな規範理論は、単に現代の意味における「新自由主義」への対抗原理を標榜することに安住するものであってはならないであろう。同様に、もし歴史的研究、思想史的研究が、徹底した事実沈潜のコンテクスト主義に自己限定することを踏み越えて「いま」に関わろうと意図するのであれば、単に振り子の揺り戻し役にとどまるのであってはならないだろう。振り子を戻すにしても、たとえば二〇世紀初頭に戻し、あるいは戦間期の適当なある時点に戻せば、今度は失敗を避ける成功裡の揺れ方に向けて再出発するための教訓が得られる、などというような単純なことがらではありえない。なぜならば、いまわれわれが向かい合っている事態は、たとえば、およそ人類が文明の味をしめてから、あるいは近代に入って個人の才覚に目覚めるサクセス・ストーリーを組み立てるようになってから、機械による生産の向上とその成果を活用した生活の改善を自明視するようになってから、対面での現金決済取引に縛られるのではなく他人の懐から事後的に入ってくるはずの金銭をアテに決済することは便利だと知ってから、科学の名において自然を活用することを是とするようになってから、人物甲の身体の一部を人物乙の身体のなかに取り組むことで延命に役立てることは善であると了解してから、さらには、伝統に替えて科学的知識によって社会を束ねたり導いたりすることができると信ずるようになってから、などなど、さまざまな起源において潜在的には芽生えた諸問題が複雑に入り組んで噴出している、というのがその姿なのであるから。

市場原理主義が標的に据えた大きな財政国家による経済的統治や福祉国家スキームは、たしかに二〇世紀の産物であるのだが、結果的に成立し、定着したものを事後の観点から、どのように今に至ったのかを逆戻しして辿ることは、ことの一面を照らすことでしかない。二〇世紀的なものが生成してくる歴史状況そのものが直面していたはずの問題の複雑さを掘り起こし、実現に至らなかったものも含む諸構想が交錯していた思想状況と向き合うこと。また、二〇世紀的なものの成立の歴史的現場における一群の知の担い手たちが、さまざまなタイム・スパンのもとでそれぞれが重視する過去に思考の眼を及ぼしながら「いま」の意味づけを図った、その知の営みのひそみに倣うこと。――これらは、われわれにとっての「いま」と向き合うに当たって、問題の受け皿を重層的に設け、いささかなりと豊かにしていくための相応の手がかりとなることであろう。

＊注

小論の初発のアイデアは経済学史学会がヨーロッパ経済思想史学会とともに開催した Markets, Knowledge and Governance in the History of Economic Thought: 1st ESHET-JSHET Meeting, Nice-Sophia-Antipolis, December 2006 で読まれ、その後いくつかのセミナーなどで議論する機会を得た。なお、一九世紀末から二〇世紀前半にかけての原典についても原書タイトルではなく日本語のみで簡略表示するなど、文献レファーはきわめて不十分である（本格的に典拠をあげるためには、おそらくは三倍の紙幅を要する）。ここではむしろ、問題配置の鳥瞰にウェイトを置きたい。

（1）この点の踏み外しは、ときに社会を抑圧的な風潮のなかに追いやる危険すらある。端的な例として、国民的資質を高めようとする観点からの優生学の活用が、極めて差別的に機能したケースなどがこれに当たるのだが、これは悪しき歴史からの教訓として済まされるような問題ではない。不妊治療のなかで多胎が判明した際、羊水検査などを行なったうえで胎児の選択的出産を認めたイギリスでの事例に見られるように、現代の、そしてこれからにおいて、問われるべき問題領域を含んでいる。

（2）ヴィクトリア的諸価値をめぐって思想史的な手法により検討した代表例として、Smout [1992]。この論文集所収のサミュエルによれば、「ヴィクトリア的諸価値 Victorian values」という用語それ自体は一九世紀には存在せず、政治的な言語としては『ウィークエンド・ワールド』誌のブライアン・ウォールデンによる一九八三年一月一六日のインタビューの折に、首相マーガレット・サッチャーのひらめきにより登場した。

（3）何しろ代議制は、任期付の選出という条件のもとで決定を付託された仕組みであるが、どのような方向であれ現状を切り替えようという政策プログラムに対して、よかれ悪しかれ歯止めになっている。

（4）他者の幸福可能性を見すえつつ自己についての義務を語るカントの徳論とは対照的に、自己の幸福を起点に置くベンサムの議論は、幸福の偏在を避けつつその量的増大を図ることを軸に組みたてられた。

（5）　近年の思想史的なアプローチの側からは、Boucher & Kelly［1998］や Raphael［2001］および Fleischacker［2004］などが続いている。

（6）　すでに一八八〇年代初頭にマーシャルもヘンリー・ジョージのキャンペーンに応答していたのだが、その後の著作における「進化」の捉え方は、マーシャルとマロックの間で対照的である。

（7）　今日のコミュニタリアニズムの議論と重ね合わせてボザンケットを解釈する代表例として、Gaus［2001］。

（8）　ここで念頭に置くのは、ホブスンやホブハウスを主題とした二〇世紀初頭のブリテン新自由主義をめぐる研究によっても知られるM・フリーデンが、その重厚な『イデオロギーと政治理論』（Freeden［1996］）において提示した方法観である。異なるフレームワークを持つ公論、政治的言説のなかにおいて、同時代的な文脈のもとで、支持を獲得する試みの間の交錯を通じてある枠組みが結果的に説得性を持つものとして選び取られる次第をフリーデンは重視する。二〇世紀に典型的な福祉国家スキームは、この格好のサンプルのひとつとされる。

参考文献

Boucher, David and Paul Kelly (eds.)［1998］*Social Justice: from Hume to Walzer*, Routledge.

Fleischacker, Samuel［2004］*A Short History of Distributive Justice*, Harvard University Press.

Freeden, Michael［1996］*Ideologies and Political Theory: a conceptual approach*, Clarendon Press, Oxford.

Gaus, Gerald［2001］Bosanquet's communitarian defense of economic individualism: a lesson in the complexities of political theory, in Avital Simhony and David Weinstein (eds.), *The New Liberalism: reconciling liberty and community*, Cambridge University Press.

Raphael, D. D.［2001］*Concepts of Justice*, Clarendon Press, Oxford.

Smout, T. C. (ed.) [1992] *Victorian Values: A Joint Symposium of the Royal Society of Edinburgh and the British Academy, December 1990*, Oxford University Press.

討論記録

稲庭　暢・四谷　英理子

1　はじめに

政治経済学・経済史学会二〇〇八年度春季総合研究会「自由と公共性——介入的自由主義の時代とその思想的起点」は、二〇〇八年六月二八日（土）に東京大学で開催された。浅井良夫氏（成城大学）、石原俊時氏（東京大学）の司会の下、以下の七氏による問題提起および報告・コメントがなされ、その後休憩をはさんで討論が行われた。

問題提起「自由と公共性」小野塚知二（東京大学）
報　告　1「社会的連帯（solidarité sociale）と自由」廣田明（法政大学）
報　告　2「ニュー・リベラリズムにおける『社会的なるもの』」高田実（九州国際大学）
報　告　3「社会的包摂の系譜と自由観念の転換」田中拓道（新潟大学）

コメント1　「農業分野での介入・保護とその性質変化」古内博行（千葉大学）
コメント2　「自由と公共性に関する日本的メンタリティ」名和田是彦（法政大学）
コメント3　「企業・市民の自由と『スーパーキャピタリズム』」秋元英一（帝京平成大学）

討論においては、フロアからの質問票とそれに対する回答にとどまらず、問題提起のはらむ様々な側面に対して多様な意見が出された。そこで、本記録では、第2節において各報告・コメントの後に問題提起者によってなされた論点整理を確認し、次に第3節では「自由、人間観に関する質問」、「中間団体の位置付けに関する質問」、「介入的自由主義に関する質問」、「その他の質問」という司会者による論点区分に基づいて議論をまとめる。最後に第4節では司会者の論点区分から発展した議論を、三つの論点に整理し、さらに今回の研究会では議論が十分に尽くされなかったいくつかの論点を見ることとする。このため、当日の議論の進行をある程度再構成していること、また、すべての議論を網羅することはできなかったことをここでお断りしておきたい。

2　論点整理

討論に入る前に小野塚氏は、報告およびコメントを受けて以下のような論点整理を行った。問題提起においては、市場で自由を行使する人々を維持・創出することを目的として介入を行う自由主義を介入的自由主義と定義し、それがいかに正当化されたのかという問いを設定した。しかし、いずれの報告も、あるべき社会秩序・秩序観に基づき、もしくは全体利益のために介入が正当化されたという議論であり、そこで語られているのは介入的自由主義ではなく介入的社会主義とでも言うべきものである。しかしながら、もし社会秩序・秩序観さえ認識されれば、介入が正当化され、それにより個々人の自由を簡単に制約することができるとすれば、近代ヨーロッパで成立したとされる自由の価値はその程度のものであったのかが問われねばならない。もし自由の価値がその程度のものであったとすれば、自由と介入の忌避とを前面に掲げるネオ・リベラリズムの共鳴板がどこに存在したのかという問いに答えることができないのではないだろうか。さらに、名和田氏の報告を参考にすれば、自由の祖国であるヨーロッパにおいては秩序観により介入が正当化されたのに対し、自由は借り物であるとされた日本においては曖昧な秩序観のために介入が忌避されているようにも見える。そうであるとすれば、あるべき社会秩序が再認識されれば、介入を正当化することができるのかということも改めて問われなければならない。

3　司会者の論点区分に基づく議論

(1)　自由、人間観に関する質問

自由、人間観に関する質問は、これを歴史的なものと、現状（将来）に関するものに分けて確認

する。まず、歴史的なものとしては、深貝保則氏（横浜国立大学）から以下のような質問がなされた。D・ヒューム、A・スミスの経済論からJ・S・ミルの自由論やM・アーノルドの陶冶論に至るまでのテクストにおいては、自らの境遇を律することができず、あるいは文字を読み書きできない非自立的な人間は問題として外枠化されていた。確かに、一九世紀末頃からは、非自立的な人間の問題は政治問題として出現することとなるが、この際にも非自立的な個人像は一貫しており、思想史的な文脈では人間観そのものの変化はなかったのではないかとの質問がなされた。これに対して、小野塚氏は、今回の問題提起は、知的世界における人間観の問題ではなく、政策や運動に表現された言説を問題としていると応じた。

次に、自由、人間観の現状（将来）に関する質問としては、福士正博氏（東京経済大学）から次の二つの質問がなされた。まず、近年のリベラル・コミュニタリアン論争においては、二〇世紀初頭のニュー・リベラリズムの論客ホブハウスが唱えた「共通善」や「卓越性」は、現在では、自由主義を批判するコミュニタリアンが主張しているが、なぜこのような主張の交錯が生まれるのか。また、社会から排除された者が広範に出現している今、議論すべきは、これまでの社会統合論における共通善と現代社会の多元性や差異との調和をどのように考えるかであり、この研究会の題目である公共性は、「善の構想」と読み替えてもよいのではないか。また、小島健氏（東京経済大学）からは、ヨーロッパにおける自由と公共性を考える場合には、一九八五年のヨーロッパ地方自治憲章および一九九二年のマーストリヒト条約で明文化された補完性原則が重要ではないかとの質問がなされた。

福士氏の第一の質問に対しては、名和田氏から、現在の法哲学では、共通善による社会秩序の維持は一九世紀後半以降の幻想であるとするのがリベラリズムの共通見解であり、一方、これに対して異議を唱え、共通善を重視するのがコミュニタリアンであるとの指摘がなされた。また、第二の質問に対しては、田中氏から以下のような回答がなされた。現在、自由と公共性を考える際には、多元性は一つのキーワードである。一定の生活様式や就労形態に伴うリスクの保障が共通の目的とされていた福祉国家の時代とは異なり、今日では自明の目的は存在しない。したがって今後は、多様な価値観やライフスタイルを持った人々が、社会の目的を選び直すための合意のプロセスをどう再構築するか、そのためにはどのような介入や包摂政策が必要となるのかが問われている。さらに、高田氏からは以下のような回答がなされた。社会的包摂と関連して、イギリスにおいては、福祉国家形成時には労働者は中央集権的な国家福祉を望んでおらず、むしろ国家が社会の必要のために枠をはめ、そこにおいて共通善というロジックが用いられたと考えられている。現代社会において社会的包摂を考える際には、誰が、どういう基準で、誰を、どのように包摂するかが問題となるが、その際、多様な包摂の選択肢の存在こそがリバティであるということがイギリスの経験から学び得ることである。

また、小島氏の質問に対しては、古内氏から、確かにヨーロッパにおいては補完性原則がマーストリヒト条約で合意されたことは重要であるが、この原則は、ヨーロッパ全体の統合への方向性と、その統合を加盟各国あるいはそれ以下の行政機関の動きにより多元化する方向性との両方を含むものであるとの回答がなされた。

(2) 中間団体の位置付けに関する質問

中間団体の位置付けに関しては、大杉由香氏（大東文化大学）から、社会的包摂・排除の問題をめぐり、過去に中間団体はいかなる役割を果たしてきたのか、また、介入的自由主義と中間団体の発展の関係はいかなるものかとの質問がなされた。また、馬場哲氏（東京大学）からは、介入的自由主義の時代における都市自治体の役割に関する質問、および論者によって自治体を国家と市民社会のどちら側に位置付けるのかが曖昧であるとの指摘がなされ、後者の点については名和田氏からも同様の指摘がなされた。さらに、馬場氏からは、フランスにおける福祉国家の成立および国家と社会と個人の問題を考える際に、フランスでは自治体よりも中間団体の方が重要であったとの印象を持っているが、自治体の役割は大きくなかったと考えてよいのかとの質問がなされた。

これらの質問に対し、廣田氏から以下のような回答がなされた。フランス福祉国家の成立における中間団体の役割を考える際に重要な団体としては、労働組合、共済組合、製鉄企業、自治体を挙げることができる。このうち、労働組合や共済組合は、第一次世界大戦後に国家の社会保険制度において運営機関としての役割を果たした。また、自治体は、社会保険制度が対応しようとした防貧の問題ではなく、実際に貧困に陥った人々を扶助する救貧行政を一貫して担っていた。しかし、フランス福祉国家の制度的起源を、労働者の生活保障という観点から見る上で忘れてはならないと考えられるのは、製鉄企業の福利厚生施策であり、フランス福祉国家の制度的起源はここにあるのではないかとすら思われる。

また、高田氏からは、イギリスにおける中間団体の位置付けについて、次のような回答がなされた。労働組合、友愛組合、協同組合などの分厚い中間団体の存在が近代イギリスの決定的な特徴である。しかし、そこから排除されていた人も多く存在した。一九世紀末になると、この排除が認識されるようになり、中間団体が提供していたのと同種のサービスを排除された人々へ提供する役割が国家に委ねられることとなった。すなわち、中間団体により形成された原理が国家に移行するという連続性が存在した。また、地方自治体の役割も大きなものであった。ただし、救貧法における国家と地方自治体の関係に見られるように、国家は地方自治体の活動に枠組みの形成を通じて間接的に係わるのみであり、ここに「権限委譲」(devolution) の構造が成立していた。しかし、一九世紀末になると、地方財政の破綻などによってこの構造が限界に達し、国家の役割が枠組みの形成から国家の財政支出を伴う直接関与へと変化した。こうして、介入的自由主義が導入されたが、その際、中間団体を行政化することにより、それらに再び権限委譲するという過程を辿った。この中で、二〇世紀にはこれらの団体のヴォランタリーな性格に変質が生じ、介入的自由主義は中間団体の自由を拘束する自由主義となった。

これらに対して、田中氏から以下のような論点の確認がなされた。例えば、フランスの福祉国家の起源をめぐっては、それを企業のパターナリズム、大産業の労働運動、地域のパターナリズム、宗教的なものなどに求める多様な見解がある。ただし、思想的に見れば、福祉国家は様々な中間団体による相互扶助を一旦個々人に解体した上で、機能的な結合としての全体社会によるリスク共有という論理に基づく。その上で、現実に福祉国家が制度化される際には、すでに存在した共済組合、地方自治体、労働組合などが活用される。すなわち、制度化の際の諸団体の位置付けと、福祉国家の思想的な背景とは分けて議論する必要がある。

(3) 介入的自由主義に関する質問

介入的自由主義に関する質問としては、福澤直樹氏（名古屋大学）から、問題提起においては、国家などの公的・自由主義的コントロールと自由の対抗という図式がとられているが、実際にはこの二つのベクトルが常時せめぎ合っていることがかえって社会の安定にとって不可欠なものであると考えられないかとの質問がなされた。また、大杉氏からは、介入的自由主義においては、どの程度の介入までなら許容され得るのかとの質問がなされた。

これに対して、廣田氏から、フランスの急進主義あるいは、それに初めてドクトリンを与えたとされるレオン・ブルジョワの連帯主義においては、国家介入は、無償教育、余暇の保障、社会的リスクなどに対する保険に限られるとの応答があった。しかし、この後議論は「介入」という語をめぐる問題に移行した。この点については第4節(1)を参照されたい。

(4)　その他の質問

その他の質問としては、西川純子氏（獨協大学名誉教授）から、ライシュの議論を紹介した秋元氏はアメリカにおける独占は一九七〇年代以降消滅したとしているが、その根拠は何かとの質問がなされた。また、石井寛治氏（東京大学名誉教授）から、ライシュのスーパーキャピタリズム論は政治経済学・経済史学会が議論してきた「ME化」＝「情報化」の議論と重なる部分があるように思われるが、ライシュの議論に新しい社会に向けての展望は含まれているのかとの質問がなされた。

これに対して、秋元氏は、以下のように回答した。ライシュの言う独占とは、巨大資本と組織労働との共同体のことであり、一九七〇年以降の競争の熾烈化によりこれが崩れたことを独占の消滅と言っている。また、今後については、企業の法人格の見直しや、購入や投資を個人的な選択ではなく社会的な選択にする公共的決定など、企業・消費者・投資家に独占されてきた意思決定を見直そうという展望がある。しかし、他方でライシュは前著[1]において、我々の生活がコンピュータに占有されるとの悲観的な見方もしている。私も同様に肯定的な見方と否定的な見方の双方を有している。

4　司会者の論点区分から発展した議論

(1)　「介入的自由主義」という語をめぐる問題

これまで見てきた議論と並行しつつ、それとは別に討論の対象となったのは、小野塚氏の問題提起に含まれる「介入的自由主義」という語をめぐる問題であった。名和田氏からは、ある議論が介入を正当化する議論であると認められるためのメルクマールとは何かとの質問がなされた。さらに、高田氏からは、小野塚氏の言う「自由」はI・バーリンの言う「消極的自由」であるが、それを今一度問うことのリアリティはどこにあるのか、また、なぜ介入的自由主義という否定的価値を有する言葉を用いるのかとの質問がなされた。

まず、名和田氏の質問に対して、小野塚氏は、たとえ少数であっても社会から自発的に出ようとする人々に対して社会的包摂を説く議論は、本人の意志に反してでも社会への参入を促すものであるため、介入を正当化する議論であると応じた。また、高田氏の質問に対して、小野塚氏は、以下のように回答した。バーリンの積極的自由を問題にする際にも、外的制約の欠如という消極的自由は前提とされており、介入とは消極的自由をも制約するものであるから、それを正当化する理由は現在まで一貫して問題になっている。介入的自由主義という言葉を用いたのは、福祉国家の下でなされた介入を批判する人々がそのような言葉を用いており、それらに反論するためには相手の言葉を用いなければならないためである。これに対して高田氏からは、ワーキング・プアや貧困が広範に存在する現代社会においては、介入を批判する人々に対して、実態論で切り返すことも可能ではないか、また、共同性が解体する中においては抽象的な公共性ではなく、具体的な顔の見える場としての公共空間を議論すべきではないかとの指摘がなされた。

また、深貝氏からは以下の質問がなされた。小野塚氏の問題提起は二つの局面を含んでおり、第一局面は、一九世紀末から二〇世紀初頭の有機体的な社会のイメージが多く語られた時期の理解についてであり、第二局面は、現代との係わりにおいて社会主義と対抗しつつ戦間期に形成された資本主義ないしはいわゆる西側の「自由主義」をどう理解するかである。これら二つの局面を区別しない介入的自由主義という用語は混乱を招くのではないか。これに対して小野塚氏は、確かにこの問題提起は局面の異なる時期を含んでいるが、第一に、歴史的に見た場合、世紀転換期に出現した介入を正当化する思想により、深貝氏の言う第二局面への突破口が開かれたと考えられ、第二に、社会的包摂に関する様々な運動に対して「それは介入である」との批判が一貫してなされている現代との係わりを考える際には、介入的自由主義という語を用いることが必要であると応じた。

さらに、石井氏からは、現状を介入的自由主義が依然として存続している時代と見るのか、あるいは消滅しつつある時代と見るのか、また、もし消滅しつつあるとすれば今後の社会の構成原理はどのようなものと考えられるかとの質問がなされた。これに対して小野塚氏は、以下のように応じた。社会的排除が存在し、介入を忌避する人々、すなわち自己選択・自己責任に基づいて生きたいと考える人々が存在することから、ほぼすべての人を社会に包摂することを目標としてきた福祉国家は崩れようとしており、この点で現代は終わろうとしている。しかし、これに代わる社会構成原理が見えているわけではないというのが現状認識である。

(2) 歴史研究としての自由と公共性の問題

自由と公共性の問題を歴史研究として追求する際の論点として、森建資氏（東京大学）から以下のような指摘がなされた。一九世紀末から二〇世紀初頭の自由と公共性を論じる際に、欧米の自由主義における労働組合の位置付けが問われる必要があるのではないか。また、社会有機体説が支配的であった一九世紀末とネオ・リベラリズムが支配的な現在の間には国有化の問題が存在しており、イギリスにおいては一九世紀末頃から国有化論が出現し、それとはやや異なった方法で第二次世界大戦後国有化が進展したが、国有化とは何であったのかということを歴史的な問いとして提出することが可能ではないのかと述べ、歴史的事実を丹念に読み説く必要性を喚起した。

また、柳沢遊氏（慶應義塾大学）も、先の深貝氏の質問を受け、世紀転換期の日本においても、社会有機体説や社会改良主義的議論、また労働組合の持つ可能性について様々なレベルで議論がなされており、それらは第一次世界大戦期に一斉に開花するが、それらを丁寧にすくいあげることが歴史家のなすべきことではないかとの指摘を行った。

(3) 議論が尽くされなかった問題

今回の研究会では議論が尽くされなかった問題をここで紹介しておきたい。前述のように小野塚氏は、各報告・コメントの後、いずれの報告においてもあるべき社会秩序・秩序観に基づき、もしくは全体利益のために介入が正当化されたという議論がなされており、そこで語られているのは介入的自由主義ではなく介入的社会主義であるとの論点整理を行った。これに対して、田中氏は、自らの報告の趣旨は、古典的「市民社会」理念の変形におけるイギリスとフランスとの相違であるとした。まず、イギリスにおいては全体の利益のために自由が制約されるという議論にはなっておらず、問題にされたのは、自立するための労働能力を有しているにもかかわらず現実的には自立をなし得ていないable-bodied（労働能力のある貧民）に対して市場を通じた自立を強制するのか、あるいは公的・集合的支援が必要なのかということであった。これに対して、フランスのリベラリズムにおいては、一九世紀のイギリスとは全く異なり、個人に立脚した自由というものは主流とならず、問題となったのは、ジャコバン的な国家主義との対抗関係の中で、いかに社会的なものを構築し、その中で自由を実現するかという点であった。ここでは、イギリスにおける議論とは異なり、自由をめぐる個人と集団との対抗や線引きという問題は前面に出てこない。このことを反映して、イギリスにおいては、ネオ・リベラリズムの共鳴板がable-bodiedへの公的支援への反発という形で出現するのに対して、フランスにおいてはネオ・リベラリズムに関して現在でもコンセンサスが形成されていない。田中氏からは以上のような主張がなされたが、その後の議論においては、イギリスとフランスの相違については明瞭に意識されることなく議論が進行したように思われる。

また、福澤氏からは、ニュー・リベラリズムの生成の契機として、「人間観の変化」が提示されたが、「市場観」の変化は問題にならなかったのかとの質問がなされた。確かにニュー・リベラリズムを考える上で、古典的自由主義からの「市場観」の変化は重要な論点であると考えられるが、残念ながらこの点に関してはその後議論がなされなかった。

(4) 今後の公共性の展望について

以上の議論を総括するため、最後に小野塚氏は改めて問題提起の背景を説明し、今後の公共性の展望について以下のようにフロアに問うた。一九八〇年代からヨーロッパでは、社会学者たちが新たな公共性や共同性はどのようにしたら再建可能かという議論を行ってきたが、それらは願望に基づいた議論であり客観性に欠けていた。また、様々な支援などをネオ・リベラリズム的な立場から介入であるとして批判する意見が支持されたため、こうした議論は成功しなかった。そのような状況の中で、福祉国家の再建を可能にする、すなわち介入を正当化するとすればどのような議論があり得るのかを問いたかった。また、これまでの議論で明らかになったように、ヨーロッパにおいては秩序観が存在し、それを基に福祉国家の再建が可能となるかもしれないが、名和田氏の報告によれば日本においてはそうした観念が存在しないと考えられるため、日本における福祉国家再建の可能性はどこにあるのかということも問いたかった。

これに対して、沼尻晃伸氏（埼玉大学）から、日本における秩序観を考える際に、ヨーロッパと日本における秩序形成の相違を経由してそれを考えることにより、日本における公共性の展望が見える可能性があるのではないかとの意見が出された。例えば、ヨーロッパにおける公害の認識過程では、企業の自由と住民の健康を守る自由がせめぎ合う中から生まれる公害という議論を通じて一定の秩序が出現してくる。しかし、高度成長期の日本ではこれとは異なり、地域の協議会などにおいて、当面の水利用などに関する合意がなされることによって秩序が形成されるケースも見られた。このように、日本とヨーロッパの秩序形成のあり方は異なるが、日本に秩序観が存在しないという見方とは異なった認識も可能である。確かに、これは思想史の次元の問題ではなく、今回の研究会の趣旨とはズレがあるかもしれないが、現実の歴史を見た場合には、日本には秩序観が存在せず、ゆえに福祉国家の再建可能性もしくは公共性の展望も存在しないとは言い切れないのではなかろうか。

さらに、名和田氏から日本における公共性の展望について、地方自治体・コミュニティとの関連で以下のような考えが示された。これまでの議論から、ヨーロッパにおいては、介入的自由主義の時代に中間団体を国家機関化し、強制管理の仕組みを形成したことが明らかである（第3節(2)を参照）。また、これまでの議論では、ヨーロッパの地方自治体は市民社会の中に位置付けられてきたように思われる。これに対して、日本の制度化された地方自治体は国家の側に位置付けられると考えられるが、現在では合併を重ねたことにより空洞化しており、それを再制度化しなくてはならない。その際、市民社会の側に位置付けられるヨーロッパの地方自治体ですら介入の際に国家機関化されたことを考慮すれば、国家の側に位置付けられる日本の地方自治体を集団的自助の一つと位置付けた上でもう一度「国有化」し、国家から地方自治体・コミュニティに至る様々な階層の、介入に関する決定の審級を重層的に形成し直すことが望まれるのではないだろうか。

一方、秋元氏からは、アメリカ史研究者から見ると、福祉国家とは全く異なったアメリカのような資本主義が存在しているにもかかわらず、なぜ「福祉国家」という言葉で収斂しなくてはならないのかが疑問である、との意見が出された。

また、高田氏からは、親密圏も含めた共同性が解体している中で、いかに社会を再建するかという議論を行う際には「社会的なるもの」のあり方が問題であるが、その基本的課題は共同性の再構築である。その際には、自他の交換可能性についての認識が改めて共有されることが重要となるのではないかとの指摘がなされた。

5　おわりに

以上のように、本研究会においては問題提起の枠組みにとどまらず、ヨーロッパおよび日本の歴史や現代社会の状況などを念頭に置いた様々な意見が出された。討論の締めくくりとして、問題提起者の小野塚氏から、今回の問題提起は、介入に批判的な人々とのコミュニケーションを図るためにこのような形態をとったこと、また、自由と公共性に関する歴史研究についての論点は重く受け止められるべきことが述べられ、予定時間を三〇分程度超過して閉会した。参加者は九〇名と盛会であった。

注

（1） Reich, Robert B. [2001], *The Future of Success; Working and Living in the New Economy*, A. Knopf, New York（清家篤訳［二〇〇二］『勝者の代償――ニューエコノミーの深淵と未来』東洋経済新報社）。

あとがき

本書は、二〇〇八年六月二八日に開催された政治経済学・経済史学会春季総合研究会の記録である。この研究会は、「自由と公共性――介入的自由主義の時代とその思想的起点」というテーマでもたれた。本学会は、二〇〇六年六月の春季総合研究会から二〇〇八年一〇月の秋季学術大会まで、ほぼ一貫して公共性にかかわる問題群を論題として設定してきた。二年前の春季総合研究会のテーマは、「『共同体の基礎理論』を読み直す――共同性と公共性の意味をめぐって」であり、二〇〇八年秋季学術大会の共通論題は、「現代化過程における日本の雇用――企業と『公共性』」であった。また、その前年二〇〇七年の秋季学術大会の共通論題は、「地域再編過程における協同と公共性」であった。そこでは、現時点におけるコミュニタリアニズムとリベラリズムの鋭い対立の存在を認識しつつも、それを直ちに理論的に裁断するのではなく、歴史的な射程において再検討・再把握しようと試みてきた。

秋季学術大会共通論題や春季総合研究会では、資本主義社会ないし近代市場社会における自由をどうとらえるか、公共性の意味をどう再構築するかが繰り返し焦点となったが、二〇〇八年の春季総合研究会では、それを二〇世紀資本主義、あるいは近代から現代への推転のなかで検討しようとした。このテーマ設定の理由については、本書序章（小野塚知二）において詳しく語られているのでここで繰り返すことはしないが、一九八〇年代以降に隆盛を極めた新自由主義、すなわち「不可知論・自生的秩序・分散的知」に根拠付けられた非介入的な新自由主義（neo liberalism）に対し、「可知論・社会構築主義・設計主義」に根拠付けられた介入的な新自由主義（new liberalism）を析出することから、この問題にアプローチしようとした点に独自性ないし特徴がある。

小野塚の問題提起は、本書にみられるように、かなり挑発的なものであっただけでなく、自由や公共性に関わる経済学的・経済史的認識にとどまらず、政治史的、社会史的さらには法史的認識をも部分的に取り込んだものとなっている。それゆえ、討論は、かなり広範囲にわたり、また、時に若干錯綜したものともなった。報告者やコメンテイターだけでなく、フロアからの討論を含む当日の模様については、本書末尾の討論記録（稲庭暢・四谷英理子）に丁寧に述べられているので、それを参照して欲しい。

小野塚の問題提起を受けてなされた三本の報告は、いずれも世紀転換期におけるヨーロッパの思想的および社会的文脈に即して、自由と公共性との関係を論じたもので、第一報告（廣田明）と第二報告（高田実）は、フランスとイギリスにおける社会政策・福祉国家の形成過程に作用し、そこに表現された「介入の思想」を跡付けている。また、第三報告（田中拓道）は、もう少し長い時間軸の中に、ヨーロッパで模索されてきた「社会的包摂」を位置づけている。

三つのコメントは、コメントと同時に副報告としての性格ももち、第一コメント（古内博行）は、農業政策における介入の正当化論を歴史的に跡付け、第二コメント（名和田是彦）は、日本の社会的文脈における自由と公共性の関係を論じている。第三コメント（秋元英一）は、一九七〇年代以降のアメリカの変化を、民主主義的資本主義からスーパーキャピタリズムへの転換ととらえるライシュの議論に着想を得て、後者における公共性の萎縮状況に注目している。また、これに、当日の討論参加者のなかから、島崎美代子と深貝保則両氏に寄稿をお願いした。島崎論文は、近い将来の公共性の可能なあり方を展望するものであり、深貝論文は、現状と交錯しつつ、百年前の世紀転換期イギリスにおける思想状況を再構成するものとなった。

もちろん、検討の軸点の設定は、これに限られるものではない。二〇世紀資本主義を対象としている以上、社会民主主義や社会主義を「介入主義のサブタイプ」といって済ませられるかどうかは、当然ながら再考の余地があろう。しかし、これを正面から取り上げるには、もう少し事柄の推移を見極めること、そして、そのうえでこれを盛り込めるような新しい皮袋を用意することが必要であろう。今後の課題としたい。

最後になるが、本学会の春季総合研究会の出版を、二年前の『大塚久雄『共同体の基礎理論』を読み直す（小野塚知二・沼尻晃伸編著）』に続いて引き受けてくださった日本経済評論社、編集を担当してくださった同社の谷口京延氏、新井由紀子氏に、心からお礼を申し上げたい。

伊藤正直

秋元英一（あきもと・えいいち）　第6章
1943年生まれ
1970年東京大学大学院経済学研究科博士課程単位取得、博士（経済学）
現在、帝京平成大学教授
主要業績『アメリカ経済の歴史、1492-1993』（東京大学出版会、1995年）、『世界大恐慌——1929年に何がおこったか』（講談社学術文庫、2009年）。

島崎美代子（しまざき・みよこ）　第7章
1927年生まれ
1953年東京大学経済学部旧制卒業
元日本福祉大学経済学部教授
主要業績『島崎稔・美代子著作集 第1巻　戦後日本資本主義分析』（安原茂編集、礼文出版、2005年）、『モンゴル遊牧社会と馬文化』（長沢孝司・尾崎孝宏編著、日本経済評論社、2008年）。

深貝保則（ふかがい・やすのり）　第8章
1954年生まれ
1983年東京大学大学院経済学研究科第二種博士課程単位取得退学
現在、横浜国立大学経済学部教授
主要業績「ベンサムとJ.S.ミル——功利主義的統治と経済的自由主義」（『自由と秩序の経済思想史』高哲男編、名古屋大学出版会、2002年）、「最低賃金裁定法案と政治算術 1795-96年——ウィットブレッド対ピット論争とハウレット」（『経済学史研究』経済学史学会、第47巻2号、2005年12月）。

稲庭　暢（いなにわ・のぶ）　討論記録
1975年生まれ
2008年、東京大学大学院経済学研究科博士課程単位取得退学
現在、東京大学研究生
主要業績「近世イングランド市場史研究の諸問題」（『市場史研究』第22号、2002年11月）。

四谷英理子（よつや・えりこ）　討論記録
1982年生まれ
現在、東京大学大学院経済学研究科博士課程

伊藤正直（いとう・まさなお）
1948年生まれ
1976年東京大学大学院経済学研究科博士課程単位取得、経済学博士
現在、政治経済学・経済史学会理事代表、東京大学大学院経済学研究科教授。

執筆者紹介（執筆順）

廣田　明（ひろた・あきら）　第1章

1942年生まれ

1971年名古屋大学大学院経済学研究科博士課程単位取得退学

現在、法政大学現代福祉学部教授

主要業績『地域と国家――フランス・レジョナリスムの研究』（遠藤輝明編著、分担執筆、日本経済評論社、1992年）、『20世紀資本主義の生成――自由と組織化』（権上・廣田・大森編著、分担執筆、東京大学出版会、1996年）。

高田　実（たかだ・みのる）　第2章

1958年生まれ

1989年東北大学大学院文学研究科単位取得退学、文学修士

現在、下関市立大学経済学部教授

主要業績『歴史の誕生とアイデンティティ』（鶴島博和と共編著、日本経済評論社、2005年）、'The Administration of Old Age Pensions and the Intermediate Bodies in Britain, 1909-18'（『九州国際大学経営経済論集』第9巻3号、2003年3月）。

田中拓道（たなか・たくじ）　第3章

1971年生まれ

2001年北海道大学大学院法学研究科博士後期課程単位取得退学、博士（法学）

現在、新潟大学法学部准教授

主要業績『貧困と共和国――社会的連帯の誕生』（人文書院、2006年、社会政策学会奨励賞）、「現代福祉国家理論の再検討」（『思想』第1012号、2008年7月）。

古内博行（ふるうち・ひろゆき）　第4章

1950年生まれ

1982年東京大学大学院経済学研究科単位取得退学、経済学博士

現在、千葉大学法経学部教授

主要業績『ナチス期の農業政策研究 1934-36』（東京大学出版会、2003年）、『現代ドイツ経済の歴史』（東京大学出版会、2007年）。

名和田是彦（なわた・よしひこ）　第5章

1955年生まれ

1983年東京大学大学院法学政治学研究科博士課程単位取得退学、法学修士

現在、法政大学法学部教授

主要業績『コミュニティの法理論』（創文社、1998年）、『コミュニティの自治――自治体内分権と協働の国際比較』（編著、日本評論社、2009年）。

編著者紹介

小野塚知二（おのづか・ともじ） 序章

1957年生まれ

1987年東京大学大学院経済学研究科第二種博士課程単位取得退学、博士（経済学）

現在、東京大学大学院経済学研究科教授

主要業績『クラフト的規制の起源——19世紀イギリス機械産業』（有斐閣、2001年、社会政策学会奨励賞）、『日英兵器産業とジーメンス事件——武器移転の国際経済史』（奈倉文二・横井勝彦と共著、日本経済評論社、2003年）。

自由と公共性——介入的自由主義とその思想的起点

2009年6月25日　第1刷発行　定価（本体3200円＋税）

編著者　小　野　塚　知　二
発行者　栗　原　哲　也

発行所　株式会社日本経済評論社
〒101-0051　東京都千代田区神田神保町3-2
電話 03-3230-1661　FAX 03-3265-2993
E-mail: info8188@nikkeihyo.co.jp
URL：http://www.nikkeihyo.co.jp
印刷＊藤原印刷／製本＊山本製本所

装幀＊渡辺美知子

ISBN978-4-8188-2054-8　C1033　落丁・乱丁本はお取り替えいたします。